El dictador y sus demonios

LA SECTA DE NICOLÁS MADURO
QUE SECUESTRÓ A VENEZUELA

David Placer

El dictador y sus demonios
La secta de Nicolás Maduro que secuestró a Venezuela

Primera edición, 2019
© David Placer

Colaboración editorial y correcciones:
Harrys Salswach y Óscar Medina

Ilustración de portada:
Francisco Bassim

Fotografía:
Vincent Urbani

Todos los derechos reservados. Ninguna parte de esta publicación puede ser reproducida, almacenada en sistema recuperable o transmitida de forma alguna por ningún medio electrónico, mecánico, fotocopia, grabación u otros, sin permiso expreso del autor.

Índice

Agradecimientos 5
Introducción 7

Sathya. Verdad
   1) *El Dios de Nicolás Maduro* 13
   2) El saqueo 27
   3) *Infiltrado en la secta* 43
   4) Los chavistas en su búnker 59

Dharma. Rectitud
   5) *El brujo del oligarca del presidente obrero* 77
   6) El reino de los pranes 85
   7) Salir en libertad cuesta 10.000 dólares 121
   8) Los guerrilleros del teclado 135

Shanthi. Paz
   9) *Seis chavistas con Sai Baba y un traidor inesperado* 151
   10) La Tumba 169
   11) La tortura con vallenato 185
   12) Los juicios montados 211

Prema. Amor
   13) *Aceite bendito en los genitales* 235
   14) De la matraca al exterminio 251
   15) El régimen te vigila 273

Ahimsa. No violencia
   16) El conductor ensangrentado 295
   17) En busca del arsenal secreto 311
   18) *El anillo de la paz* 331

Agradecimientos

A mi familia y seres queridos, por animarme a escribir.

A los excolaboradores y extrabajadores del régimen que han decidido alzar su voz y contar, de forma pública o anónima, las atrocidades de las que fueron cómplices o testigos.

A los exiliados, perseguidos y torturados, especialmente a Jesús Medina, que colaboró con esta investigación y fue encarcelado. Su sufrimiento nos ayudará a contar la historia de lo que no debe volver a ocurrir.

A los adoradores de Sai Baba que, desde su inocencia, me ofrecieron su tiempo y su afecto. Tal vez ellos, como Venezuela entera, han sido víctimas de unos falsos salvadores.

Introducción

A finales de 2005, Nicolás Maduro fue a visitar a un dios del que había escuchado hablar de forma insistente. Su mujer, Cilia Flores, creía en ese dios casi más que en ningún otro. El entonces presidente del parlamento venezolano quiso buscar el camino al cielo y llegó a las puertas del paraíso prometido en la lejana India, con la esperanza de que algún día alcanzaría la presidencia del país.

La relación de Maduro con Sai Baba, el gurú indio de túnica naranja y pelo afro, es ampliamente conocida en Venezuela, pero lo que sucedió en aquel accidentado viaje para conocer a un dios ha sido el inicio de esta investigación que destapa las grandes contradicciones del último dictador venezolano. Es la historia de un presidente que fue a tocar las puertas del Edén y terminó atrapado en el peor de los infiernos. Y con el país a cuestas.

Pedía paz, rectitud y "no violencia" junto a los devotos *saibabistas*, pero en los muros de su palacio ordenaba la represión, la persecución y la tortura de los adversarios considerados enemigos. En el templo se mostraba como un siervo apacible, pero en la privacidad de su despacho se transformaba en un dictador furibundo obsesionado con mantenerse en las cimas del poder.

El dictador, preso de sus idas y venidas, del miedo y del arrebato, de sus paradojas internas, nunca ha dejado de ser un hombre inseguro con sus colaboradores, con el poder que ha ostentado en los últimos años y, especialmente, inseguro de sí mismo. Para minimizar sus demonios, para aplacar sus miedos, ha usado como ningún otro el espionaje, la represión, la tortura y el adoctrinamiento en proporciones insospechadas y que son desveladas de forma transversal en este libro.

La investigación periodística comenzó como un acercamiento a esa extraña fe, al movimiento sectario que Nicolás Maduro ha abrazado desde su viaje a la India, como una continuación del libro *Los brujos de Chávez*, publicado por primera vez en 2015. Sin embargo, al descubrir las enormes contradicciones entre el Maduro devoto y el dictador despiadado, el relato ha cambiado por completo. Y también el rumbo de la investigación.

Para entender el mundo de Maduro y de su círculo sectario, me infiltré en la agrupación *saibabista*, un movimiento religioso a ojos de sus integrantes, una secta fanática y sin sentido para muchos observadores externos. Acudí los fines de semana a las congregaciones, participé en los encierros y encuentros nacionales y culminé la investigación con un viaje a la India para entrevistar y contactar con los integrantes del movimiento, los hombres y mujeres que vieron a Maduro pasear por las calles polvorientas de Puttaparthi y entrevistarse en privado con su dios.

Y para descubrir la faceta más tenebrosa del chavismo, entrevisté en el exilio a los disidentes del régimen, a los excompañeros, a los expatriados y perseguidos, a los torturados y amenazados. Debido al peligro manifiesto que supondría mi presencia en el país, opté por trabajar, mano a mano, con una colega que fue mis ojos y mis oídos en la Venezuela de Maduro: Katherine Pennacchio, periodista que sabe ver, escuchar, oler, fotografiar, contar y, sobre todo, adentrarse en las realidades más recónditas y desconocidas del chavismo. Gracias a ella, pude tener cercanía con los lugares y los personajes necesarios para construir esta historia.

El dictador y sus demonios contiene más de 70 entrevistas con allegados chavistas, colaboradores, amigos, altos cargos del gobierno y fanáticos *saibabistas*. Es decir, todas las corrientes sectarias transitadas por Maduro. Pero también contiene entrevistas con sus víctimas, sus encarcelados y exiliados. Es, en definitiva, el relato del régimen sectario construido sobre la base de dos líderes, de dos dioses que, en realidad, nunca fueron tales: Hugo Chávez y Sathya Sai Baba.

Para el libro *Los brujos de Chávez*, todos los entrevistados, excepto uno, accedieron a ofrecer sus testimonios de forma pública, con nombre y apellido. Tan sólo tres años después (cuando llevé a cabo esta investigación), en medio de la peor de las represiones, la realidad es completamente distinta. Parte de los entrevistados pidieron mantener su identidad en el anonimato por temor a represalias para ellos y, sobre todo, para sus familiares en Venezuela. Otros han decidido dar la cara.

Los relatos valientes y las aportaciones desinteresadas de todos ellos han permitido elaborar el rostro más escalofriante del dictador y de los demonios que lo rodean y que lograron secuestrar a un país que tan sólo buscaba un salvador.

Sathya. Verdad

Capítulo 1

El Dios de Nicolás Maduro

La política sin principios es como la educación sin carácter: no sólo es completamente desechable, sino que es potencialmente peligrosa.
Sai Baba.

El día en que Nicolás Maduro fue a conocer a Dios en persona, todo el pueblo se quedó a oscuras. Se detuvieron los ventiladores de los techos y se apagaron las bombillas de las lámparas de cristales entrecruzados del *mandir* donde el creador de todo el universo, envuelto en su túnica naranja, concedía a los devotos el privilegio de asistir a citas privadas para arrodillarse ante a él y besar sus pies.

Por los cables de la luz, que quedaron sin corriente, los monos bajaban para robar comida a los grupos de devotos que dormían en los edificios descoloridos. El momento de la confusión siempre es propicio para el saqueo animal, aunque el botín final sean sólo restos de frutas o basura. Los monos sabían que esa era su oportunidad y también los devotos que iban corriendo tras ellos levantando las manos para ahuyentarlos.

Los *sevadales*, voluntarios que venían de todas partes de la India para servir con su trabajo gratuito y desinteresado en Prashanti Nilayam, La Morada de la Paz Suprema, corrían para encender los generadores eléctricos que utilizaban en los momentos en que fallaba el suministro, algo no demasiado extraño en Puttaparthi, un pueblo del estado de Andra Pradesh que vive del turismo espiritual.

Maduro y la oscuridad aparecieron juntos, casi sincronizados, en el recinto en el que miles de devotos buscan la luz, la paz y el sentido de sus vidas. La falla eléctrica puede deberse a alguna sobrecarga puntual en la red, a los problemas de mantenimiento o al colapso de los cables a los que se conectan algunos hogares para robar la luz eléctrica. O a una coincidencia fortuita el día que el político venezolano llegaba a Puttaparthi quince años antes de que su país también se sumiera en la penumbra con apagones generalizados en las grandes ciudades y en los pueblos.

Maduro, que visitó la morada de la paz eterna como presidente del parlamento venezolano, caminaba como un agujero negro en medio del espacio, devorando estrellas y planetas para sumirlos en la más profunda oscuridad. Desde ese día, parecía un hombre destinado a estar empavado, y arrastrar la mala suerte (o la mala energía) allí donde llegara.

Trece años después, afrontaría otro apagón, esta vez como presidente. En plena rueda de prensa con los medios internacionales, justo cuando defendía los logros económicos de su gobierno, el Palacio Presidencial de Miraflores quedaría en la penumbra. Se apagarían las cámaras de televisión y se iría el sonido. Todo se reduciría a un cuadro completamente negro y paralizado, como la metáfora de un país que comenzaría a hundirse en la oscuridad desde su ascenso al poder.

Maduro no había recorrido 15.000 kilómetros para conocer a cualquier dios, sino a uno muy especial con el que compartía una fecha cabalística: el 23 de noviembre. Ambos habían nacido ese día y el futuro presidente estaba convencido de que no se trataba de una coincidencia, de una simple casualidad, sino de una señal del destino. El 23 de noviembre era el cumpleaños del gurú que se había proclamado el último dios con vida, el hombre que crearía uno de los mayores movimientos religiosos del siglo XX. Y, con suerte, Maduro también dirigiría las riendas de un país entero que, con el pasar de los años, dominaría como a una secta.

Para organizar el viaje de altos jerarcas del chavismo a la morada de Sai Baba, el gobierno venezolano movilizó al entonces embajador en la India, Walter Márquez, que simpatizó con el chavismo y quien admite haber sido amigo de la pareja presidencial durante los primeros años del gobierno de Hugo Chávez.

—Maduro fue a hacer turismo religioso junto a su mujer, Cilia Flores, a Puttaparthi porque querían conocer a Sai Baba en persona. No sé si es espiritual, porque nunca hablé con él de esos temas, pero con Cilia Flores sí. Nos saludábamos con las manos juntas, con una ligera inclinación de cabeza, y pronunciábamos un *namasté* o *namaskar*. Yo creo que ella fue una de las primeras que le habló a Maduro de Sai Baba. Estoy seguro de que él ni sabía quién era Sai Baba antes de conocer a Cilia —explica Walter Márquez en una conversación telefónica desde su casa en el estado Táchira, fronterizo con Colombia.

Maduro nunca había tratado con un dios en persona y él mismo confirmó que aquel viaje espiritual había sido ideado por su mujer. "Cilia estaba muy ilusionada con la idea de conocer personalmente a Sai Baba, nuestro maestro espiritual, así que decidimos emprender el viaje, que implicó una travesía aérea de 20 horas", dijo el propio Maduro en una entrevista al semanario *Descifrado*.[1]

En su trono dorado, al estilo de una carroza de carnaval, y flanqueado por un par de aires acondicionados portátiles Samsung, Sathya Sai Baba, Swami o *bhagavan* para los fieles, recibía cada año a decenas de visitantes internacionales con poder e influencia, como Nicolás Maduro y Cilia Flores.

En 1968, Sai Baba se reunió con quien, tres años más tarde, se convertiría en uno de los dictadores más sanguinarios de su país e iniciaría un amplio proceso de expropiaciones para combatir "la guerra económica". Idi Amín, el tirano que gobernó Uganda entre 1971 y 1979, fue acusado de asesinar a unos 300.000 ciudadanos

---

[1] *De Verde a Maduro: el sucesor de Hugo Chávez*. Santodomingo, Roger. Vintage Español. 2013.

durante su régimen. Sai Baba le dio su bendición y también tuvo una reunión con dos de sus esposas, seguidoras del gurú.

Casi tres décadas después, Nicolás Maduro también logró su entrevista personal con Sai Baba, pocos años antes de ascender a la presidencia. Corría el 2005, seis años antes de que Hugo Chávez anunciase su cáncer y se disparase la carrera por la sucesión.

El *ashram*, la morada de Sai Baba, modesta y majestuosa, simple y pintoresca a la vez, está compuesta por decenas de edificios que dan forma a una ciudad religiosa con normas y vida propia, ajena al caos y a la enorme pobreza que la rodea.

Puttaparthi ofrece un paisaje de grandes contrastes, donde la pobreza de los indios convive con el bienestar occidental, hombres y mujeres que buscan algún sentido a sus vidas grises y aburridas. La mugre callejera y las brillantes figuras doradas ostentosas. Las moscas que merodean la basura abandonada en medio del monte y las hermosas flores en los jardines.

Para ingresar al Prasanti Nilayam, cuna de la paz suprema y hogar de Sai Baba, los devotos deben esquivar a vendedores ambulantes y mendigos que saben cómo generar lástima en esos nobles seres que acuden a escuchar la palabra de la divinidad. Los mendigos juntan sus manos en señal de oración, implorando algo de dinero, o llevan una hacia la boca para comunicar en el lenguaje universal de la gestualidad que tienen hambre. Y también pronuncian las palabras mágicas, el saludo de los devotos, el "buenos días" de los fieles: *Sai Ram*.

La entrada a La Morada de la Paz Suprema es el centro neurálgico de la localidad. Para ser un lugar de recogimiento espiritual, hay demasiado ruido, cornetas y gente tropezándose entre la multitud que compra fruta o pide limosna y entre los taxistas que frenan en seco cuando ven a un occidental y ofrecen llevarlos a cualquier rincón de la ciudad al que se puede llegar fácilmente a pie.

El *ashram* de Sai Baba, una auténtica multinacional de la fe, no existiría sin los *sevadales*, los fieles que acuden de todas las provincias de la India al menos una semana al año para servir al resto de los devotos y ayudar en las tareas diarias.

Los *sevadales* cocinan, limpian, vigilan que los peregrinos no ingresen en los edificios y áreas restringidas y, sobre todo, impiden que los hombres solteros entren en los edificios de las mujeres y viceversa. Algunos guardan el orden en cada esquina, otros retiran las malas hierbas, reparan tuberías o pintan las paredes. El recinto se mantiene, en gran medida, gracias al trabajo voluntario, a las miles de horas diarias que ofrecen los fieles de cada rincón de la India. Es su penitencia perpetua. Todos son servidores del dios que siempre vivió rodeado de comodidades en su recinto amurallado. Y ahora, tras su muerte en 2011, siguen trabajando para él.

Los más jóvenes, casi siempre limpios, bien peinados y apuestos, se encuentran en el *mandir*, el templo principal donde los altos jerarcas de la congregación religiosa celebran los actos litúrgicos. Con sus camisas y pantalones blancos impolutos (algo no demasiado habitual en muchos devotos) y con pañuelos azules colgados al cuello, los ayudantes trabajan y se mueven con completa sumisión en el templo.

Allí se les ve acatando órdenes, limpiando los suelos, renovando las flores, sacando brillo a los metales dorados y a los marcos de las fotografías del querido Swami, y limpiando los excrementos de las palomas que duermen sobre las enormes lámparas de cristal. Parecen un pequeño ejército coordinado bajo las órdenes de sus jefes mayores que, en vida, también fueron sirvientes de Sai Baba. La servidumbre es la herencia transmitida de los miembros más viejos a los más jóvenes. Quien fue ayudante de Sai Baba, cuenta con orgullo sus días con el gurú, sus sabias enseñanzas y exige máxima entrega y adoración a los jóvenes, que difícilmente superan los veinte años.

Ser *sedaval* es, en muchas ocasiones, una escalera social en un pueblo con escasas posibilidades. "*Seva sadhana*", el trabajo a los demás, el oficio para erradicar el ego, es una de las lecciones de Sai Baba. Él mismo quiso dar ejemplo. Iba a los comedores sociales de los niños pobres y metía el cucharón en las ollas y servía la sopa en el plato de los hambrientos. Lo hacía ante las cámaras y quedaba inmortalizado para las fotos y los videos que luego difunden sus millones de seguidores. Ahora, ese trabajo, está a cargo de ellos, sus discípulos en la Tierra, que organizan dos veces al día las ceremonias que antes estaban a cargo de Sai Baba y que ahora han perdido la chispa.

Cuando Sai Baba estaba vivo, los devotos formaban horas de cola para entrar en el *mandir*, el recinto techado donde se realizaban las actividades litúrgicas, incluso antes del amanecer. Cuanto antes madrugasen, más posibilidades tenían de obtener un puesto privilegiado para ver y contemplar de cerca a su dios.

Tras su muerte, la ceremonia languidece. Ya no hay enormes colas a primera hora ni gente que espera por los *tickets* para conseguir las mejores ubicaciones. Ahora sobra espacio. La ceremonia no cuenta con la emoción del dios viviente, recogiendo cartas, haciendo milagros en vivo y tocando la cabeza o el hombro de algún devoto extasiado.

Los diez mandamientos de los cristianos tienen su equivalente en este movimiento en cinco valores simples y genéricos que deben regir la vida de todo aquel que siga las enseñanzas del maestro espiritual: verdad, rectitud, paz, amor y no violencia. Las cinco premisas están concentradas en la flor de loto, que simboliza la pureza espiritual. Los sermones de Sai Baba hablaban de paz y amor, pero también de carácter y principios. En sus discursos públicos, siempre traducidos al inglés para su audiencia internacional, condenaba la avaricia, la mezquindad y el rencor.

Algunos devotos incluso no entendían inglés, pero aseguraban que percibían su palabra sagrada, su mirada divina, su energía infinita. No importaban los detalles. Con verlo de cerca y respirar su mismo aire parecía suficiente. Estaban allí para contemplarlo y también para esperar el momento cumbre, lo más anhelado de cada *darsham*, una suerte de misa celebrada dos veces al día: la selección para una entrevista personal, una cita privada con su dios, ser los elegidos.

Entonces los devotos erguían su tronco, levantaban la cabeza y estiraban el cuello. Algunos juntaban sus manos en señal de devoción. Otros intentaban ponerse de pie, pero rápidamente eran reprendidos por los *sevadales*. "*¡Interview, interview!*", pedían, casi desesperados, entre la multitud.

Al ser elegidos por Sai Baba, los argentinos, estadounidenses o venezolanos, habrían logrado su propósito. El viaje al otro extremo del planeta había rendido frutos si lograban ser seleccionados entre centenares de devotos. Ello significaba que su energía era digna, su vibración era adecuada para entrar en la habitación de Sai Baba. Muchos de los turistas religiosos esperaban una cita con el gurú, unas palabras personales con las que descubrieran algún hallazgo trascendental. Repetirían la anécdota hasta la saciedad cuando regresasen a sus países y contasen al resto de devotos cómo Swami los miró a los ojos.

—Había peleas y empujones para quedar en las primeras filas. Era lo que todo el mundo quería: estar cerca, tocarlo, poder intercambiar algunas palabras con él o hacerle una pregunta. Yo fui seis veces a la India. Y tuve una entrevista personal. Pero tengo que confesar que no fue mi primera vez. Él ya se me había aparecido antes en la playa para hablarme —explica Laura, una devota argentina, residente en España y quien lo dejó todo por Sai Baba.

Laura abandonó a su familia y a sus tres hijos menores de edad porque, en un viaje a Barcelona, vio a Sai Baba aparecer en medio de la playa. En un encuentro nacional de devotos, en Gran Canaria, cuenta que el gurú se le apareció en medio del mar y le comenzó a hablar mientras ella, paralizada, escuchaba su mensaje y designios. Sai Baba le pidió que dejase a su familia y que promoviese su palabra por toda España. Desde entonces han pasado más de quince años. No sabe nada de su marido ni de sus hijos. Ante la sorpresa del resto de los devotos por el abandono del hogar, Laura se justifica. "No es mi culpa. Fue la voluntad de Sai Baba".

Una vez escuchada la palabra del gurú, cualquier cosa en la vida es secundaria. Al menos para Laura y para los que buscan la salvación espiritual o, tal vez, la excusa para lavar su conciencia por los malos actos. Cada devoto llega a Puttaparthi con un propósito íntimo. Entre ellos hay políticos, como el primer ministro de la India, Narendra Modi, el devoto con más influencia internacional, quien ha copiado el sistema educativo de las escuelas de Sai Baba para extenderlo por el país.

Los hombres poderosos y los gurús, los dictadores y los dioses siempre se han sentido cercanos. Y las atenciones nunca son suficientes. Tras su llegada a Putapparthi, los ayudantes de Sai Baba prepararon una sorpresa para Maduro y llamaron a más de una veintena de devotos venezolanos para celebrar un encuentro en torno a Venezuela.

Los devotos de Caracas, Maracaibo, Mérida y los llanos, llevaban días o semanas de introspección en un recinto en el que veían pasar las vacas de cuernos alargados que apuntan al cielo y transitan por las calles del recinto. También coincidían con los automóviles viejos y atiborrados de maletas, mantas y colchones y los taxis que cada día llegan desde Bangalore o desde las ciudades cercanas. Unos dejan a los nuevos visitantes y otros recogen a los que se van. El *ashram* de Sai Baba también es un terminal de buses y coches, de llegadas y salidas con el destino prometido de la paz espiritual.

La cita estaba pautada tras la celebración del *darsham* de la tarde, justo cuando comienza a anochecer. En Puttaparthi el sol se esconde exactamente a la misma hora que en Caracas: a las seis y media.

En ese momento, un joven Nicolás Maduro entraba con su mujer, Cilia Flores, y con un nutrido grupo de adolescentes, allegados y familiares de la pareja, a la habitación trasera del *mandir*. El entonces diputado saludó cordialmente a sus compatriotas venezolanos y tendió la mano uno a uno. Nadie negó el saludo. Todos sujetaron y palparon su mano extendida. Aún corrían los años en los que la polarización política en Venezuela no se había radicalizado. Y los devotos de Sai Baba, como él, pero adversarios del chavismo y sus políticas, no tuvieron problema en aceptar el gesto de cortesía. Después de todo, estaban en el recinto de la paz suprema. Y Sai Baba, Swami para sus devotos más fieles y amorosos, no dejaba de repetir que era una obligación amar y servir a todos.

—Ese día había acudido al *darsham* con una buena amiga mía, Linda Díaz. Yo no estaba invitada a la reunión, pero Swami me permitió entrar. No me dijo nada, pero su mirada lo decía todo. Me levanté, fui a la habitación y nadie me impidió la entrada. Fue una experiencia muy significativa para mí —explica Nelly Rodríguez, una devota octogenaria que se entregó en vida y obra a la iglesia de Sai Baba y que presenció, junto con decenas de testigos, la reunión entre Nicolás Maduro y Sai Baba.

Nelly cuenta con detalle cada escena que guarda en su memoria, quince años después. A sus ochenta años, sigue asistiendo con asiduidad al *ashram* de Sai Baba en Puttaparthi, donde pasa la mayor cantidad de tiempo que le permite su visa.

La primera vez que entró en el recinto, en 1993, ya estaba jubilada. Había conocido a una devota en Venezuela que la presentó ante el grupo espiritual. De inmediato, sintió curiosidad por el movimiento religioso y decidió acudir a la India con su hijo, que también se ha convertido en un devoto conocido entre la comunidad de fieles latinoamericanos.

Seguidora de Sai Baba desde hace casi treinta años, se niega a emitir juicios políticos sobre aquel poderoso visitante que acudía al *ashram* en calidad de devoto. También se niega a pronunciar su nombre. Se refiere a él como "esa persona". En ocasiones, utiliza la expresión "ese señor", pero de inmediato corrige y vuelve a utilizar la fórmula elegida a conciencia y con la que se siente cómoda: "esa persona". Así, en neutro, sin ningún tipo de carga expresiva, pero con una clara intención de desdén. El dirigente político no merece ni la pronunciación de su nombre, a pesar de que comparten creencias espirituales comunes.

En Puttaparthi, todos los fieles que conocen a Nelly saben que es una devota que no comulga con sus ideas políticas. "Es antichavista pero quiso estar presente en esa reunión, porque Sai Baba está por encima de la confrontación política y los odios", explica un devoto argentino en Puttaparthi.

La visita de Maduro ha quedado como uno de los grandes acontecimientos en el Prashanti Nilayam que todavía, más de una década después, casi todos recuerdan, incluso aquellos que no son latinoamericanos. Los oriundos del pueblo, los comerciantes musulmanes, los hoteleros indios y los fieles devotos guardan en su memoria aquella visita de primer nivel.

—Iba vestido como todos los hombres, de camisa y pantalón blanco. En la primera reunión estuvimos todos los devotos venezolanos presentes. La segunda sesión fue privada y sólo estuvieron ellos con Sai Baba y el traductor de Maduro —explica otra devota venezolana presente en aquel acto y que mantuvo una estrecha relación personal con uno de los altos jerarcas del chavismo.

El salón no era espacioso, sino más bien pequeño y muy ajustado para recibir a la gran cantidad de visitantes que, en ocasiones, participaba en las entrevistas colectivas. Arrinconado en el vértice de dos paredes, Sai Baba colocaba su silla en diagonal, para tener la visión de toda la sala. A su derecha, un ventanal con una cortina cerrada. Los diseños y colores iban cambiando con el paso de los años, pero allí permanecía Sai Baba, entre sus dos paredes, en su trono rojo aterciopelado.

El día en que la oscuridad llegó a Puttaparthi, cuando la luz dio paso a las tinieblas, Sai Baba acercó sus manos y las juntó de forma repetida, una, dos y tres veces, para simular un choque, una confrontación frente a los ojos de Nicolás Maduro y Cilia Flores.

—*Fight, fight...*

El grupo de venezolanos quedó atento al golpe de nudillos del gurú que casi suena a pesar de su escasa fuerza. El traductor venezolano Óscar Dorta, que años más tarde se convirtió en próspero empresario y contratista del chavismo, era el encargado de interpretar las palabras de Sai Baba, que se traducían en español para todo el grupo.

—Veo peleas, muchas luchas y confrontaciones, pero al final todo terminará.

La predicción dio inicio a una conversación general, una cita colectiva en la que Sai Baba intentaría dibujar el futuro de Venezuela. Allí hizo sus pronósticos, ante Nicolás Maduro y Cilia Flores arrodillados. Al concluir la cita, concedió otra privada en la que el séquito de Maduro se quedó a solas con el dios hindú. Era en una habitación más pequeña en la que entraba en completa intimidad con sus devotos. Ellos y su dios, su dios y ellos encerrados, a solas, en completo silencio en un espacio minúsculo y no apto para claustrofóbicos.

Swami, el visionario a quien todos escucharon con atención aquel día no detalló si se refería a las peleas internas del chavismo, a la fuerte revuelta vivida en las calles del país una década después para desalojar a Nicolás Maduro del poder o a la confrontación desatada en 2019 cuando el joven Juan Guaidó le disputó el poder. Era el momento de la pelea y de la batalla.

Aquellas palabras quedaron en la memoria de los que acudieron invitados a la reunión y que recordarían años más tarde.

—Fue la única vez que los vi. No coincidí con ellos ningún otro día. Escuché que Nicolás Maduro se había molestado porque la habitación que le asignaron no tenía luz. Creía que el recinto no era acorde con su investidura, pero nunca pude comprobar si había sido cierto. También se dijo que Sai Baba, en la reunión privada, materializó unos relojes y los sobrinos salieron encantados con aquellos regalos —explica la devota presente en la entrevista.

Radio Sai, la radio oficial del movimiento que tiene sede en el recinto, se hizo eco del encuentro y aseguró que Nicolás Maduro visitó en varias ocasiones el *ashram*, una versión no corroborada con los devotos.

Maduro siempre ha creído que una poderosa fuerza sobrenatural lo ha protegido. En 1989, cuando los barrios pobres de Caracas salieron a saquear comercios, estuvo presente en la revuelta que dejó centenares de heridos y muertos. Al ser interrogado sobre su supuesta protección espiritual, Maduro levantaba la cabeza y miraba el signo metalizado de la palabra "Om" que mandó a colgar su esposa Cilia Flores en la oficina en la que trabajaba antes de alcanzar la presidencia. "Alguna protección tengo", explicó Maduro.[2] El mandatario también advirtió a sus adversarios sobre su protección espiritual el 5 de agosto de 2018 tras el atentado con un dron en la avenida Bolívar en Caracas.

Frente a la multitud, protegido por el aura invisible que siente consigo, Maduro denunciaba "la guerra económica" y "el sabotaje eléctrico" que había dejado sin agua a varios estados y había sumido en la penumbra a colegios y hospitales, empresas y oficinas públicas.

2 *De Verde a Maduro: el sucesor de Hugo Chávez.* Santodomingo, Roger. Vintage Español. 2013.

Meses después, en marzo de 2019, Nicolás Maduro apareció ante el país para anunciar el regreso de la luz. Explicó que había tomado las medidas para devolver la energía eléctrica a todos los estados después de los apagones generalizados.

No se encontraba en el Palacio de Miraflores ni en ninguna residencia presidencial conocida, sino en una habitación de pequeñas dimensiones. En una fotografía difundida en su cuenta social de Instagram, aparecía él, con lentes, hablando por teléfono. A sus espaldas, una foto de Hugo Chávez y Simón Bolívar, el libertador de Venezuela y parte de Suramérica. En su escritorio, a su derecha, sobre unas carpetas, tenía la *Biblia del diario vivir*, una versión de las santas escrituras adaptadas para la vida actual.

En esa pequeña habitación, similar a que visitó hacía catorce años en Puttaparthi, también estaba Sai Baba, su dios eterno, su gurú omnipresente. Con su pelo afro, con su traje naranja, la imagen de Swami descansaba en su escritorio, junto a su mano izquierda. Frente a él, frente al gurú de su mujer y de su movimiento, pediría por el fin de la confrontación y el regreso de los tiempos de calma y quietud. El regreso de la luz y de la prosperidad perdida.

Lo que llegaría después distaba mucho de la paz. Y Nicolás Maduro estaría condenado a recordar el pronóstico de su dios, del maestro que lo acompañaba en los momentos más críticos para su régimen. *¡Fight, fight!*

Capítulo 2

El saqueo

"Cuando María Gabriela Chávez vivía en La Casona, descubrí que tenía una enorme fascinación por el chocolate. Al menos una vez por semana mandaba a pedir una torta de chocolate en una pastelería que se había convertido en proveedor oficial de la Presidencia de la República. La torta costaba lo mismo que mi sueldo mensual. Pero su afición por el chocolate lo abarcaba todo. Un día tuve que auditar los gastos de un viaje a México en el que María Gabriela fue a tomar un baño de chocolate. Era el tratamiento de belleza de moda. Fue acompañada de amigos y de un séquito de unas diez personas."

Antes de morir su padre, Hugo Chávez, María Gabriela, la hija menor de su primer matrimonio, vivía en la residencia presidencial, donde forjó sus gustos exquisitos entre los que se incluyen el salmón noruego y los quesos suizos. En su lista de compras no podían faltar los tratamientos para su cabello: champús y productos de la marca francesa Kérastase. Y sus festejos en la mansión presidencial, con participación de músicos y bandas en vivo para cumpleaños y fiestas sin motivo aparente, comenzaron a copar la agenda no oficial de la residencia presidencial.

Quien hace públicas estas intimidades, Janeth Méndez, llevaba media vida dedicada al trabajo en el Palacio Presidencial de Miraflores hasta que salió del país en 2017. Entre sus funciones estaba el control y auditoría de los gastos del Palacio Presidencial y también de las casas adscritas a la Presidencia de la República: un total de 23 viviendas esparcidas por todo el país. Durante varios años, antes de su huida, tuvo que validar los gastos de los equipos que trabajan al servicio de La Casona. Allí descubrió el mecanismo habitual: los proveedores oficiales de la Casa Presidencial no emiten facturas. El cliente, es decir, los Chávez, que siguen ejerciendo como familia presidencial paralela, deciden cómo se disfraza cada gasto superfluo en las cuentas oficiales.

Méndez no oculta que su trabajo era el maquillaje contable: hacer cuadrar las cuentas, como fuese. Por ese motivo, los proveedores del Palacio Presidencial deben entregar sus sellos al equipo administrativo. Presidencia decide cómo se factura y cuál es el concepto. Y, para compensar las molestias ocasionadas a sus proveedores, la residencia oficial inflaba las facturas en un 10 %. Es la propina presidencial para que todos participen, de forma entusiasta, en el negocio del maquillaje contable, cuyo propósito es ocultar las verdaderas dimensiones de unos gastos disparados.

La ley en Venezuela no es más que una mera formalidad administrativa cuyo cumplimiento se simula, pero sin demasiados esfuerzos. Nadie tiene la capacidad para pedir cuentas del gasto de la familia presidencial. Ningún organismo ni institución exige explicaciones de los motivos por los que se mueve un avión a Miami para comprar el capricho de uno de los nietos del expresidente Chávez: un videojuego. Ni la Contraloría, ni la Asamblea Nacional en manos de la oposición serían capaces de destapar —y mucho menos confrontar— el verdadero manejo de los gastos presidenciales.

La vida inauditable de los hombres del poder en Venezuela transcurre en el mayor de los secretos, salvo algunas excepciones notables como la de María Gabriela. La hija protegida a la que su padre escribía cartas de amor, exhibe los detalles de su vida privada a través de sus redes sociales. Allí muestra el amor que tiene por su perro negro, un terrier ruso, que le regaló el presidente ruso Vladimir Putin a Hugo Chávez justo antes de su tratamiento contra el cáncer.

La residencia oficial del presidente, La Casona, cuenta con una sala de cine y un teatro para medio centenar de personas, *bowling*, amplios jardines y pasillos y piscina. La primera esposa de Hugo

Chávez, Nancy Colmenares, se estableció allí de forma indefinida, donde también vivió María Gabriela antes de su traslado a Nueva York tras su designación como embajadora de Venezuela ante las Naciones Unidas. Allí también se hospeda Rosinés (hija que Hugo Chávez tuvo con su segunda esposa Marisabel Rodríguez) cada vez que visita Caracas, según la extrabajadora de la coordinación de las residencias presidenciales.

Janeth Méndez tenía que maquillar los gastos no justificados como las bebidas alcohólicas, uno de sus mayores dolores de cabeza, sobre todo durante las fiestas de Huguito, el hijo menor del primer matrimonio del fallecido mandatario.

Tuvo que lidiar con innumerables gastos injustificables en las fiestas para más de 600 personas organizadas en La Casona en las que tocaron grupos musicales como Los Adolescentes, Roberto Antonio, Oscar De León y Omar Enrique. La Oficina Nacional de Presupuesto no permite la compra de este tipo de bebidas. Sólo se puede adquirir agua o jugos. Pero en la práctica, cualquier capricho puede ser introducido con calzador en la normativa.

Méndez también tenía que afrontar dificultades constantes para justificar las luces y las tarimas, un gasto que podía ser atribuido al Ministerio del Poder Popular para la Cultura o al Ministerio del Poder Popular para el Deporte pero nunca a la Presidencia de la República.

—Dentro de las ilegalidades, mi trabajo era que todo, al menos en soporte teórico, cumpliera con las leyes. Y eso era lo que me tocaba hacer. Mis jefes parecían agradecidos. Me enviaron cartas donde hacían constar mi eficiencia, pero nunca me preguntaron si me encontraba bien o si necesitaba un carro. Ellos sólo pensaban en su bienestar. Y nos utilizaban para que les maquillásemos las cuentas —explica Méndez.

La primera vez que conversé con la extrabajadora de la Presidencia de la República, llevaba pocos días en España. Había viajado, en primera instancia, a Italia para realizar el tratamiento médico a su hija menor, Nicole, que padece una enfermedad poco habitual que ha sido objeto de estudios clínicos. En principio, salió con autorización de la Presidencia, pero un conflicto laboral con su jefa inmediata desató la persecución.

Méndez había comenzado su carrera dentro del gobierno venezolano antes de la llegada de Hugo Chávez al poder, en febrero de 1999. Trabajó como secretaria del gobernador de Mérida, William Dávila, del partido socialista Acción Democrática, casi hegemónico en Venezuela antes de la irrupción del chavismo. Pero, gracias a su padrino, monseñor José Hernán Sánchez Porras, pudo escalar hasta el Palacio Presidencial de Miraflores, en 2006, en el mejor momento electoral del chavismo.

Su pasado como asistente de políticos adversarios la comprometía. Los compañeros eran conscientes de que Méndez no parecía una chavista convencida. Ante el resto de los trabajadores era una escuálida (término que usa el régimen para referirse de forma despectiva a los opositores venezolanos). A veces —explica— sentía que generaba desconfianza, aunque en alguna ocasión, rodeada de chavistas, reconoce que llegó a ver con cierta esperanza el proceso iniciado por Hugo Chávez. Pero esas simpatías fueron destellos en su ideología política y la de su familia, asegura. Su hijo pasó de ser simpatizante chavista a opositor recalcitrante y guarimbero (grupos de adversarios del gobierno que cortan calles y se enfrentan violentamente a la policía). Organizó revueltas, cortó calles y se enfrentó a los colectivos (grupos de civiles armados que "defienden" al gobierno) en el estado Mérida para, finalmente, terminar en el exilio.

Pero su desgracia en el Palacio Presidencial ocurrió por un incidente distinto. Una guerra cruzada entre jefes y subalternos terminó salpicándola, según explica. Ahora es una perseguida de su exjefa directa, quien llegó a acusarla de inventar la enfermedad de su hija para huir del país.

El gobierno de España ha dado credibilidad a la versión de Méndez y le ha otorgado asilo político, un proceso con un alto índice de denegaciones tras la llegada masiva de venezolanos a partir de 2017.

De cabello lacio, siempre con lentes y buenos modales, Janeth Méndez terminó asentándose en Madrid, después de varios meses en un centro de refugiados en Barcelona con su hija en tratamiento hospitalario. Tras su instalación, también pudo sacar del país a su madre.

Con un tono de voz bajo, se muestra calmada incluso en los momentos de mayor presión y complicaciones por su estatus migratorio. Inseparable de su hija enferma, acude con ella a todas partes, también a las entrevistas para este libro. Conserva intacto el acento de los Andes venezolanos y deja ver una sonrisa comedida, casi ingenua. Pero nada más lejos de la realidad. Hasta ahora ha guardado con celo los secretos de todas las casas presidenciales, los entretelones de los trabajadores y la servidumbre.

Conoce Miraflores como la palma de su mano: el Salón Ayacucho, con paredes de madera, donde los presidentes venezolanos se dirigen al país para anunciar medidas trascendentales, el Salón Sol del Perú, donde destaca una pieza de oro puro donada por el gobierno peruano y en el que se celebran actos protocolarios y diplomáticos. Frente al salón del Perú se encuentra el despacho presidencial, conocido como M60 en códigos internos de seguridad, que en otros tiempos estaba decorado con tonalidades marrones y caobas. Pero Chávez mandó a cambiar los colores: las columnas fueron pintadas de color azul, los zócalos de verde y la parte baja de las paredes de morado. Todo contrasta con unas cortinas de rojo intenso que dan al recinto un aire a los templos *saibabistas* de Puttaparthi, donde los colores parecen vivir en constante confrontación. Es la estética de la disputa, el gusto por lo llamativo.

Además de maquillar las cuentas, Méndez tuvo que hacer la vista gorda con productos de todo tipo que entraban y salían del Palacio de Miraflores. Maletas con contenido que la extrabajadora presidencial se niega a revelar. En los registros contables, tuvo que asentar fiestas como si se tratara de gasto de alimentación básica para trabajadores, productos para la familia presidencial como si fuesen insumos para la plantilla y también material para rituales santeros que figuraron, en las hojas contables, como material de oficina.

—Se compraban animales pero no para comer sino para celebrar rituales. También se llegaron a comprar cocos, plumas, velones, tabaco y todo tipo de ingredientes para los días en los que se recibía la visita de los brujos. Evidentemente, ningún producto de ese tipo figuraba en los registros oficiales —explica la trabajadora.

Méndez paseó por las casas presidenciales como si fuesen suyas. Contemplaba cómo las nuevas residencias se construían siguiendo los criterios estéticos y la vanguardia arquitectónica internacional. Los grandes espejos que daban amplitud y luz a todas las estancias, las cocinas americanas abiertas, espaciosas. Por fuera, son casas humildes, sencillas. Pasan inadvertidas en el entorno. Nunca nadie se fijaría en ellas si estuviesen ubicadas en cualquier urbanización de Caracas.

Así funciona el gobierno en Venezuela: derroches en el ámbito privado y austeridad en la plaza pública. Nadie se debe desviar de la imagen de pobreza. Hay que aparentar vida humilde y llena de limitaciones como la de cualquier barrio pobre. Pero el rostro austero se desmorona desde la cercanía del poder, donde esa carátula se abomba, se agrieta y se derrumba.

La campaña sin fin

La campaña electoral es el momento cumbre del trabajo político en los partidos de cualquier país. En ella se juegan las elecciones, el proyecto y los cargos. Pero en la Venezuela chavista, las preocupaciones del partido del régimen no están marcadas por la obtención de la victoria o la derrota, sino por los negocios millonarios detrás de cada campaña chavista.

José Carlos Gómez fue el fotógrafo oficial de Hugo Chávez en las campañas presidenciales de 2006 y 2012 y de Nicolás Maduro en 2013. Viajó en el avión presidencial, recorrió el país en las caravanas oficiales y formó parte del primer círculo de trabajo de la maquinaria chavista a la que ahora se refiere como "el monstruo".

La primera vez que acudió a cobrar su primer sueldo semanal, se dirigió a la persona de enlace con la agencia de publicidad que lo había contratado: "Chuchito Sanoja", conocido en el medio por ser uno de los grandes creadores de *jingles* publicitarios en las campañas políticas para los partidos tradicionales en la Venezuela democrática, Acción Democrática o Copei, y más recientemente, del chavismo. Cuando fue a cobrar su dinero, el fotógrafo se sorprendió con la respuesta del empleador: "Entra en el carro ese y agarra una caja. Ahí está el pago".

La caja era de electrodomésticos Oster. Pero dentro no había ni licuadoras ni instrumentos de cocina sino dinero en efectivo, billetes recién salidos del Banco Central de Venezuela.

—No había recibos ni facturas, ni podía haberlas. Nunca hay rastro del dinero que se maneja en campañas electorales. A partir de ese momento, comencé a cobrar en sobres, en efectivo. Era un trabajo bien pagado, pero nunca me imaginé el dinero que cobraban las agencias nacionales e internacionales refacturando y usando nuestro trabajo —explica el fotógrafo.

Gómez comenzó a hacer fotografías para el chavismo en la campaña de 2006, en la que Chávez se enfrentó con el exgobernador del Zulia, Manuel Rosales, en la contienda electoral más favorable para el chavismo. Entonces, estaba convencido de que el gobierno desplegaba planes sociales para ayudar a la población más desfavorecida.

Pero en su trabajo en Prensa Presidencial descubrió que las ayudas, los programas sociales y la aparente preocupación del gobierno por los pobres, no era más que una campaña permanente, un *show* mediático para mantener la estructura del poder de los altos jerarcas del chavismo.

Gómez está convencido de que las campañas presidenciales no son una batalla para vencer a la oposición y alcanzar la presidencia, las gobernaciones o las alcaldías. Todas las instituciones les pertenecen. No hay disputa posible. Las campañas tienen una función mucho más lucrativa.

—La verdadera batalla es interna, pero no por cuotas de poder, sino por quién gana los contratos para las fotos o los videos. Las agencias de los jerarcas del chavismo tienen en la campaña un negocio mil millonario. Y hay peleas intestinas para obtener los contratos —explica el fotógrafo José Carlos Gómez, que terminó exiliado en Barcelona, España.

La fiscal general de la República en el exilio, Luisa Ortega Díaz, explica que la gran red de corrupción en las campañas electorales de Chávez y Maduro quedan demostradas con el juicio del caso Odebrecht.

—Todo comenzó cuando Lula visita a Chávez y le dice que le va a enviar a dos personas para que le hagan su campaña electoral: Mónica Moura y Joao Santana. Ellos tenían una empresa de *marketing* político, pero tenían que buscar a una empresa en Venezuela y contratan a Contextus, la compañía de Mónica Ortigoza, casada con un sobrino de Escarrá. El monto de esa campaña fue de 35 millones de dólares, de los cuales Mónica se queda con el 20 % sólo por poner el nombre de su empresa en la operación —explica la fiscal en conversación telefónica desde Bogotá.

Mónica Ortigoza, es la esposa de Alejandro Escarrá Gil, sobrino del diputado constituyente y constitucionalista Hernann Escarrá, y su agencia es sólo una de las grandes en pugna por los millones de la campaña.

Cada alto jerarca pelea por su cuota y, para ello, han optado por la especialización. En los equipos de la campaña, el exdiputado Darío Vivas es conocido como "Tarimín". En su cuenta de Twitter, Vivas se identifica como "Vicepresidente de Movilización y Eventos" y "Leal a Chávez". Cada vez que se aparece en campaña electoral, los técnicos de luces y sonido y los fotógrafos advierten al resto del equipo: "por ahí viene Tarimín".

El curioso apodo resalta que Vivas, uno de los históricos dirigentes chavistas, era el rey de las tarimas y de los contratos para la puesta en escena: telas tricolores, luces y cantantes que cobran cifras astronómicas por aparecer junto al chavismo.

Una de las empresas favorecidas con estos trabajos suele ser Tuandamio, según explican los trabajadores que han sido empleados en las campañas presidenciales. Oficialmente no figura en manos de Darío Vivas, pero ninguno de los trabajadores duda de que el negocio es controlado por él. Cuanto más grande y vistosa sea la tarima, cuantas más luces y mejor sonido se instale, más crece la facturación para "Tarimín", aseguran las mismas fuentes.

Los negocios para el grupo también incluyen los camiones con vinilos que recorrían el país con el candidato. Cada día, el vinilo del día anterior era cambiado por uno nuevo, a pesar de encontrarse en perfecto estado, explican los trabajadores. La sobrefacturación genera gastos absurdos en campaña que, a su vez, son un negocio redondo para los contratistas.

Desde la llegada del chavismo al poder, la carrera por las elecciones ha sido frenética. Desde 1999 se han celebrado un total de 27 procesos electorales con sus respectivas campañas: 5 elecciones presidenciales, 4 parlamentarias, 6 regionales, 4 municipales, 2 elecciones a la Asamblea Nacional Constituyente y 6 referéndums populares.

En lugar de agruparlas, el chavismo las ha dispersado de modo que, en promedio estadístico, se han celebrado 1,3 elecciones al año.

La periodista, exdiputada y exministra de Comunicación, Tania Díaz, y su esposo, Rubén Hernández, también merodean en las campañas electorales del chavismo, un extremo que confirma la fiscal. Se les ha vinculado a la empresa Ámbito, destinada a crear temas musicales de las campañas electorales. Y Temir Porras, mano derecha de Maduro durante su época como ministro de Relaciones Exteriores, tiene nexos con Orinoco Media, encargada de fotos y videos, según fuentes cercanas a la empresa. En los registros oficiales ninguna de estas cuatro empresas figura bajo el nombre de los dirigentes chavistas, pero en el quehacer diario, los trabajadores no tienen duda de quiénes las manejan y quiénes dictan las órdenes.

En los años del derroche y del reparto de dólares a raudales, el fotógrafo José Carlos Gómez también trabajó con Chávez en su programa de televisión *Aló Presidente*. Allí, aprendió a trabajar con un mandatario siempre en alerta. Si ocurría un error en vivo, Chávez no dudada en dejar en ridículo a cualquiera de su equipo. Constantemente emitía señas, daba órdenes. Todos obedecían y le temían. En cambio, explica el fotógrafo, el espectáculo presidencial, el caudillismo en vivo y directo, ha cambiado por completo. Maduro se muestra ante los suyos como un jefe inseguro, siempre pendiente de si alguien de su equipo lo corrige o le da alguna orden.

—Busca una mirada de aprobación para ver si está bien que siga bailando o si tiene que dejar de bailar, para ver si levanta los brazos o los mantiene abajo. No sabe muy bien cómo moverse, qué decir, pero tampoco parece que le interese demasiado —comenta.

Maduro busca la complicidad constante de su equipo, tal vez consciente de que es una de las pocas herramientas que le queda. En una sesión de fotos que hizo con Nicolás Maduro durante la campaña de 2013, el fotógrafo se sorprendió de la actitud del presidente ante la cámara. Maduro comenzó a posar como si fuese Hitler, Pinochet y también como "gay". La payasada levantó las risas de su mujer, Cilia Flores, y también del círculo de campaña: Darío Vivas y Tania Díaz.

Allí, en los pasillos de Miraflores, en las salas reservadas para las sesiones de trabajo, y en la intimidad con el presidente, el fotógrafo fue descubriendo, en cada sesión de trabajo, que el discurso comunista y socialista, en defensa de los pobres y los desvalidos, era poco más que una fachada, un instrumento para retener el poder.

—Lo único que importa es que cada uno se lleve su tajada. Hasta las visitas de actores de Hollywood como Danny Glover para apoyar a la revolución bolivariana, son pautas publicitarias que se pagan y se cobran en dólares a través de empresas extranjeras.

De defensora pública a camarera

Parte de los simpatizantes del chavismo y de sus fieles colaboradores que se sintieron inicialmente atraídos por el movimiento y su supuesta vocación social, han ido perdiendo ese enamoramiento inicial. Y, en ocasiones, de forma abrupta y radical. Gabriela Ramírez escaló hasta la cúpula del poder chavista bajo el auspicio y la protección del propio presidente Hugo Chávez. Su ascenso vertiginoso hasta la Defensoría del Pueblo causó todo tipo de rumores y resquemores entre los seguidores chavistas con más de una década esperando cargos y nombramientos.

Ramírez tuvo relación directa con la esposa de Nicolás Maduro, Cilia Flores, fue amiga personal de Diosdado Cabello —por quien no niega que llegó a sentir afecto— y mantenía contacto con Vladimir Padrino, ministro de Defensa de Maduro. Estuvo encargada de investigar casos de violaciones de derechos humanos y torturas en

Venezuela. El ente que presidió no tenía grandes competencias y sus decisiones no eran de carácter vinculante, pero terminó siendo el rostro del chavismo en los medios de comunicación.

Ramírez restó importancia en sus declaraciones públicas a los atropellos ejecutados por el chavismo para detener a líderes estudiantiles en 2014. Pero, poco a poco, fue desmarcándose del régimen de Maduro —explica— en la medida en que iba comprobando cómo la violencia gubernamental se ensañaba con los manifestantes.

Reconoce haber admirado a Chávez como a su padre, pero, tras su muerte, asegura que comenzó a descubrir su faceta oculta. Escuchó a sus amigos confesar cómo llevaron maletines llenos de dólares a Ecuador "por órdenes de arriba" para comprar medios de comunicación, y descubrió cómo la red de testaferros de sus compañeros de partido iba ampliándose hasta necesitar a "testaferros para esconder el dinero de los testaferros".

Desde su despacho en la Defensoría del Pueblo, Ramírez asegura que no tenía demasiada información sobre la corrupción chavista. Pero en el gimnasio al que acudía en el centro comercial Lido, en Caracas, en las duchas y en las salas de máquinas, descubría el verdadero rostro del gobierno para el que trabajaba. En la Asamblea Nacional y Miraflores sus compañeros de causa hablaban de estrategias políticas, pero en la intimidad de los vestuarios, movían los hilos para ampliar su red de negocios internacionales.

—Escuchaba cómo hacían gestiones para comprar una clínica en México o una fábrica de arroz en Ghana. Los testaferros viven como reyes, tienen todo el dinero del mundo. Frente a ti muestran una cara y ocultan su verdadera estirpe, pero en el gimnasio ves realmente cómo son: hombres de cincuenta años buscando niñas de dieciocho, comprándolas, dándoles casas, apartamentos, empresas y hasta grandes navieras —explica Ramírez, la exdefensora del Pueblo que alcanzó el cargo impulsada por Hugo Chávez.

Gabriela Ramírez se movía en Caracas con ocho escoltas y tenía acceso directo, privilegiado, al máximo líder de la revolución, que siempre la protegió y defendió. Pero, tras su muerte, el huracán de la política la expulsó del chavismo y ahora trabaja como profesora de inglés para niños en una localidad española que pide no mencionar, por seguridad y privacidad.

Los fines de semana también lava platos en la cocina de un restaurante. Mientras sus excompañeros mueven maletas en valijas diplomáticas en Andorra o Turquía, Ramírez intenta pagar la luz y el teléfono con sus dos trabajos. Apenas pesa 55 kilos. Lleva el pelo recogido, zapatos deportivos negros, jean y chaqueta oscura. Con nuevo peinado, sin maquillaje y alejada de las cámaras de televisión, es casi irreconocible. Después de vivir más de un año en España, sólo un venezolano la ha reconocido en el metro. Ya no es la portavoz favorita del chavismo, la cara menos agresiva del régimen. Ahora es una inmigrante más.

Salió del país cuando detuvieron a Miguel Rodríguez Torres, exjefe de la inteligencia venezolana acusado por conspirar contra el régimen de Nicolás Maduro. Huyó para no ser perseguida, porque mantenía contacto con el exmilitar. Antes de escapar, atacó al régimen y tildó de ilegítima a la Asamblea Nacional Constituyente. Ahora, en medio de sus dificultades económicas, ninguno de sus examigos la ha llamado: ni Padrino, ni Diosdado ni Cilia Flores.

Ramírez es —junto a la fiscal Ortega Díaz— una de las pocas exchavistas que accede a hablar para este libro sin la condición de anonimato. Contesta a todas las preguntas y sorprende al ser dura consigo misma en las valoraciones que hace de su actuación pasada.

—A nosotros nos pasó como a los hijos del papá que acaba de morir, que abren sus gavetas y encuentran que tenía una doble vida: otros hijos, y otra familia. Tenía una doble vida. No lo vimos porque estábamos todos enamorados de Chávez, pero todo esto nos ha dejado un país saqueado, un tesoro migrado. Y yo estaba con ellos, del lado de las ratas —explica.

Mientras Ramírez reflexiona sobre su pasado en el chavismo y sobre la verdadera naturaleza del régimen del que formó parte, interrumpo la entrevista para resaltar los términos usados por la exdefensora. Entonces, se autocorrige. Quiere mantener cierta delicadeza con sus excompañeros. "¿Yo dije ratas? Bueno, quise decir que yo estaba del lado de los malos."

Asegura estar atravesando una fase de austeridad extrema. Camina por las calles de la ciudad como una más y muestra en una cafetería las fotos de sus alumnos. "Este es tremendo". "Ella es muy amorosa". "A mí se me da muy bien el contacto con los niños".

Mientras recompone su vida en las aulas y en la cocina de un bar, sus excompañeros también críticos buscan rehacer su vida con nuevos negocios fuera de Venezuela con empresas de todo tipo. A diferencia de ellos, asegura no tener dinero. Ha recurrido a algunos para pedirles 2.000 euros y pagar un tratamiento médico para uno de sus hijos que no cubre la Seguridad Social en España. Pero casi nadie responde. En su etapa como defensora del Pueblo evitó la ruina de uno de sus amigos empresarios que se hizo de oro con la distribución de alimentos durante el paro petrolero. Pero ahora, fuera del poder, alejada de la protección que tuvo del propio Chávez en su etapa como defensora, no le responden las llamadas. No hay dinero para prestarle. Ni 2.000 euros ni 20.

Ramírez intenta recomponer su vida alejada de venezolanos en la ciudad española donde reside. Algunos de sus excolegas le han llegado a decir que fue "irresponsable" por no haber robado, a manos llenas, como es costumbre entre los altos jerarcas del régimen. Sin nunca haberlo imaginado, ha regresado a trabajar como lo hacía con diecisiete años: en bares y restaurantes y también ha tenido que vivir en el anonimato. Puede ser objeto de ataques de chavistas y de opositores. Y ya no tiene poder ni poderosos que la defiendan.

Ni escoltas. Ahora lo único que la une a los chavistas huidos o exiliados en su retiro dorado, es el anonimato.

En el otro extremo, en las antípodas de su nivel de vida, sus excompañeros aún en el gobierno continúan con su vida plena, fulgurante, pero también con nervios y temor. Los rumores de golpe de Estado terminan con movimientos repentinos de vivienda. La protección nunca es suficiente. Las medidas de seguridad siempre son mejorables. Por eso, suelen aplicar la táctica del despiste. Cambian la hora de salida de los hoteles o los aviones a último momento. Cuatro horas antes o tres horas después. Un día antes o después de lo previsto.

Mientras construyen sus emporios, blindan su protección con la complicidad de sus empleados y ayudantes fieles que siempre intentan recibir algún favor que les cambie la vida: un puesto en una embajada lejos del país que gobiernan, un alto cargo en una empresa pública. Cualquier guardaespaldas puede aspirar ser el administrador de las riquezas de la nación, como Alejandro Andrade, en prisión en Estados Unidos. Cualquier enfermera de la alta jerarquía puede terminar involucrada en desfalcos al Tesoro como Claudia Díaz, detenida en Madrid por la Audiencia Nacional en España.

Por eso se mantienen cercanos al poder que se tambalea, que parece derrumbarse. Intentan recibir sus últimas cajas de comida, exprimir sus últimas posibilidades para obtener un automóvil chino o una vivienda levantada por el gobierno. Allí permanecen atentos, sosteniendo a sus jefes que siempre derraman alguna migaja.

Capítulo 3

Infiltrado en la secta

La religión también puede ser una dictadura. Y viceversa. Para ingresar en la secta (o en la congregación espiritual) de Nicolás Maduro y Cilia Flores, tuve que comenzar desde abajo: tocando las puertas de la organización como un interesado más en conocer la divinidad de Sai Baba y participar en sus actividades.

La hermética organización no suele contestar preguntas y rechaza el ingreso de periodistas. No son bienvenidos, no se admiten micrófonos, ni cámaras ni cuestionamientos de los dogmas.

Las advertencias llegan de todas partes. En la India, se prohíbe la entrada de periodistas al *ashram*, a los hospitales y a los centros educativos dependientes de la organización de Sai Baba. El único recurso disponible consiste en investigar desde el disfraz de devoto o, en el mejor de los casos, desde el deseo de conocer la obra social del gurú.

Las acusaciones de abusos sexuales contra Sai Baba dispararon las alertas en el entorno de una multinacional de la fe que mueve en la India una amplia red de escuelas y universidades, enormes hospitales, sistema de agua potable y que también tiene una evidente influencia en la policía, el poder judicial y hasta en el propio presidente del país. Un documental de la BBC, *The Secret Swami* (*El Swami secreto*) fue la estocada para una organización, adorada por los devotos, pero cuestionada en reportajes emitidos en los medios de comunicación occidentales y también indios.

La enorme obra social le garantiza cierto tratamiento privilegiado por parte de las autoridades del país, que visitaban en vida al gurú y que continúan acercándose a su tumba en actos públicos.

La organización Sathya Sai creció bajo las órdenes de Sai Baba en un pueblo aislado, pobre y de campesinos en el sur de la

India, a dos horas de carretera de Bangalore. Puttaparthi es una localidad de casas y edificios bajos, y también es la sede de una de las mayores multinacionales religiosas de la India que recibe a miles de peregrinos por semana.

A pesar de los controles de ingreso, cualquiera puede entrar y quedarse a dormir por 20 rupias la noche, un precio casi de limosna en la India: es lo que puede costar uno de los pequeños taxis precarios en un traslado muy breve en el centro de la ciudad. Pero las puertas abiertas no significan que todos son bienvenidos.

Trabajar en el *ashram* de Sai Baba es, en teoría, un servicio comunitario, pero muchos de los *sevadales* en la India de castas y con marcadas pirámides sociales, se creen poderosos. Los vigilantes y personal de control ejercen su autoridad y poder cada vez que pueden. Su trato suele ser rudo, más parecido al de un portero de discoteca que al de un monje tibetano o un colaborador amigable de un líder espiritual.

Llego al *ashram* de Sai Baba en taxi desde Bangalore, a 150 kilómetros, en un trayecto de dos horas. El aeropuerto de Bangalore, como el de Nueva Delhi y otras grandes ciudades, es moderno, impoluto y ordenado. Se mantiene como un oasis en medio de la pobreza, el desorden y la improvisación en una ciudad que crece sin organización. En el trayecto en automóvil, rápidamente quedan atrás los jardines y los árboles bien cuidados y las autopistas y carreteras descubren otra realidad: se cruzan motos con hasta tres ocupantes sin casco, a veces con equipaje, unas cajas, comida o maletas. El caos circulatorio se aleja en la medida en que el vehículo se adentra en la India rural, donde aún se trabaja la tierra de forma artesanal. Se ara, se siembra y se cosecha con las manos.

En los pueblos, los hombres conversan en las entradas de las casas, se reúnen en las plazas llenas de tierra y airean sus pies libres de zapatos y zapatillas. Y dentro del campo, en las producciones de verduras y hortalizas, las mujeres recogen, protegidas del sol, la cosecha. Cargan pesadas canastas con sus dos manos o en la cabeza. La carretera no es demasiado transitada; en algunos pueblos los niños atraviesan una cuerda de punta a punta para obligar a los automóviles a frenar. Una vez que se detienen, piden dinero para ellos mismos o para su pueblo.

Los campos de la India pueden ser extremadamente secos en verano y la tierra, sobreexplotada, no parece dar abasto para alimentar 1.000 millones de bocas.

Tras dos horas de trayecto, llego a las afueras de Puttaparthi. La primera sorpresa es que el pueblo, de menos de 50.000 habitantes, tiene un aeropuerto que lleva el nombre del dios de la localidad: Sri Sathya Sai Baba. No hay líneas aéreas regulares, pero es utilizado por los devotos que llegan en avión privado. En la ruta hacia el centro de la ciudad, el hospital, con tonos rosa y azules pasteles y con un curioso estilo arquitectónico, parece más un edificio de parque temático infantil que un centro de salud de una región deprimida de la India.

En el camino hacia el centro, sobresalen edificios singulares, siempre de colores pasteles, rosas, azules, amarillos. La arquitectura de cúpulas modernas parecía la obsesión estética de Sai Baba, amante de las obras monumentales y llamativas.

Sobre una de las colinas que rodean el poblado, la estatua de un mono gigante se impone sobre el resto de las construcciones. El escultural mono sostiene con su mano una montaña. Se trata del dios Hánuman, con una corona de adornos sobre su pecho, un cuerpo de hombre musculoso y un cetro en su mano derecha. Su fuerza es sobrenatural y, según la mitología india, saltó hasta el sol al creer que se trataba de una fruta.

Bajo la mirada de Hánuman, los estudiantes de los centros educativos, casi todos financiados por la organización Sathya Sai, caminan en grupo, vestidos de blanco. Camisa, pantalón y medias. No hay ninguna chica en las calles. Todos son varones. Los carteles, en todos los idiomas, dan la bienvenida a los extranjeros. *Love all, serve all*. "Ama a todos y sirve a todos", se repite en cada esquina. Los pequeños vehículos amarillos, que sirven de taxi en el poblado, llevan en sus cristaleras traseras fotografías de Sai Baba. La imagen del líder espiritual está en los depósitos de agua, en el hospital y hasta en la comisaría de policía. Nada se mueve en el pueblo sin que actúe su mano invisible.

Al acercarse al recinto, aumenta la congestión de vehículos y personas. La Morada de la Paz Suprema se ha convertido en un hervidero. La actividad en sus alrededores es frenética. Se vende ropa, maletas, comida y se alquilan habitaciones. El tráfico es caótico, no tanto por la cantidad de vehículos sino porque las normas de tránsito no parecen hechas para cumplirse: son una especie de recomendación que cada ciudadano adopta de forma discrecional.

Los peatones cruzan la calzada en cualquier momento y las cornetas y bocinas no paran de pitar. No se usan de forma excepcional. Los conductores frenan y pitan, aceleran y pitan. Es la manera que tienen para avisar su paso, aunque los semáforos estén en rojo o en verde, vayan en dirección correcta o no. Cada 10 o 15 segundos, el bocinazo garantiza la visibilidad.

Al llegar al *ashram*, una puerta con las figuras de los dioses, los vivos, los muertos y los que están por venir, decoran la entrada principal. Enfrente hay una tienda de sábanas y de *souvenirs*. Como todos los comercios, la mercancía está sobreexpuesta y casi no hay espacio en las entradas. El ánimo por vender lleva a los comerciantes indios a querer exhibirlo todo.

En las aceras, los vendedores de fruta fresca, colorida y exuberante espantan las moscas con cierto desgano. Saben que no basta con un simple movimiento de manos y siempre regresan. Algunos caminan y recogen la mercancía descalzos, al igual que los mendigos. Pisan aguas limpias derramadas por la rotura de una tubería o aguas encharcadas en los huecos de la carretera. Me pregunto cómo un país sumido en el subdesarrollo ha logrado convertir su industria religiosa en una potencia mundial. De eso vive Puttaparthi y muchos pueblos de la India donde acuden los occidentales en masa en busca de luz interior.

El poder de la fe o la fe en el poder

Al llegar a la casa de Sai Baba, a La Morada de la Paz Suprema, el personal de seguridad detiene al conductor de forma brusca. Piden la documentación, pero el taxista no tiene los papeles del automóvil. Los vigilantes muestran una actitud altiva, poco acorde con un anfitrión de la morada de dios. Alzan la voz y mueven las manos. Me recuerdan a los policías en Venezuela que estallan de alegría cuando detienen a algún vehículo sin los papeles en regla porque eso le garantizará el soborno del día.

Repiten varias veces una frase final que no logro descifrar, aunque, mientras inspeccionan el automóvil, voy generando arbitrariamente posibles traducciones. "Este carro no entra, no entra, no entra". "Si no nos das dinero, te vas, te vas, te vas". Lo único que parece claro es que se niegan a dejarnos entrar. Mi único temor es que descubran, de alguna manera, que no soy un devoto sino un periodista que ha llegado para desentrañar la historia de un presidente venezolano y su esposa que sucumbieron ante la figura de un gurú que decía ser una reencarnación divina.

Casi de inmediato, el taxista me explica que tengo que mostrar mi pasaporte. Preguntan de dónde vengo y cuántos días permaneceré en el recinto. Tras una ligera discusión en la que se enzarzaron el taxista y parte de la guardia de Sai Baba, los porteros permiten la entrada. No hubo soborno ni pago de ningún tipo. Desconozco los términos de la conversación. Parece que la guardia simplemente quiere mostrar poder y control.

Los vehículos deben ingresar por una entrada contigua. Allí se despiden familias cargadas de maletas que parecen ir con mudanzas enteras. Las estancias en el Prashanti Nilayam pueden ser prolongadas. Pocos hacen viajes de esas características sólo para permanecer un par de días.

Una vez dentro del recinto, pregunto a un hombre por la recepción y el conductor hace el amago de dejarme, pero los devotos le insisten que me lleve a la oficina de admisión, para evitar que recorra, maleta en mano, un largo trayecto.

El Prashanti Nilayam es una especie de ciudad universitaria. Cuenta con decenas de edificios que parecen facultades o sedes educativas, pero también tiene restaurantes, cantinas, cafeterías, heladerías, cajeros automáticos, biblioteca, la sede de su radio internacional, jardines y espacios para los toros y las vacas. El templo principal, el *mandir*, donde reposan los restos de Sai Baba, es el epicentro de la vida en el recinto.

La tarde comienza a caer. En la recepción principal, frente a las taquillas de pago, están colocadas cientos de sillas vacías dispuestas para atender a los peregrinos que llegan de todas partes del mundo. Se trata de una sala preparada para registrar una enorme cantidad de visitantes por día. Pero en el recinto no hay ningún devoto esperando. Soy el único. Parece que la infraestructura está sobredimensionada, a casi una década del fallecimiento de su máximo líder.

Un trabajador me explica que todas las maletas y los bolsos deben ser ingresados a través de los escáneres de seguridad. Coloco la maleta y los bolsos en la correa. Enseguida, los trabajadores disparan las alarmas y se levantan de sus sillas espantados. Han detectado que llevo objetos prohibidos que no pueden ser ingresados bajo ningún concepto en La Morada de la Paz Suprema.

Un hombre de unos cincuenta y cinco años me ordena abrir la maleta. Sube el tono y me pregunta el país de donde vengo. *Spain*, respondo. El país de procedencia parece determinante en esta congregación de nacionalidades. En algunos templos de la India, pequeños y aislados, el paso de occidentales está prohibido. También en algunos de los edificios de la ciudad espiritual.

Al revisar la maleta, el vigilante encuentra el objeto del delito que tanto lo alarmaba. Una botella de vino. La muestra a sus compañeros como gran hallazgo de la jornada. No pueden contener las risas, aunque hacen el esfuerzo para que no me percate de su momento jocoso, de su fiesta colectiva. La botella de vino dio algo de vida a su triste rutina: parece que cada vez tienen menos trabajo. Es evidente que el recinto mengua desde la muerte de su gurú.

El objeto de pecado resulta todo un acontecimiento para los guardias que me advierten que la botella no puede ser ingresada bajo ningún concepto. Es necesario decomisarla. Explico que no pienso beber, que el vino es sólo un regalo para unos amigos que veré dentro de unas semanas en Nueva Delhi, capital de la India. Pero la autoridad se crece. El oficial mueve las manos y explica, en su inglés plagado de "eres", propio del acento indio, que estoy intentando violar las normas de convivencia. Su ira parece forzada. Luce sobreactuado.

No pongo ningún inconveniente, accedo a que me decomisen un Rivera del Duero y me dispongo a ingresar. El hombre guarda, satisfecho, la botella en un cajón y continúa su inspección. Solicita de nuevo el pasaporte, me pregunta el propósito del viaje y me exige el pago de una ridícula cantidad que no alcanzaría ni para comprar una caja de chicles en el primer mundo. Sigo todas las instrucciones de forma sumisa y amable. Quiero evitar a toda costa levantar cualquier sospecha y que me prohíban el ingreso.

Los guardias, como si fuesen perros salvajes, parecen oler la inseguridad y se crecen. Me piden que no rellene el formulario en la mesa, que debe estar libre para los que van a pagar. Giro la cabeza y ratifico que no hay ni una sola persona esperando.

Sigo las instrucciones y comienzo a rellenar los datos en el lugar que me indican, y también recibo una reprimenda. El hombre exige que no rellene el formulario tan rápido. Está prohibido por las normas. *Slowly, slowly please*, indica de forma seca. El poder de dictar cualquier orden, por absurda que parezca, genera satisfacción en el grupo. Los trabajadores se ven complacidos al ejercer su autoridad ante un devoto extranjero. Allí, en ese recinto, se vengan de la dominación occidental sufrida durante siglos. Ahora tienen el poder sobre los devotos ingleses, australianos, estadounidenses y también latinoamericanos, de clases acomodadas, que acuden a venerar a sus gurús, dioses, y líderes vivos y muertos.

Tras la foto de rigor con una vieja *webcam*, pido una habitación sencilla, y me confirman una advertencia de la que ya había sido informado con anterioridad: no es posible obtener una habitación separada.

Los hombres occidentales que llegan solos a La Morada de la Paz Suprema deben compartir habitación con otros devotos. No se trata de dos ni de tres, sino de una ingente cantidad de huéspedes. Trato de convencerlos para que hagan una excepción, pero parece que la norma es infranqueable y no hay posibilidad de eludirla. Las habitaciones privadas sólo están disponibles para familias enteras. El resto tiene que compartir espacio con centenares de fieles.

Tras la aprobación de mi ingreso, el único trabajador amable me explica que él se encargará de guiarme al pabellón de los hombres occidentales. Carga mi maleta sobre su cabeza y comienza a caminar. Le explico que no es necesario, que la maleta tiene ruedas y se puede mover sin dificultad. El hombre insiste y comienza a caminar con rapidez con el equipaje sobre su cabeza. Está claro que lleva toda su vida cargando maletas y muestra destreza y equilibrio esquivando baches y subiendo escaleras. Sabe en qué punto exacto debe colocarla y apenas la sujeta con la mano de forma esporádica.

El camino es largo, porque el pabellón de los hombres occidentales está en el extremo del recinto, justo frente al último muro, a la frontera con el mundo real. Hay que cruzar toda la obra de Sai Baba y atravesar sus jardines, llenos de familias, niños, ancianos, perros y monos. "Si no te gusta el lugar, te puedo ayudar a conseguir otro hospedaje fuera del *ashram*", explica el servidor, amablemente, antes de llegar. "Yo conozco muchos lugares buenos".

Pienso que he tenido suerte y el hombre es uno de los pocos que aplica la máxima de Sai Baba: servir a todos. Comienza a anochecer cuando llegamos a la habitación. Me permiten dar un vistazo antes de decidir si duermo allí. Tres filas de literas se pierden en el horizonte. Los ventiladores en el techo ayudaban a mitigar el pesado calor del recinto con techo de zinc. Las puertas y las ventanas tienen de cielo a techo enormes mallas para evitar la entrada de mosquitos, pero me percato de que es insuficiente. Hay mosquiteras en todas las camas.

No se trata de una habitación sino de una nave industrial, un galpón lleno de camas. Cuento rápidamente la cantidad de literas. Deben ser unas 100 con capacidad para 200 personas, pero solo hay una veintena ocupadas. Los colchones parecen incómodos y no hay sábanas ni almohadas. El fiel debe traerlas o comprarlas en la tienda oficial que ya está cerrada. Debo dormir sin sábanas ni almohadas en alguna de las literas o buscar un hotel a contrarreloj.

El cargador de maletas se ofrece a acompañarme para buscar un lugar más adecuado. Salimos del *ashram* y me dirige, maleta en la cabeza, a unas callejuelas oscuras y escondidas donde con dificultades cabe una bicicleta. Saluda con familiaridad a otro hombre de su misma edad, que me enseña una habitación. Las paredes y las sábanas sucias y arrugadas no invitaban a la cómoda estancia. Me enseñan otra. Tenía cocina y baño incluido. El suelo estaba negro y probablemente sin limpiarse en meses. El rostro de Sai Baba, colgado en las paredes y en las puertas, sonreía por doquier. Pregunto el precio. Tres euros al cambio. Me percato de que necesito urgentemente un sitio para dejar la maleta mientras busco otro lugar.

Al pagar, mi servicial ayudante recibe la comisión de parte del dueño de la habitación. No disimula. El negocio se divide entre los dos. El captador me da las gracias y se va, no sin antes exigir 200 rupias por su ayuda, 100 por buscarme habitación y otras 100 por llevar la maleta sobre su cabeza. En La Morada de la Paz Suprema, también rige la ley del dinero, las comisiones y los intermediarios. Y la factura siempre llega a última hora.

Accedo a pagar y el trabajador me informa que también me puede conseguir cigarrillos y marihuana. La moral puritana del *ashram*, que hizo que los trabajadores se llevaran las manos a la cabeza por una botella de vino, se desmorona frente a la habitación llena de fotos de Sai Baba. Hay unas normas duras para el común de los mortales y otras laxas, e incluso delictivas, para los que acceden a pagar.

Pero el ayudante también quiere tener una cortesía conmigo y me regala un *ticket* para cenar gratis en la cantina que sirve comida del sur de la India, por valor de 10 rupias, 0,70 céntimos de dólar.

Consigo un mejor hotel para la primera noche y decido que el día siguiente compraré las sábanas y la almohada para dormir en la habitación hacinada con el centenar de literas. Para entender la vida del *ashram*, debo dormir en él.

Acudo a la cena, también de precios solidarios, pero con tarifa disparada. La cantina occidental cuesta casi diez veces más que las cantinas de la India. Su recaudación sufraga el resto de los comedores. Los occidentales pagan más y están bajo completa vigilancia. Me siento en una de las mesas con capacidad para albergar a decenas de comensales. Pero el salón no se encuentra ni al 10 % de su capacidad. Por lo poco que he visto y vivido, creo que no hay demasiada espiritualidad en el ambiente. A veces, el recinto parece un vecindario pobre de cualquier ciudad de la India. En otras ocasiones, creo que se trata de un movimiento en proceso de disolución, como el régimen sostenido por el devoto venezolano.

Al finalizar la cena, una mujer alta, delgada, rubia y de mediana edad, se acerca para preguntarme si puedo ayudar a recoger y limpiar el comedor. Respondo que lo pienso y le digo luego. Se molesta. Quiere una respuesta inmediata. Su paz interna no puede esperar.

Pienso que limpiar una enorme sala no me aportará demasiado en la investigación así que opto por escabullirme. Doy un paseo por el *ashram* y veo que los hombres suelen ir agarrados de la mano. Es una prueba de amistad. Caminar de la mano no tiene ninguna connotación amorosa ni sexual en la India, pero a una mujer y a un hombre no se les permite ir de igual manera por el recinto. Eso sí daría lugar a malas interpretaciones. Los hombres solteros duermen juntos y las mujeres solteras también.

En el *mandir*, el centro litúrgico de la congregación, las mujeres oran y rezan separadas de los hombres. Los voluntarios lo justifican. "Si estuviesen todos juntos, los hombres estarían pendientes de las mujeres y viceversa. Entonces no estarían concentrados en su trabajo espiritual". Dejo de hacer preguntas porque no quiero escuchar más explicaciones confusas.

Amanece en el *ashram* y decido dar un paseo para conocerlo, ver las caras de los devotos, sus actividades. Al mediodía, vuelvo a comer a la cantina y un hombre hindú se acerca, me hace preguntas básicas para entablar un primer contacto y, tras un pequeño intercambio de datos, se interesa por Venezuela y se ofrece para enseñarme el pueblo y los lugares emblemáticos en la vida de Sai Baba. Ramesh es amable y me invita a tomar té a su casa. Ha sido agricultor toda su vida. Los últimos años atraviesa una situación complicada. Las sequías son prolongadas y la producción no alcanza para mantener a su familia.

En la mesa de al lado, un par de argentinos se saludan con efusividad. Argentina es uno de los caladeros más importantes de devotos, muy por delante de Venezuela. Las dinámicas de fieles siguen comportamientos curiosos. ¿Por qué Argentina y Venezuela son potencias productoras de seguidores de Sai Baba? ¿Qué fenómeno sociológico permite que un gurú, que no hablaba español, tenía dificultades con el inglés y que se encontraba a miles de kilómetros, despertase tanta devoción?

En Puttaparthi descubro la respuesta. En los años sesenta, dos jóvenes profesionales que conocieron a Sai Baba se ofrecieron a ayudar a traducir sus libros. Una era argentina. La otra era venezolana: Arlette Meyer, que fundó la iglesia de Sai Baba en Caracas. Y en menos de cuarenta años, aquel movimiento inofensivo, aquella congregación de amigos que comenzó con una trotamundos, terminó por atrapar hasta al propio mandatario venezolano.

Pido un tiempo a Ramesh y me acerco a hablar con los amigos argentinos. Un primer contacto con devotos latinoamericanos no puede ser muy complicado en la morada de Sai Baba. La cultura siempre une. Y el idioma también. Uno de ellos, bajo de estatura, de cabello rubio, casi de media melena y barba larga pelirroja, lleva unas gafas oscuras antiguas. Va vestido de camiseta blanca y pantalón blanco como todos los devotos. Me dice que lleva casi un año de retiro espiritual por toda la India. Recorrió el país visitando los templos más altos. Hizo el recorrido en buses mugrientos, a pie y vivió en medio de la montaña, sin agua, sin luz para reencontrarse a sí mismo. No llega a los cuarenta años. Su compañero, alto y mucho más delgado y ya entrado en los cuarenta, tal vez cercano a los cincuenta, lleva gafas de alta graduación. Son unos cristales con profundidad, sumamente gruesos.

Advierten de inmediato que soy de Venezuela. Les explico que es la primera vez que visito la morada de Sai Baba y también es mi primera vez en la India. Admito que soy principiante y completo desconocedor de ese mundo. Explico que quiero conocer el recinto, la comunidad y la localidad. Fue una introducción eficaz. El más joven se ofrece a ser mi guía y me dice que puede pasar toda la tarde conmigo haciéndome una inmersión en el universo *saibabista*. Acepto encantado, pero le explico que el agricultor local, Ramesh, me está esperando porque me invitó a tomar té a su casa.

—Yo lo conozco. Decile que no te vas con él, que te vienes conmigo. Sólo busca extranjeros aquí para quitarles plata.

Pronto comunico a Ramesh que me quedo con los argentinos, que muchas gracias y que muy amable. Así comienza mi tarde con Emiliano, uno de los devotos con mayor conocimiento de la religión *saibabista* y dispuesto a mostrarme y a explicarme su funcionamiento.

Emiliano llegó al *ashram* por primera vez con trece años. Desde entonces visita el lugar cada invierno argentino. Sus padres son devotos y cuando eran jóvenes decidieron llevar allí a sus niños pequeños. Entonces, buena parte de la infraestructura del *ashram* todavía no había sido construida. El *mandir* no tenía ni techo, era un arenal, con cuatro palmeras. Mientras sus amigos pasaban el verano jugando al fútbol o visitando el continente en las buenas épocas de la economía argentina, Emiliano pasaba las vacaciones rezando, orando y haciendo largas filas para escuchar los discursos de Sai Baba. Sus padres le presentaron a su dios sin rodeos. Le dijeron que aquel hombre de pelo afro era el creador de todo lo conocido y desconocido en el universo. El ser omnipresente que todo lo sabe y todo lo ve. Y, treinta años más tarde, sigue convencido de que así es.

Emiliano es un hombre estudiado. Devora libros desde su tierna infancia. Lee las sagradas escrituras, los pensamientos de los discípulos de Sai Baba y todas las mañanas acude a la biblioteca para apuntar y memorizar los descubrimientos sobre su dios. Ha leído muchos, tal vez demasiados libros sobre Sai Baba, que cuentan la creación del universo a su manera.

El primer paseo con Emiliano discurre por las orillas del río Chitravathi, que está completamente seco. Parece que lleva meses o años sin correr agua por aquel lugar. Asegura mi guía que se secó desde que murió Sai Baba. Desde entonces, así como se seca el alma de algunos de sus seguidores, también se ha secado el río donde Sai Baba se bañaba y hacía milagros. Allí, frente al surco que ahora ve crecer hierbas y arbustos, comienza su clase teológica. Tras las preguntas de rigor y algunos comentarios para poner el contexto el lugar, explica el futuro del planeta y las fases que experimentará; asegura que en algunos años, quién sabe cuántos, tendrá siete soles. No se trata de una fantasía, explica Emiliano, ni una forma poética de describir el futuro.

—Eso ya pasó. Hubo una época en la que la Tierra tuvo siete soles. Está demostrado. Y volverá a pasar —dice con aplomo.

Emiliano es abogado, experto en explosivos y carga flechas y municiones consigo en el viaje que ha organizado en solitario en la India. Abandonó a su mujer durante un año y no tuvo comunicación con ella ni con ningún miembro de su familia. Quería desconectar. Necesitaba acercarse a su dios, pulir su camino espiritual, ese que tanto lo llena.

No es un devoto cualquiera. Conoce como pocos el movimiento y tiene estrecha relación de confianza y amistad con altos jerarcas de la organización Sathya Sai. En su año de retiro espiritual convivió con los *sadus*, hombres buenos y ermitaños que se instalan en las montañas para estar más cerca de la divinidad. Emiliano cree que cuando mueren, sus almas suben como un cohete disparado hacia el cielo. Allí estalla "pooooffff", explica mientras dibuja con su dedo índice la trayectoria y abre sus dedos para recrear el momento de la explosión divina.

—Es lo que les pasa a los seres buenos. Ellos no tienen que hacer reencarnaciones. Van directo al cielo, sin peajes ni escalas.

Emiliano, universitario con convicciones muy diferentes al resto, es un hombre que cree haber conocido al dios Shiva en persona. Ofreció su tiempo, días enteros de forma desinteresada, para explicarme todo lo que pasa en el *ashram* de Sai Baba, las intrigas del poder de los jerarcas religiosos y cómo funciona su micromundo.

No tiene idea de qué ha pasado en Ucrania, ni quién es el presidente de Rusia y cuáles son las consecuencias de que Donald Trump haya asumido el poder en la Casa Blanca. Ha formado su propia concepción de la realidad y rechaza cualquier duda, cualquier otra versión que contradiga las ideas que se han solidificado en su cerebro desde los trece años, con lecturas reveladoras y vivencias extraordinarias.

Pasé varios días con Emiliano recorriendo todos los rincones de Puttaparthi y haciendo preguntas sobre su vida, sobre la organización y sobre ese encanto del movimiento que atrae a tantos hombres de poder completamente distintos entre sí: empresarios estadounidenses, multimillonarios indios, jefes de gobierno, deportistas afamados. Todo lo contesta con paciencia y cierta pedagogía. Subimos al museo, recorrimos los estanques atestados de peces de colores, bebimos batidos con leche recién ordeñada, visitamos la biblioteca y asistimos a las jornadas de oraciones durante varios días. También hizo algunas confesiones sobre su trabajo para la organización y sus nuevas misiones legales como abogado ayudante de la multinacional. Siempre paciente, siempre dispuesto a ayudar y a contestar, sólo una pregunta le causa un arrebato.

—Emiliano: ¿Tú realmente crees que Sai Baba es Dios?

De inmediato me preguntó por mis intenciones al estar en ese lugar y por qué había viajado de tan lejos si no estaba convencido de la grandeza de su dios. Me miraba con desconfianza, su tono había cambiado. Esa noche fue la última vez que vi a Emiliano.

Invitó a la comida, me protegió de timadores, estuvo dispuesto a gastar días enteros enseñando la ciudad y hablando de su religión y sus creencias. Pero la amabilidad se extinguió de buenas a primeras cuando descubrió que sus dogmas eran cuestionados. No acepta otra visión del mundo. Él está del lado de la verdad, del lado del bien.

En una convención anual de los devotos de Sai Baba de toda España, un centenar de asistentes comparten en un retiro espiritual durante un fin de semana en un monasterio de Gran Canaria. Las nacionalidades y las edades son variadas. Cada devoto cuenta en público cómo descubrió al gurú indio y comenta con detalle sus primeros sentimientos. Todos comen comida vegetariana, como manda Sai Baba, cantan *barjans* y caminan al aire libre en el amanecer para dar gracias por la salida del sol.

Pero un hecho inesperado rompe la armonía. Un chico valenciano, hijo de indio, acaba de hacer una confesión inaudita en los grupos de trabajo espirituales. Sus palabras son un terremoto para los creyentes. Los jóvenes abren sus ojos sorprendidos y una mujer se levanta de la sala y huye contrariada. Los hombres mayores mueven su cabeza en señal de negación y consternación. El improvisado salón de rezos, lleno de imágenes de Sai Baba, se sume en el desconcierto.

—Les voy a decir algo. Creo que es hora. Yo no creo que Sai Baba sea Dios.

Capítulo 4

Los chavistas en su búnker

Nicolás Maduro y sus jerarcas sólo se mueven por Caracas de noche. En su reclusión permanente, se encierran en un recinto militar impenetrable donde pasan las horas cuando no están instalados en el Palacio Presidencial de Miraflores. El temor a ser vistos en las calles de la capital y a sufrir el acoso masivo de los ciudadanos, los ha convertido en animales nocturnos, en murciélagos errantes.

—Maduro no duerme dos noches seguidas en un mismo lugar. Una en Fuerte Tiuna, otra en Miraflores… Dicen que hasta en el Banco Central tiene resguardo —comenta un magistrado del Tribunal Supremo de Justicia cercano al presidente Maikel Moreno.

Después del golpe de Estado de 2002, cuando Hugo Chávez fue sacado por tres días de la presidencia de la República, los temores comenzaron a invadir al presidente fallecido. En pleno ejercicio de sus funciones, fue amenazado con ser bombardeado en el Palacio Presidencial si no renunciaba a su cargo. Caracas ardía con manifestaciones masivas contra el gobierno que había decidido arremeter con dureza contra sus opositores. Murieron dos trabajadores del Palacio Presidencial, lo que demostró que Miraflores tampoco era el lugar impenetrable que necesitaba un presidente que debía afrontar conspiraciones y amenazas continuas.

Requería un lugar a prueba de balas, un enclave seguro y blindado. Y al regresar de su breve cautiverio, Chávez ordenó la construcción de una vivienda segura en el Fuerte Tiuna, un lugar apacible donde la realidad de la ciudad que la rodea parece sólo un espejismo sobre sus lagos ornamentales, donde el ruido de la calle no atraviesa sus jardines, árboles y palmeras.

Allí, sobre la estructura de una casa colonial, se construyó un espacio fortificado. Sólo los integrantes de la Guardia de Honor presidencial y un puñado de trabajadores de la Presidencia de la República han podido ingresar a sus instalaciones. El inmueble fue asignado a Hugo Chávez Colmenares, el hijo menor del presidente fallecido, según explica un extrabajador de Palacio.

—Por fuera no llama la atención. Está protegida por un pequeño montículo. Por eso se llama La Roca. Por dentro, es mucho más moderna que La Casona. Todo nuevo, de diseño, con cocina americana y pisos cristalizados. En la casa todavía permanecen los cuadros que Chávez había ordenado montar: María Lionza, el Negro Primero y otros próceres. Ahora no sé si seguirá viviendo Huguito o ha cambiado de manos —explica el extrabajador que pidió mantener su nombre en el anonimato.

El Fuerte Tiuna se ha convertido en un búnker donde los hombres más poderosos del país conviven en una ciudad militar con escuelas, hospitales y servicios exclusivos para los miembros de las Fuerzas Armadas y algunos organismos civiles como el colegio ecológico y las residencias construidas por el chavismo para los damnificados (Ciudad Tiuna Misión Vivienda) pero donde también han sido colocados empleados públicos y allegados a la administración chavista.

A pocos metros, los altos mandos del chavismo conviven en un espacio discreto y prácticamente secreto. En la urbanización Guaicaipuro, unas 30 casas están custodiadas por vigilancia militar, la garantía de la máxima seguridad para un gobierno que da muestras de sentirse más inseguro. Los asesores, ministros y allegados a Nicolás Maduro no encontrarían tranquilidad en cualquier urbanización de Caracas, donde serían acosados, abucheados y donde vivirían en constantes confrontaciones con sus vecinos.

Ingresar al Fuerte Tiuna, el búnker del chavismo, no es una tarea demasiado complicada. Los militares preguntan a los conductores su destino dentro del recinto militar y piden abrir las maletas de los vehículos. Controlan el acceso de todo tipo de mercancía, armas o material peligroso en un recinto donde duermen los hombres que dirigen los destinos del país.

En la entrada a Fuerte Tiuna, un enorme complejo residencial aloja a los beneficiados por las viviendas construidas por el gobierno. No se trata de cualquier complejo residencial, sino de 9.000 viviendas, según las cifras oficiales del gobierno madurista, con jardines cuidados, paredes pintadas y buenos vehículos estacionados en las entradas.

Fuerte Tiuna, histórico recinto militar en Venezuela, también es un espacio a medio construir. Hay obras en marcha a lo largo de todo el recinto. Buena parte de ellas están bajo el mando de la empresa china Citic Construcción. En la zona también se ubican varios colegios donde los empleados del régimen llevan a sus hijos con seguridad. También hay construcciones de viviendas levantadas por empresas rusas. En el epicentro del poder militar en Venezuela, la injerencia rusa y china, que tanto ha agitado el debate político, se ve y se siente en cada esquina.

Algunas de las obras están destinadas a albergar las sedes de los nuevos ministerios, según comentan los trabajadores. En el Fuerte Tiuna un rumor recorre todos los estamentos: los ministerios se mudarán al recinto de máxima seguridad. Lo que podría convertirse en el último bastión del gobierno ha sufrido retrasos y paralizaciones. La obra se ha ejecutado como muchas del país: a trompicones y con abandonos parciales.

La construcción de las casas y los ministerios dentro de la instalación militar puede ser un asunto de máxima urgencia para el régimen. Es necesario disminuir los desplazamientos. Les aterra tener algún accidente en plena autopista, que algún ciudadano reconozca sus vehículos blindados a pesar de los cristales oscurecidos. Que sus guardaespaldas tengan que enfrentarse a una turba enardecida.

En cambio, en la urbanización Guaicaipuro, la cúpula del régimen tiene garantizada una vida plácida. Es necesario un doble control de acceso, siempre por autoridades militares. Cada visitante debe dejar su nombre y apellido, mostrar su cédula de identidad y avisar a qué casa se dirige y con qué motivo, si alguien le espera o si es trabajador, personal de confianza o visitante.

Su entrada se encuentra en la alcabala 3 del Fuerte Tiuna, una zona conocida como "Prevención 3" entre los guardias de seguridad del régimen. Por esas calles circulan a diario los ministros, los asesores del presidente y los militares de mayor jerarquía. Los trabajadores, los militares y el círculo íntimo del poder coincide en que los altos cargos más cercanos a Maduro viven en la urbanización Guaicaipuro.

Para acceder a la urbanización es necesario acudir en vehículo y subir una pequeña colina. En el trayecto, del lado izquierdo, sobresale una colina verde con algunas piedras pintadas de blanco a modo de decoración. El tiempo muerto en el Fuerte Tiuna da hasta para pintar piedras. Del lado derecho, se disfruta de amplias vistas a una parte de la ciudad de Caracas. Un tanque militar en desuso luce como una decoración para el recinto. Parece un elemento decorativo, pero también sirve de advertencia. Pocos metros después, el recorrido en automóvil se interrumpe de forma abrupta.

Tres conos viales de rojo fosforescente bloquean el acceso. Uno de ellos, viejo y usado, está inclinado. Se trata de una alcabala improvisada. A mano izquierda, un toldo portátil de tela blanca resguarda del sol y de la lluvia a dos jóvenes militares. Se trata de una especie de tienda de campaña, una estructura utilizada en fiestas y eventos al aire libre en Caracas. Toda comunión o cumpleaños en un jardín debe tener su toldo a cuatro aguas, con una tela blanca que se amarra en las patas. El poder también es una fiesta, aunque los militares parecen aburridos con sus asignaciones.

Los soldados, delgados, morenos, visten atuendo militar con chaleco rojo fosforescente, a juego con los conos. En la lejanía se escucha a los niños saliendo del colegio. Es el único sonido de fondo en un mediodía donde el sol cuece a los militares que, armas largas en mano, custodian la paz de los altos jerarcas de la revolución. Tan solo a pocos metros se encuentran las obras de ampliación de algunas de las mansiones. Es la zona donde los altos mandatarios conviven pared con pared. Los soldados informan amablemente que está prohibido el acceso. Sólo es posible ingresar con la autorización de algún propietario del exclusivo vecindario, que debe notificar a sus invitados con nombre y apellido.

Los trabajadores de la zona explican que la casa de Tareck William Saab, designado fiscal general por la Asamblea Nacional Constituyente, un órgano que no ha sido reconocido por la mayoría de los gobiernos internacionales, tiene vistas a la casa de otro jerarca con el que comparte vecindad y nombre: Tareck El Aissami. Por allí también han pasado dos de los chavistas que compartieron con Sai Baba: Jorge Arreaza y Aristóbulo Istúriz.

Los trabajadores y vigilantes también explican que junto a la casa de El Aissami se encuentra la de otro jerarca del chavismo: Elías Jaua, sociólogo, y exvicepresidente. A pocos metros, comentan, el vecino es Adán Chávez, hermano del fallecido presidente. En Fuerte Tiuna también vive Nicolás Maduro Guerra, hijo del presidente, con aspiraciones políticas y responsabilidades de gestión en el Palacio Presidencial, además de ser diputado de la Asamblea Nacional Constituyente, un órgano legislativo creado por el gobierno de Nicolás Maduro tras la victoria de la oposición en la Asamblea Nacional.

El expresidente del gobierno de España, José Luis Rodríguez Zapatero, llegó a Fuerte Tiuna los meses en los que hacía esfuerzos porque el régimen venezolano y la oposición llegaran a un acuerdo para garantizar elecciones reconocidas por ambas partes en 2018.

En los días previos a las negociaciones, Zapatero visitó personalmente la residencia de Nicolás Maduro, según contó él mismo a algunos de sus interlocutores. El exmandatario español quedó impresionado con el recinto donde supuestamente vivía Maduro. Zapatero vio un sillón de mala calidad y una triste mesa que sujetaba un televisor. No percibió lujos ni excesos en aquella casa donde —según esas mismas versiones— se aloja Nicolás Maduro. Un dirigente político de la oposición confiesa que el expresidente español no dejaba de repetir lo mucho que le había impactado la casa de Maduro, que había descrito como un lugar indigno para un hombre con la investidura de presidente de Venezuela.

Algunos de los dirigentes opositores que esos días se reunían con Zapatero creyeron la versión de que Maduro vivía en plena austeridad, alejado de los excesos de otros altos dirigentes chavistas que viven a pocos metros. Pero otros llegaron a pensar que Zapatero se había prestado para dar un lavado de imagen a Maduro.

—Yo sí creí esa versión según la cual Maduro vivía en una casa muy austera en Fuerte Tiuna. La escuché del propio Zapatero. Pero, luego, pensé que se podía tratar de un lavado de imagen del régimen para hacerle pensar a Zapatero y al mundo que Maduro era un hombre austero y que sus preocupaciones no pasaban por amasar grandes fortunas y derrochar el dinero de los venezolanos —explica uno de los negociadores que se reunió en varias ocasiones con el expresidente español durante sus estadías en Caracas.

La imagen de austeridad transmitida por Maduro con su sofá y muebles baratos señalaba un abismo con los relatos de los trabajadores que guardan las mansiones de Fuerte Tiuna.

—Algunas casas cuentan hasta con peluquería en su interior. Sus dueños no quieren irse a cortar el pelo a ningún local público, por discreto y costoso que sea. La casa de Tareck es una de ellas —explica uno de los trabajadores que ha pedido completo anonimato por motivos de seguridad.

Con gimnasio, sauna, vigilancia, la habitación de Tareck El Aissami tiene el tamaño de cualquier apartamento en Caracas. El hombre fuerte del madurismo ha sido sancionado por el gobierno estadounidense por mantener supuestos vínculos con bandas del narcotráfico y con grupos paramilitares internacionales como Hezbolá. Abogado de profesión y criminólogo, El Aissami procede de la Universidad de Los Andes, el núcleo académico que llevó al poder a Adán Chávez, el hermano más cercano a Hugo.

—Para construir sus casas todos han usado materiales de lujo en los armarios y las cocinas. Algunos con gustos más extravagantes que otros. Tareck El Aissami, por ejemplo, ordenó levantar su nueva casa sobre cimientos de dos viviendas que quiso unificar. La fachada es piedra de mármol blanco con una tonalidad cremosa y tiene, en su interior, gimnasio y *spa* —explican fuentes cercanas al búnker.

Los dirigentes chavistas son cada vez más vulnerables en público. Parecen inseguros hasta en sus propios bastiones. Por eso, todo el lujo está puertas adentro y ninguna casa cuenta con piscina. No se pueden bañar ni tomar sol al aire libre. Podría ser una práctica arriesgada.

El Aissami, uno de los vecinos con mayor poder dentro de la urbanización, ha viajado con asiduidad a Barcelona, España. Uno de sus hoteles de referencia es el Mandarín Oriental, en el Paseo de Gracia, construido en plena burbuja inmobiliaria en España. Entre su decorado de lujo asiático casi siempre pasa inadvertido. El político ha hecho diligencias para valorar posibles negocios en la ciudad, según confirman fuentes de los organismos de inteligencia en España. Los constantes viajes a Barcelona con su familia le han despertado el interés por la inversión en negocios relacionados con el mundo de la salud.

Gobernantes de día, dictadores de noche

A pesar de que fue construida hace muy pocos años, la urbanización Guaicaipuro parece anclada en la Venezuela apacible de otras épocas: casi no hay vehículos en la calle que perturben la vida del recinto, pero tampoco hay peatones. La limpieza es constante y la inseguridad que aqueja a todos los venezolanos nunca ha tocado a la puerta de sus poderosos vecinos. Es una urbanización tranquila y, a primera vista, modesta. Pero nada más lejos de la realidad.

Trabajar en la cúpula del chavismo es sinónimo de minimizar riesgos. Y si bien los ministros y altos cargos deben permanecer aislados y blindados, sus familiares prefieren llevar una vida lejos de Venezuela, donde pueden caminar sin guardaespaldas armados, aunque siempre es preferible ir acompañados de civiles de paisano. A miles de kilómetros de Venezuela, sus vidas anónimas sólo pueden ser perturbadas por algún venezolano de incógnito armado con la cámara de un teléfono móvil.

Entonces, la vida plácida sobre las crestas de las olas en Australia puede ser amargada por una venezolana con teléfono celular que reconoce a Lucía Rodríguez, la hija del psiquiatra del régimen, Jorge Rodríguez, quien fue protegida por una mujer corpulenta. Y un paseo por el barrio de La Condesa en México termina de forma abrupta cuando dos venezolanos, teléfono en mano, increpan al propio Jorge Rodríguez mientras caminaba con sus hijos y su madre sin guardaespaldas.

El Fuerte Tiuna es lugar de trabajo y residencia para buena parte de los altos jerarcas del chavismo, excepto para los hermanos vicepresidentes Rodríguez. Delcy y Jorge, vicepresidenta y vicepresidente y ministro de Comunicaciones de Maduro, tienen su sede de operaciones y centro de trabajo en el otro extremo de la ciudad: en las faldas del cerro El Ávila.

La Casona Anauco Arriba es la vivienda colonial con más antigüedad de la ciudad, de acuerdo con el catálogo patrimonial de Caracas. Monumento Nacional, ofrece una vista privilegiada. Se trata de una ubicación casi clandestina a espaldas de la gran montaña y lugar predilecto de Jorge Rodríguez, que eligió como centro de operaciones y, según su círculo íntimo, utiliza como si se tratase de su vivienda personal.

Allí, Rodríguez celebra reuniones con personalidades relevantes del país, miembros del partido y altos jerarcas del chavismo que urden sus estrategias políticas y electorales. El jardín y los espacios sociales apuntan hacia la capital y envuelven a la mansión en un tiempo ya pasado. Casi no hay ruidos y la servidumbre del hombre fuerte de Maduro se deshace en atenciones. Rodríguez es complaciente con sus invitados, con quienes suele conversar de sus placeres privados: la gastronomía de altísimo nivel y los habanos.

El personal de servicio también es cordial, como su jefe en las distancias cortas. Se muestra afable, cultivado, hombre inquieto e informado de los movimientos culturales en París, Londres o Nueva York. Trata a su personal de forma cercana ante las visitas. Otra cosa sucede cuando entra en cólera. Rodríguez puede estallar en cualquier momento y lanzar amenazas, según su círculo íntimo.

Cuando la crisis aprieta en Venezuela y el gobierno se tambalea por las duras protestas callejeras o las explosiones sociales, Jorge Rodríguez juega un papel decisivo. De hecho, Nicolás Maduro lo designó negociador, junto a su hermana Delcy, para dialogar con los dirigentes de la oposición con miras a consensuar unas elecciones en las que se presentaría, por segunda vez, Nicolás Maduro.

En diciembre de 2017, el chavismo estaba en horas bajas. Cualquier encuesta fiable pronosticaba un duro y profundo varapalo para el régimen y Maduro no contaba con ninguna posibilidad real de ser reelecto, según todos los sondeos. Y los altos jerarcas y los negociadores, que se reunieron durante varios meses en Caracas y República Dominicana, parecían saberlo.

—Cada vez que estábamos a punto de avanzar en algún punto clave de la negociación, Jorge Rodríguez lo torpedeaba todo. Hacía ver que estaba todo listo y a última hora cambiaba de opinión. Parecía una estrategia pensada y calculada. Reventaba los acuerdos a los que habíamos llegado para comenzar de cero. Con el paso de las semanas, nos dimos cuenta de que todo era una táctica del gobierno para desgastarnos, para ganar tiempo y para no celebrar unas elecciones con garantías —explica uno de los emisarios de la oposición que participó en las negociaciones de República Dominicana en 2017.

En su mundo vallado, en su búnker personal, Rodríguez se mueve entre la racionalidad y la rabia. Altivo y arrogante según su círculo cercano, suele tratar a sus adversarios con cierta superioridad cultural e intelectual. Nadie lo describe como hombre humilde o modesto. Hacia sus enemigos se dirige con acidez y cinismo.

Rodríguez estaba destinado a ser socialista y revolucionario incluso antes de nacer. Su designio político estaba escrito cuando su padre militaba en la Liga Socialista, un partido de izquierda revolucionaria que trabajó para desestabilizar el gobierno de Carlos Andrés Pérez, del partido Acción Democrática, que más elecciones presidenciales ha ganado.

Jorge Rodríguez lleva el mismo nombre de su padre, que murió tras las torturas infringidas por los organismos de inteligencia del gobierno de Carlos Andrés Pérez, el 25 de julio de 1976. Rodríguez padre, maestro, fue líder de la agrupación política de izquierdas que estaba vinculada a un grupo insurgente y armado. La Organización de Revolucionarios planificó ese año el secuestro del empresario estadounidense William Niehous, vicepresidente de la multinacional del vidrio Owens Illinois. Los grupos de la izquierda radical acusaban a Niehous de ser un colaborador de la CIA en América

Latina y lo relacionaban con el derrocamiento de Salvador Allende en Chile. Tras el secuestro, los cuerpos policiales del gobierno iniciaron las detenciones para esclarecer el caso. Y las delaciones comenzaron a aflorar.

—Iván Padilla (miembro del entonces grupo revolucionario vinculado con el secuestro y que años más tarde ocuparía altos cargos en el ministerio de Cultura del gobierno de Hugo Chávez) me dijo que no había aguantado la tortura y que había delatado a Jorge Rodríguez porque había pensado que como era un hombre del aparato legal, el gobierno no se iba a atrever a meterse con él —explicó David Nieves, también revolucionario, miembro de la agrupación y que en 2008 ocuparía el puesto de cónsul venezolano en Vigo, España.[3]

La familia Rodríguez ha negado que su padre fallecido, líder de izquierdas y referente de los revolucionarios a mediados de los setenta en Venezuela, tuviese una implicación directa con el secuestro de Niehous. Un documental financiado por el gobierno venezolano sobre la vida de Jorge Rodríguez padre, asegura que el dirigente político fue detenido "con la excusa del secuestro" de Niehous.[4]

Pero Nieves, amigo personal de Rodríguez, ha sembrado dudas al negarse a aclarar los verdaderos motivos del secuestro del empresario estadounidense que permaneció más de tres años en cautiverio.

Según su versión, los guerrilleros tenían planificada la liberación del secuestrado pero la muerte de Rodríguez, tras las brutales palizas que recibió en prisión, hicieron que el grupo cambiara los planes. "Ocurrió el asesinato de Jorge Rodríguez, lo que trajo como consecuencia que los guerrilleros que lo tenían

---

[3] David Nieves: "Jorge Rodríguez (padre) no tenía ni la menor idea de dónde estaba Niehous". Aporrea, 25/07/2017
[4] "37 años de la siembra revolucionaria de Jorge Rodríguez", transmitido en cadena nacional de radio y televisión el 25 de julio de 2013

cautivo, en represalia, decidieran mantenerlo así todo el tiempo que fuera posible", asegura el revolucionario.

Los Rodríguez crecieron bajo la amargura de haber sufrido el asesinato de su padre, que emergía como una figura de referencia de la izquierda y parecía tener un futuro prometedor en la política. Sus hijos nunca olvidarán el terrible episodio. Por ello, impulsan documentales oficiales acerca de la vida de su padre, que se graban en los jardines de la casa tomada por el vicepresidente Jorge, que no se cansa de recordar, en público y en privado, que su padre fue asesinado mientras permanecía en la custodia de las fuerzas de inteligencia del gobierno venezolano. Tras llegar al poder, Rodríguez también comenzó a ejercer como carcelero. El hombre fuerte de Maduro tiene control, información y poder en las prisiones en las que se acumulan presos políticos, según explican dirigentes opositores.

—Cuando denunciábamos en las mesas de diálogo las torturas de los presos políticos, inmediatamente hacía una llamada para decir: "pásame las fotos de fulanito de esta mañana". Y con esas imágenes pretendía desmentir las torturas y decía que allí estaban, vivos y coleando —explica uno de los negociadores de las fracasadas mesas del diálogo de 2017.

Como el resto de los hombres fuertes del chavismo, trabaja y se mueve de noche. Es un vampiro más en el clan: gobierna de día y desata la planificación para aniquilar a los enemigos de madrugada.

—Cuando Zapatero proponía una reunión a las nueve de la mañana del día siguiente, siempre recibía una negativa. Generalmente de Jorge Rodríguez. Al final, llegaba tarde como a las 12 del mediodía y con ojeras. Sus allegados dicen que por el día ejercen como gobierno tradicional y por la noche se reúnen y trazan los planes de la dictadura: deciden encarcelamientos, supervisan el estatus de los traidores presos —explica uno de los interlocutores de la oposición durante el diálogo.

Las reuniones del chavismo se pueden celebrar a cualquier hora, pero si son muy relevantes, casi con toda probabilidad, ocurrirán de madrugada. Las decisiones trascendentales se toman con el país dormido.

Cuando descansaba en un colchón mugriento de la prisión del Inof del estado Miranda, Araminta González, que fue acusada de organizar planes desestabilizadores contra el gobierno, fue despertada con urgencia a las tres de la madrugada.

Los funcionarios que vigilaban la cárcel la levantaron de forma abrupta. Araminta, una joven destacada en los grupos de la resistencia por su alta formación, no tenía dudas de que se trataba de algún asunto urgente. La sujetaron por un brazo y la levantaron de golpe, casi sin mediar palabra. "Vamos".

En ropa de cama fue obligada a trasladarse hasta el edificio de la dirección. No se atrevía a preguntar el motivo de tal acción. Sólo temblaba. Pensaba que iba a ser trasladada a una cárcel peor, porque esa era una de las amenazas constantes que afrontaba.

Fue obligada a esperar firme, como era costumbre, frente a la fotografía de Chávez. Cada vez que veía a algún custodio, debía saludarlo, según las normas obligatorias de la prisión. "Humanización, respeto, orden y disciplina hacia la mujer y el hombre nuevo. Buenos días ciudadano. El Esequibo (territorio en disputa con Guyana) es nuestro. Chávez vive".

El absurdo saludo debía ser pronunciado, palabra por palabra, por los presos para evitar castigos mayores. La repetición de esas frases debe ser constante hasta ser recitadas de memoria. Con ellas, los carceleros confían en que los presos abracen el chavismo y la revolución.

Después de varios minutos frente a la imagen de Chávez, la directora del penal le indica el camino para entrar en una sala.

Allí estaba esperándola Iris Valera, ministra de Asuntos Penitenciarios, la mujer que gestiona todas las prisiones del país. De verbo encendido y modos violentos, tanto en gesticulación como en mensaje, Varela llegó en plena noche oscura, horas antes del amanecer. Su primer gesto fue toda una amabilidad: ordenó a la directora de la cárcel que sirviese un café a la reclusa. Sabía que González, presa política del régimen, era una aficionada al café.

—No fue agresiva. Todo lo contrario. Apareció como si fuésemos amigas y me preguntaba qué sabía yo de explosivos. Intentaba obtener información sobre un supuesto plan de desestabilización en el que, según el gobierno, yo participaba como explosivista. Me dijo que sus padres tenían una fábrica de explosivos y que ella conocía el tema. Y me preguntaba cosas para intentar obtener alguna declaración autoinculpatoria —explica Araminta González, acusada de terrorismo por la Fiscalía venezolana y que fue liberada por motivos de salud.

Araminta, que actualmente es asilada política en España, se sorprendió por la visita personal de la ministra, pero algo más llamó la atención de la asilada: la hora de la cita. Varela no quería ser vista ni por funcionarios ni por presos. La luz los delata y los señala. La noche los camufla y protege. El poder absoluto necesita aislamiento en el tiempo y también en el espacio.

Venezuela tiene 23 casas presidenciales, todas con seguridad reforzada durante los últimos años; una de ellas destaca sobre el resto: la de la isla de La Orchila, un enclave paradisíaco, con playas de arena blanca y agua turquesa de 40 kilómetros cuadrados. La Orchila se ha convertido, de facto, en la isla presidencial. Ninguna embarcación puede acercarse sin autorización expresa de la presidencia. Es un enclave aislado, completamente alejado de la civilización, y muy discreto.

Janeth Méndez ha trabajado los últimos años de su vida en el despacho de la Presidencia de la República y conoce las 23 viviendas.

Entre las tareas que tenía asignadas se encontraba la conservación y auditoría de los gastos. Y la residencia de La Orchila es la que más le ha impresionado por su entorno y aislamiento: se trata de un pedazo de tierra en medio de un paraíso tropical a disposición y capricho del presidente.

Méndez comió con Chávez y otros empleados de Palacio, conoció sus gallinas y sus guacamayas, ha entrado a las habitaciones y los baños de las casas presidenciales y ha comprado comida y caprichos para la familia presidencial. Una década en el Palacio de Miraflores da para mucho. En sus últimas jornadas de trabajo, pudo comprobar las obras de la isla de La Orchila donde se construye un lugar de albergue a las personalidades que, por cualquier motivo, no deseen ser vistos en su viaje a Venezuela para tratar asuntos con la alta jerarquía del chavismo.

—Están construyendo un hotel para personalidades que no quieren pisar suelo venezolano y La Orchila es el lugar más seguro para hacerlo. También pude saber que está en construcción un sistema satelital en colaboración con el gobierno ruso, pero desconozco su propósito —explica la trabajadora del despacho presidencial.

La Orchila se ha convertido en el búnker insular mientras que Fuerte Tiuna se refuerza como el continental.

El gobierno nocturno de Nicolás Maduro ha ordenado la aceleración de nuevos edificios dentro del recinto militar en Caracas. Hay prisas para su finalización. Necesitan nuevas cuevas, refugios secretos donde puedan vivir y trabajar, reunirse y ejecutar los planes para su permanencia en el poder. Para sobrevivir tienen que encerrarse y hacerse invisibles.

Dharma. Rectitud

Capítulo 5

El brujo oligarca del presidente obrero

¿Qué puede hacer el dinero? Puede ayudarnos a adquirir nombre y fama y construir edificaciones palaciegas con comodidades modernas. Pero, sin rectitud, ¿de qué sirven todas estas comodidades? Una persona sin rectitud es sólo un animal. Dondequiera que miren hoy solamente encuentran egoísmo. Sólo la verdad y la rectitud son los fundamentos para el carácter del ser humano. Como reza el dicho, "no hay 'dharma' más alto que la permanencia de la verdad.

Sai Baba, 22 de noviembre de 2005.

Días antes de su entrevista con Nicolás Maduro.

Con chaquetas de colores, camisa de lino, zapatos Salvatore Ferragamo, cadena de oro y relojes Rolex, el brujo de Nicolás Maduro se mueve inadvertido entre la vieja *jet set* venezolana de Miami. De frente amplia, Enrique Rodulfo, exprofesor de la Academia Militar de Hugo Chávez y devoto de Sai Baba, forjó su carrera en la ciudad de Florida como tarotista desde principios de los años noventa, cuando su alumno más destacado, el entonces golpista Hugo Chávez, ni siquiera había iniciado su carrera hacia la presidencia.

Conocido como "el Profe", pasa por un opositor más, un venezolano en el exilio como cualquier otro en la urbanización Doral Isles, un recinto de 13 islotes con casas rodeadas de jardines, palmeras y amplias piscinas. Allí, en la Miami de la opulencia, se ha hecho un espacio entre los exiliados con recursos, una clase social pujante que comenzó a llegar en cantidad cuando ya estaba completamente instalado, con sus dos hijos y su segunda esposa Aurita, más joven que él. Era capitán del ejército en la zona de Paraguachón, en el estado Zulia, en plena frontera con Colombia, y cada 15 días acudía al Banco de Fomento Regional del Zulia a cobrar sus cheques, según cuentan sus amigos. Y se interesó por la cajera de la sucursal, Aurita, con quien celebró sus segundas nupcias.

Rodulfo se ha movido en Miami en un círculo cerrado de empresarios relacionados con el *show business*: productores, cantantes, actores y actrices y dueños de medios de comunicación dirigidos a los venezolanos en el exilio. Se trata de un entorno casi familiar con el que comparte cumpleaños, fiestas y reuniones con la participación de viejas glorias de la salsa y de otros géneros musicales tropicales. Es tan cercano al mundo del espectáculo que incluso ha compartido con sus amigos artistas y empresarios del sector algunas vacaciones de crucero por el Caribe. Suele ser cortés y dicharachero. Un hombre de buena presencia, conquistador nato, pero con ciertas carencias.

—Es simpático pero inculto que jode. Estoy seguro de que no se ha leído ni un solo libro. Está formado sólo en su área, en esos temas espirituales. Le gusta mucho la "platica" y con la llegada de Chávez y de Maduro al poder fue adquiriendo contactos. Metió al sobrino en Citgo y al hijo en el consulado de Venezuela en Miami, donde llegó a ser vicecónsul —explica un amigo del brujo que pidió mantener su nombre en el anonimato.

Al llegar a Miami, Rodulfo tocó la puerta de una productora de televisión dedicada a programas esotéricos y de tarot que se transmiten de madrugada. La empresa pertenecía a la fallecida cantante cubana y el nombre del programa no dejaba lugar a dudas: "La línea psíquica de Celia Cruz". Allí, comenzó a promocionar públicamente las actividades a las que se dedicaba en privado. Hacía consultas y leía las cartas del tarot. Se atrevía a lanzar premoniciones por el tono de voz de los clientes que llamaban de madrugada al programa desesperados por algún conflicto familiar, problemas económicos o enfermedades.

El programa de televisión fue emitido por la cadena Telemundo a finales de los años ochenta. Y desde allí, Rodulfo comenzó a hacer contactos y a retomar las viejas amistades que tenía en Venezuela y que iban llegando a Miami, primero de forma escalonada y, después, en masa.

Rodulfo es margariteño, y vivió muchos años en el estado Zulia. En Miami tejió su círculo de amistades con el empresario Carlos Méndez, accionista del canal de televisión EVTV, la actriz Herminia Martínez, el dueño del periódico *El Venezolano*, Oswaldo Muñoz, el productor musical Franco Castellani, el propietario de Fonovideo, Alfredo Schwarz y el cantante José Luis Rodríguez "el Puma".

El Profe Rodulfo siempre ha aparentado cinco o seis años menos de su edad real. Suele ir perfumado y procura ocultar su oficio y también sus conexiones.

—Hacía consultas en Venezuela en el hotel del Lago, en Maracaibo, y también en el hotel Eurobuilding de Caracas. Echaba las cartas. En el año 1999 ya cobraba 5.000 dólares por consulta, pero cuando tenía como cliente a un empresario, la cifra se disparaba. A un empresario camaronero del estado Zulia le llegó a cobrar 90.000 dólares. El cliente quedó en *shock* con el precio. Había acudido a él para preguntarle si vendería su empresa. El brujo, que acertó en su pronóstico, sabía que había dinero y se aprovechó. Finalmente, el empresario le pagó porque creía que era terrible deberle a un brujo —explica otro de sus allegados.

Rodulfo tuvo un rápido ascenso social y económico en Miami. Había llegado a una casa modesta en una urbanización que "no llegaba ni a clase media baja", según relatan sus conocidos. Pocos años después, logró mudarse a la urbanización Fountain Blue, mucho más acomodada y donde comenzó a tejer las relaciones que necesitaba para lograr la proyección deseada.

Rodulfo no exhibe públicamente afinidades políticas. Tampoco se muestra como un hombre de izquierdas ni de derechas. No tiene teorías económicas ni ideologías. Sus preocupaciones son otras: las propiedades, la buena vida, el dinero y las conexiones de alto nivel.

Como muchos brujos, astrólogos y videntes, el Profe se cuida de no ser demasiado contundente en sus predicciones. En la ambigüedad puede residir el buen tino. Trabaja con psicología y suele acertar en el tono y en la información justa que debe dar para no equivocarse.

—Él es tarotista. Me leyó las cartas en el hotel Eurobuilding. Me lo presentaron unos amigos en común. Yo soy agnóstico y no creo en esas cosas, pero recuerdo que fue asertivo —explica un político opositor en el exilio que asistió a una de sus consultas.

El brujo presidencial se cuida de no revelar su relación con Nicolás Maduro y Cilia Flores de buenas a primeras, pero apenas gana confianza con su interlocutor, presume de su cliente y amigo más poderoso.

—Nos habíamos conocido en Venezuela, pero, después de unos años, me lo encontré en la entrada de un supermercado en El Doral (Florida, Estados Unidos). Hablamos algunas cosas y me puso su teléfono en la oreja para que escuchase un mensaje de voz por WhatsApp. Era Nicolás Maduro. Le decía que todo lo que le había pronosticado se había cumplido. Se notaba que había mucho afecto y la despedida fue: "Cilia y yo lo queremos mucho" —comenta el sociólogo César Morillo, que estuvo vinculado al entorno del Profe.

Su círculo ha sido testigo de los constantes viajes de Rodulfo a Caracas desde que Nicolás Maduro ascendió a la presidencia de Venezuela, aseguran otros allegados. En los primeros años de Maduro como primer mandatario, viajaba en *jet* privado y disfrutaba de largas estancias en Caracas cortesía de la presidencia.

El brujo parecía estar encantado de haber tocado las delicias del poder, pero una vez que comenzó a vivir en sus entrañas, con viajes ilimitados y aviones prestados, inició su completa transformación. Aumentó de peso así como de ego. Se ha convertido en el vidente de Maduro, en su Rasputín personal, en uno de sus consejeros más cercanos.

—Al principio sólo disfrutaba de aviones, viajes y caprichos como las botellas de Dom Perignon, de 6.000 euros cada una, entre otras de sus debilidades. Podía acceder a esa vida por sus contactos con Cilia y Maduro. Y, por lo que él mismo comenta, intuimos que comenzó a hacer negocios con el gobierno —explica uno de sus amigos.

Mientras el brujo continúa su relación de altibajos con Maduro, en Miami, su familia y sus hijos intentan construir sus caminos profesionales. Ashley, su hija, una periodista centrada, trabajó como productora de Ismael Cala en su programa de televisión en CNN. El paso de la joven por la cadena no pasó inadvertido en una empresa periodística. La máxima responsable de la cadena en español tiene constancia de que la hija de un personaje clave del chavismo pasó por sus filas.

Coincido con Cynthia Hudson, jefa de la cadena, en un evento de periodismo en Casa de América en Madrid. Tras una breve conversación después de su presentación, comento con Hudson las conexiones del chavismo con brujos y videntes. La alta ejecutiva lanza una sorprendente confirmación. "Es cierto. Y la hija del brujo de Maduro trabajó con nosotros en CNN".

En la empresa recuerdan a Ashley como una trabajadora discreta, pero su hermano Cirilo tiene un expediente laboral mucho más controvertido. El querubín de la familia entró por sorpresa al consulado en Miami justo antes de que el gobierno venezolano lo cerrase de forma repentina como represalia tras las denuncias por corrupción en la sede diplomática.

DJ, arreglista musical y sin ninguna experiencia diplomática, llegó a ocupar el cargo de vicecónsul durante la etapa más convulsa del consulado. Cirilo fue el vicecónsul del polémico diplomático

Antonio Hernández, que había sido amigo de Chávez y presumía de amistad con Nicolás Maduro, entonces canciller.

Hernández fulminó a por lo menos tres funcionarios tras los episodios de denuncias de corrupción en el consulado. Antes de ser nombrado cónsul, se desempeñaba como vendedor en una tienda de pinturas en Miami, según su entorno de amigos. El propio Chávez, que lo conocía de su época como militar, lo llamó para ocupar el cargo.

Tras el cierre del consulado, Cirilo se ha dedicado al mundo musical. En su web busca clientes y proyectos al venderse como arreglista musical que ha trabajado con cantantes de la talla de Marc Anthony y Jennifer López.

Mientras tanto, su padre el Profe, sigue captando clientes entre empresarios, millonarios y altos jerarcas del chavismo que conducen sus inquietudes espirituales bajo la sombra de Sai Baba. Enrique Rodulfo siempre lleva sus estampitas, las mismas que venden en el supermercado de la ciudad de Sai Baba, en la India, como *souvenir*.

Las máximas de Sai Baba, verdad, paz, rectitud, amor y no violencia, llegan a todos los clientes de Rodulfo mediante las eficaces palabras de su discípulo. Pero algunos de los que han asistido a una consulta están convencidos de que utiliza una red de amigos, conocidos e informantes para conocer la vida de sus clientes antes de lanzar sus predicciones.

—Lo conocí porque me relacioné con un grupo al que él pertenecía y coincidía con él en reuniones y parrillas. Cuando me consultó, una de las primeras cosas que me dijo es que había una persona importante en mi vida cuyo apellido comienza por la letra R. En ese momento, yo tenía una relación con un conocido actor cuyo apellido comenzaba por esa letra. A través de los conocidos comunes, él sabía de esa relación. Entonces usó esa información para intentar impresionarme con sus supuestas dotes de vidente —explica una actriz venezolana en Miami que trabajó con Rodulfo fugazmente en un programa de televisión.

La actriz fue llamada para participar en un espacio de televisión conocido en aquella época como "infomercial", es decir, información comercial trasmitida en televisión, un esquema pionero a principios de la década de los noventa.

—Me llamó un *broadcast* americano porque necesitaban personalidades famosas para que él las consultara. En televisión, también mencionó otro hombre con el que había tenido relación. Él buscaba la sorpresa en sus invitados. No dudo que haya personas con clarividencia, pero este personaje me pareció un charlatán —agrega.

Con o sin información privilegiada, una predicción insólita cambió la vida de Rodulfo y lo elevó a otra dimensión. Con ese pronóstico, se ganaría la admiración de su más alto y poderoso cliente. Y antes de que ocurriese, Rodulfo comentó en su círculo íntimo aquella premonición que lo llevó a viajar, años después, en el avión presidencial y tener línea directa con Miraflores.

Cuando Chávez aún no padecía la enfermedad que le quitó la vida, El Profe, arropado, según decía, por los poderes mágicos de Sai Baba, lanzó su pronóstico del que ahora presume en sus mensajes de voz por WhatsApp.

—Nicolás: tú vas a ser presidente.

Capítulo 6

El reino de los pranes

En la cárcel de Campo Lindo, en Acarigua, en los llanos venezolanos, los pies de los presos están marcados. A veces se trata de una herida pequeña. En otros casos, las cicatrices dejan el rastro parecido al de una guerra. Como si los pies hubiesen sido el escenario de un bombardeo. Algunas están frescas, enrojecidas. Otras han sanado por completo.

Los presos con los pies destrozados, a veces cojos, a veces erguidos, son víctimas de "los pateros". Es el castigo más común en la cárcel. Un disparo en el pie. Cualquier infracción a las reglas impuestas por los dueños de la cárcel puede terminar con un "patero".

El disparo en el pie también es una advertencia, una medida coercitiva para marcar la disciplina en los infiernos de las prisiones venezolanas. Para evitarlo, los presos deben conocer todas las leyes de la cárcel que no están escritas en ninguna parte. Lavarse las manos en el recipiente de agua limpia usado por todos los presos tiene el castigo sobradamente conocido. Un enorme pipote almacena el agua limpia para todos los reclusos, pero está prohibido tocarla directamente con las manos. Es obligatorio utilizar un recipiente más pequeño para evitar que el agua comunitaria se ensucie.

La regla parece casi un capricho absurdo en una prisión donde es frecuente que las cloacas se desborden mientras los presos toman los dos minutos de ducha. En ese momento, las aguas negras suben por las cañerías y llegan hasta los tobillos de los reclusos, que deben ducharse con agua limpia en la parte superior del cuerpo mientras sus pies se contaminan con aguas fecales.

La ley del disparo en el pie no es aplicada por los funcionarios policiales sino por los delincuentes apresados que se han convertido en las verdaderas autoridades de la mayoría de las cárceles en Venezuela. Se trata de los pranes.

La falta de condiciones higiénicas ha hecho que los delincuentes que rigen el poder con mano de hierro en las cárceles, no tengan la más mínima compasión con quienes violan las normas, que son aprobadas y decretadas bajo el capricho del día del pran.

Si algún recluso introduce sus manos directamente en el depósito de agua grande, después de orinar, recibirá un tiro en el pie. Las normas básicas de higiene se pagan con sangre, y no son las únicas. Cuando la condena debe ser aleccionadora, los pranes y sus ayudantes forman dos filas paralelas por donde debe caminar el condenado. Se trata de "el túnel". Los presos que ejercen el poder desenfundan sus armas apuntando al suelo. En ese momento, el condenado debe caminar. Si tiene suerte, puede salir del túnel con un solo disparo. Terminar ileso sería casi un milagro.

El robo de un cigarrillo contempla una pena mayor: un disparo en las manos. Si alguien es sorprendido en ese acto tan abominable, es llevado a una esquina donde será obligado a juntar las dos manos en posición de oración. Allí, con las manos juntas, son sentenciados a un disparo que le atraviesa ambas manos. No suele haber llantos ni gritos. El sentenciado acude rápidamente a hacerse sus propios trabajos de curación.

Los penales venezolanos se han convertido en los peores sitios de reclusión del planeta para los presos comunes, aquellos que no cuentan con ningún tipo de poder e influencia. Son universidades de la delincuencia. La violencia extrema también ha obligado a los presos a cursar una carrera de medicina acelerada. En pocos días, aprenden a autocurarse los disparos en el pie o las puñaladas en un costado del abdomen.

Algunos estudiantes de medicina o médicos que han pasado por la cárcel han ido enseñando al resto de presos los conocimientos básicos de supervivencia. Es la medicina de la guerra.

No hay bisturís, sólo navajas y chuzos, las armas blancas de fabricación casera. No hay quirófanos asépticos, sino espacios putrefactos, pasillos y patios que huelen permanentemente a excrementos.

Cada vez que reciben un disparo o una puñalada, los presos la abren con cuidado, extraen cualquier resto de munición y utilizan el único instrumento quirúrgico disponible en la cárcel: la *pega loka*, la marca comercial de los pegamentos más resistentes que se ha convertido en el nombre de todas las pegas instantáneas. Las colas de alta eficacia son el único instrumento para cerrar heridas en las prisiones en las que no hay servicios médicos, ni permisos para acudir al hospital. Allí, ha salvado centenares de vidas.

Los presos van cerrando por fases las heridas con esta sustancia creada para pegar maderas, plásticos y cualquier tipo de material. Bajo el riesgo de infecciones y efectos secundarios de todo tipo, cada recluso ha aprendido a usar la *pega loka* como un instrumento quirúrgico básico.

En las cárceles venezolanas, la infracción de las normas tiene nombre propio en el lenguaje de la delincuencia carcelaria: "el bicheteo". Los bichos son quienes incumplen, por desconocimiento o descuido, las leyes impuestas por las verdaderas autoridades del penal: los pranes.

Desde 2010, los pranes han ido ganando mayor poder dentro y fuera de las cárceles en Venezuela. Su nombre proviene de una contracción de siglas propias del lenguaje carcelario. PRAN: preso rematado, asesino nato.

La ley en las cárceles está dictada por los delincuentes que han logrado ascender en el escalafón de la población penitenciaria. No sólo deciden la vida o la muerte de quienes no se lavan las manos como deben, sino también la de quienes no pagan su cuota semanal, su impuesto por seguir vivos dentro del penal.

En las cárceles donde mandan los pranes, todo recluso debe pagar su cuota. Se trata de "la causa". Una vez a la semana, la causa es cobrada sin excepciones. Disponga o no de dinero, el recluso debe pagarla sin dilaciones. Un retraso en el pago conlleva la misma pena que lavarse las manos directamente en el agua limpia del envase grande: un tiro en el pie. Pero si la infracción perdura, el disparo ya no irá dirigido hacia abajo sino hacia la cabeza.

La causa forma parte del sistema económico que mantiene el negocio millonario de las cárceles que se ha disparado en los últimos veinte años. Es el ingreso económico de "el carro", el grupo los delincuentes que, encabezado por el pran, controla las prisiones. A su vez, los miembros del carro tienen que pagar una parte a los policías que controlan las adyacencias del penal.

La muerte es una forma de vida en las cárceles. Convive entre los presos. Se aparece de repente en los pasillos o en una celda por una palabra mal dicha o por una deuda. La muerte, su rutina diaria, también es la manera que los delincuentes han encontrado para la autorregulación de la población penitenciaria. El hacinamiento en una celda se resuelve a tiros.

Los líderes de las prisiones no suelen tener demasiada paciencia para hacer concesiones o indultos. Cualquier error se paga caro. Suelen ser narcisistas y, con la llegada de teléfonos móviles a las cárceles, también comparten su forma de hacer crímenes en las redes sociales. Muestran sus tatuajes orgullosos, sus cadenas de oro, las cicatrices por navajas o disparos y, por supuesto, el arsenal. Es lo que le confiere el poder dentro y fuera de las rejas.

Los valores impuestos en las prisiones venezolanas nada tienen que ver con los que se conocen fuera de ellas. Una palabra altisonante puede terminar con un recluso tendido en el suelo sobre un charco de sangre. Los presos no pueden pronunciar la palabra "huevo" (pronunciada como *güevo*), el término vulgar que se refiere al pene en Venezuela. La palabra está prohibida en los penales.

Si algún recluso la pronuncia, es interpretada como una insinuación homosexual. También está vetada la palabra "mantequilla", porque quien la pronuncia puede mostrar síntomas de homosexualidad, de acuerdo con los mandamientos carcelarios. Todos deben dirigirse a ella como "resbalosa".

Según las leyes carcelarias también está prohibido mostrar el torso desnudo durante las visitas de los familiares. Ningún recluso puede mirar a los ojos ni insinuarse a ninguna de las mujeres o familiares que acuden a visitar al resto de compañeros. Una mirada puede ser un desafío, una palabra puede resultar el colmo de la ofensa.

El asesinato de un preso que no pague sus deudas es una condena que no se pone en duda. Todo lo contrario: quien perdone la vida a un violador de las normas de la prisión, se convierte automáticamente en un ser despreciable. Cualquier recluso es consciente de que quien no pague a los jefes tiene que morir. Así lo dicta la ley no escrita en ninguna parte, pero aceptada por todos.

—La causa es pagada por todos en la cárcel menos por los miembros del carro, la banda que gobierna el penal. Ellos son los únicos que tienen acceso a armas y pueden decidir quién permanece con vida o quién muere —explica Jesús Alemán, que permaneció detenido en la penitenciaría de Acarigua, estado Portuguesa, tras su participación en las marchas de estudiantes contra el gobierno de Maduro en 2014.

Los vendedores de las cárceles también tienen que pagar impuestos por su actividad comercial. Los que venden café, los que hacen tortas y también los jíbaros, como se denomina en el lenguaje carcelario venezolano a quienes trafican con droga. Toda actividad económica tiene su impuesto asignado. El porcentaje no es producto de fórmulas ni estadísticas. Es aquel que asigna el pran a su antojo.

Los amos y señores de las cárceles tienen un grupo de esclavos que hace todas las labores despreciadas: la limpieza diaria, la comida para los presos, la retirada de los cadáveres cuando ocurre algún asesinato.

Los esclavos tienen nombre propio en función de su recinto penitenciario. Perros, en la cárcel de Mérida. Manchados, en las prisiones de los llanos. Bruja, en buena parte de las cárceles del país. Los perros, brujas y manchados nunca podrán mirar directamente a los ojos a los pranes. Si osan cometer tal desafío, pagan con su vida. Tampoco pueden negarse a hacer ninguna tarea ordenada por los amos de las prisiones: desatascar una cloaca, construir una gallera para las peleas de gallos o hacer la comida o la cena para los pranes. Su vida está garantizada en la cárcel siempre y cuando sirvan a los pranes y al resto de presos. Serán los esclavos de la escoria carcelaria por el resto de sus días.

Su condena es eterna. Incluso si son trasladados de prisión, nunca perderán su condición de esclavos porque los pranes se encargan de informar a la cárcel de destino que un manchado o bruja está siendo trasladado. Delatar a un preso con algún policía otorga de forma automática la condición de manchado. También incumplir la orden de algún pran o alguno de sus ayudantes. Pero el descenso a los infiernos de la más baja clase social de las cárceles venezolanas no sólo se gana en la prisión, sino que la condena puede venir marcada desde fuera.

Un vigilante de seguridad o alguien que haya colaborado con la policía tiene garantizada su condición de manchado. Un violador de niños, en cambio, es asesinado de forma inmediata si su delito se conoce en prisión. La máxima autoridad del recinto, el pran, puede decidir en cualquier momento quién se convierte en manchado.

Las cárceles en Venezuela se han convertido prácticamente en estados independientes gobernados por un grupo de castas que se imponen sobre otras. El pran gobierna con su corte de ayudantes. Son los presos que están montados en "el carro" y gozan de completa libertad e impunidad dentro del recinto. Ellos, junto al pran, pueden ordenar el derribo de rejas y paredes, conectar televisión por cable, Internet, cámaras de vigilancia o decidir en qué lugar se guarda el armamento automático, los fusiles de guerra, las balas y las granadas.

En las cárceles hasta la lengua que comunica unos presos con otros ha mutado hasta tal punto que los prisioneros que nunca han tenido contacto con el mundo delincuencial enfrentan serios problemas de comunicación.

Cuando llegó al centro de reclusión de Acarigua, en el estado Portuguesa, Jesús Alemán, dirigente estudiantil de Voluntad Popular, el partido dirigido por Leopoldo López, no entendía a sus compañeros presos.

La palabra leche estaba prohibida. También puede ser confundida con alguna intención sexual dentro del penal. Los reclusos, en su función de reguladores y controladores de la lengua, han ordenado su sustitución por otro vocablo: vaquita. Un vaso de leche en la cárcel es "un vaso de vaquita". El alcohol lleva el nombre de "miche" y alguien apuesto o bien vestido está "chuqui-luqui". La sarna, muy común en el penal, es conocida como "ringui-ringui". Así, una enfermedad repugnante también puede sonar a juego infantil.

—Llegas perdido y muchas veces no entiendes nada de lo que dicen. El malandro sólo se entiende con el malandro. Su tono de voz, su acento, todo es distinto. Prácticamente tienes que aprender una nueva lengua para sobrevivir —explica Alemán.

La bienvenida

El día que llegó a la cárcel, estaba aterrorizado por la nueva vida que le esperaba en el recinto mugriento, lleno de montañas de basura y donde un día normal pueden morir asesinados uno o dos presos. Capturado por organizar protestas contra el gobierno, había pasado algunos días de torturas, pero sabía que esa cárcel podía ser mucho peor. Su vida peligraría desde el momento en que pisara por primera vez el patio.

El día de su ingreso en prisión, el director de la cárcel estaba desaparecido. Los custodios del organismo de inteligencia (Sebin), que lo llevaron al recinto, no querían dejarlo hasta que alguna autoridad se hiciera responsable del joven. El dirigente estudiantil parecía haber sido olvidado en la recepción de la cárcel. No podía ingresar. Lo que no sabía es que los presos ya lo estaban esperando.

—Los agentes del Sebin no me querían dejar allí porque debían entregarme al director. Ese es el procedimiento habitual. Pero en esa cárcel no había ninguna autoridad. Estuve varias horas esperando. En medio de esa larga espera, se acercó un recluso. Me dijo: chamo ven, entra —explica Alemán.

En ese momento, el joven disidente desconocía quién era el hombre que se movía con soltura y seguridad. Gesticulaba con sus manos como si estuviese entonando rap y cruzaba su dedo índice y medio por su pecho, deslizándolos como si se tratara de un corte o de alguna marca. Es la señal que los delincuentes, los secuestradores o asesinos usan para demostrar que son personas de confianza y de palabra. "Yo soy un malandro serio". Los delincuentes también tienen su escala de valores. Aunque puedan cometer las peores fechorías fuera, en las mazmorras mugrientas y ahogadas por la inmundicia no se tolera la mentira ni la traición entre malandros.

—¿Tú fuiste vigilante? ¿Pagaste el servicio (militar)? —preguntó el recluso.

—No, yo vengo como preso político.

—Entonces, pasa.

Los que han trabajado como vigilantes de seguridad o han hecho el servicio militar deben entrar a la cárcel como "manchados". No tienen derecho a usar el baño. Están obligados a hacer sus necesidades en alguna bolsa y tendrán que asumir todas las tareas que el resto de los presos no quiere realizar. Tienen una zona determinada de donde no pueden salir. Allí también se encuentra una tercera clase social: los consumidores de droga, los hombres que ya no dominan su cuerpo ni su mente. La mayoría, simples rateros que robaban teléfonos móviles o carteras para comprar droga. Son los zombis de la cárcel y también tienen su escalafón: "los desechables".

Cuando los funcionarios de los servicios de inteligencia llegaron a la cárcel dieron instrucciones a la policía del lugar donde debía ser recluido Alemán. "Métanlo allí", señalando la zona de los desechables, las brujas y los manchados. Lo que no sabían es que el entorno del preso político ya había pagado a los pranes para que tuviese buen trato.

Con el paso de los días, el joven político fue conociendo al personaje que lo recibió. Se trataba del pran y cada día comprobaba el poder que contaba no sólo en la cárcel sino también afuera.

Entonces supo que el director del penal había dado instrucciones para que el pran lo recibiera. El pran no sólo es la máxima autoridad entre los delincuentes recluidos. También puede ser el jefe de los policías que lo custodian, el que permite que los oficiales lleguen a fin de mes con los sobornos y las comisiones.

Jesús Alemán todavía conserva intacto el recuerdo olfativo del día que entró en una cárcel. El olor concentrado a orina se mezclaba con "mastranto". En los llanos venezolanos, el "mastranto" se refiere a un olor fuerte, generalmente asociado con animales hacinados, muy alejado al mastranzo mentolado de las hiervas aromáticas.

El olor penetrante fue lo primero que percibió cuando se acercó al recinto y fijó su mirada en las paredes amarillentas, que en algún momento fueron blancas. La falta de baños hace que los presos orinen en botellas vacías de refresco y defequen en bolsas. Como las bolsas tienen huecos el olor se expande por el recinto. A veces, para desaparecer los excrementos con mayor velocidad, los esparcen por las paredes para que se sequen con el viento y el sol.

Campo Lindo, el centro de coordinación policial José Antonio Páez de Acarigua, fue construido para un centenar de presos, pero en su interior pueden malvivir hasta cinco veces más. La estructura del penal, dividido en cuatro edificios comunicados entre sí alrededor de un patio común, ha sido modificada drásticamente. Se han derribado casi todas las paredes para hacer un espacio diáfano. Se eliminaron las rejas que separaban las celdas de los pasillos. La obra no fue ejecutada por arquitectos ni por empresas de construcción.

Los reclusos derribaron toda la estructura por mandato del pran que ordenó mantener sólo las paredes que lo separan del resto de los presos para preservar su intimidad.

La medianoche de los viernes y sábados, el director del recinto aparece con un grupo de prostitutas. Son mujeres que trabajan en la calle para sobrevivir, en las esquinas de la ciudad de Acarigua.

En sus primeros fines de semana, Jesús vio desfilar a las prostitutas frente a los pranes. Parecía una rutina en la que las meretrices, policías y delincuentes desempeñaban su papel habitual. Los presos pagaban a los policías con dinero en efectivo, teléfonos o armas. Lo que tuviesen a mano en ese momento. Las prostitutas debían acceder a mantener relaciones sexuales con los delincuentes de forma gratuita. La negación implicaba permanecer horas retenidas en el recinto penitenciario. Todas, por lo general, accedían a la extorsión. No era más que un mero peaje para volver a trabajar.

Los reclusos elegían a las prostitutas no sin antes consultar la opinión de sus compañeros. Entonces, para consumar el acto, colgaban las sábanas para tener algo de intimidad. Medio escondidos, con los sonidos al alcance del resto del penal, armaban su *buggie*: una habitación fugaz levantada entre colchas para consumar el acto sexual. Al final, las mujeres se conformaban con algún billete de baja denominación o un cigarrillo. Una pobre propina después de una noche desafortunada.

Cuando el joven Alemán llegó a la cárcel, aterrorizado de lo que podía vivir en un recinto en ruinas, sin salubridad y frente al entorno más dantesco que había conocido en su vida, rápidamente entendió quién mandaba. Los presos disponían de agua corriente porque hicieron una obra de ingeniería precaria para robar agua de la conexión de la calle. El puesto policial que resguarda la cárcel, en cambio, no disfrutaba de ese privilegio. Los policías tienen que pedir agua a los presos.

Alemán podía levantarse a la hora que quisiese. Era un privilegiado en el penal y podía usar el baño menos mugriento, pero no podía evitar los problemas de desagües que mezclaban aguas negras con blancas. De inmediato comenzó a tener infecciones en los pies. Su piel se descamaba y, con los días, comenzó a sangrar. La infección pasó a una de sus manos, que intentaba no utilizar para comer.

Aun en medio de su realidad trágica, Jesús también tenía privilegios: cada día recibía la comida de su familia, un regalo que no todos los presos podían tener. Buena parte de las prisiones en Venezuela no cuentan con alimentación provista por el Estado. Cada preso debe buscar el dinero para comprar comida o pagar a los guardias y a los pranes para permitir la entrada de la hecha por sus familiares.

La prioridad de toda familia con reclusos en las cárceles es pagar cada semana "la causa", es decir, la cantidad de dinero a los pranes que los mantiene con vida. El resto puede ser accesorio. Y con la crisis desatada durante el gobierno de Nicolás Maduro, muchas familias no pueden atender las dos necesidades. Por eso, cada vez más presos deben buscar la manera de alimentarse en medio de las cuatro paredes.

—Algunos cazan un gato, un pájaro o lo que consigan, pero no es fácil encontrar alimento allí. A veces, daba algo de comida a mis compañeros. Los únicos que tienen garantizado el alimento son los pranes, que disponen de sus cocineros, que son sus "manchados".

En las cocinas de la cárcel suelen hacer el plato típico: *sambumbia*. Se mezcla arroz, harina, algún cuero de pollo. Me daba asco, pero alguna vez lo probé. No sabía a nada, pero para ellos era una delicia —explica Alemán.

La iglesia como refugio o la muerte de los 100 puntos

En la cárcel todo se paga a crédito. Los reclusos pueden consumir drogas, alcohol y comprar balas o armas. Con la autorización del pran, por supuesto. El negocio del crédito rápido, de la droga fiada, también es una vía fácil para caer en desgracia. Uno de los compañeros del joven político solía consumir *crack* en la prisión. Era manchado y, además adicto a las drogas. Un "desechable" más.

Cada día de visitas, la familia debe saldar las cuentas del preso, pero la droga puede disparar la deuda de forma sorpresiva hasta convertirla en una cuenta imposible de asumir para las familias de escasos recursos.

Una mañana apacible, unos disparos llamaron la atención de Jesús Alemán. Aunque formaban parte de la rutina carcelaria, una ráfaga siempre es un sobresalto en un recinto con pocos lugares para el resguardo.

En medio del patio, vio al hombre desechable, adicto al *crack*, correr como un animal despavorido y trepar por la reja como gato. Esquivó todos los disparos menos uno, que le había impactado en la boca. El recluso quedó atrapado en tierra de nadie, un espacio entre la zona de control de los pranes y la de los policías. Aislado sobre un techo raso, consiguió su tregua. Fuera del alcance de los pranes y de la policía, quedó desguarnecido, condenado a la muerte.

Jesús se quiso acercar. Pidió permiso al pran para conversar con él. Nadie se mueve en la cárcel sin ese permiso. Se le conoce como "pedir luz". Es una carta blanca para jugar, entrar en una zona restringida o para hablar con algún manchado.

El recluso adicto a las drogas no podía hablar. Tenía la boca destrozada por el impacto. El párroco de la prisión le llevaba agua y algo de comida, pero no muy abundante, porque es el bien que más escasea en una prisión. Sobras de alguna fruta. Un pedazo de cambur. Unas migajas de pan. Un preso no tiene derecho a atención médica en Venezuela y mucho menos uno que esté bajo la mira de un pran. Jesús vio cómo, poco a poco, la boca se fue ennegreciendo y cada vez que se acercaba para interesarse por su situación, lo veía peor, con los labios infectados y malolientes, ya con manchas blancas. Al final, lo esposaron y lo trasladaron a otro recinto.

La iglesia es el único reducto de paz en la cárcel. Los pranes no quieren tener en su lista de asesinados a ningún párroco, ni evangélico ni a nadie relacionado con la iglesia. Desencantados con el sistema de justicia venezolano, sólo creen en la justicia divina. Y esta sí puede llegar sin dilaciones y condenarlos hasta en su vida eterna.

Cada vez que llega un preso por delitos inaceptables para el pran, debe correr a pedir refugio a la iglesia. Sin dilaciones, sin demoras. Antes de intercambiar cualquier palabra con algún preso, tiene que estar refugiado en la iglesia, transformado en pastor que lleva y predica la palabra de Dios. Eso le garantizará la vida.

Cuando se organizaban las fiestas en la cárcel, Jesús acudía a la iglesia. La fiesta es el momento más peligroso de la prisión. El alcohol, las drogas y la música, en conjunto, suele terminar con un saldo de varios muertos. Y mientras escuchaba los disparos, se refugiaba entre oraciones en la capilla.

Las fiestas también pueden terminar con juegos macabros. Uno de ellos es el de los 100 puntos. Dos reclusos, cuchillos en mano, juegan a causarse heridas en las manos, piernas y torso. Según la profundidad y el lugar de la herida, acumulan puntos. El primero que llegue a los 100 puntos gana la partida. El juego, que siempre debe ser autorizado por el pran, puede terminar con la muerte de uno de los contendientes.

Es el circo romano de los presos venezolanos en el siglo XXI. Y cada vez que fallece un recluso, los manchados o brujas limpian el lugar y preparan el patio para otra batalla.

Las cárceles son una eterna mazmorra de sufrimiento en donde la muerte no tiene esa connotación de fatalidad que perciben los que siempre han sido libres. Forma parte del paisaje de la cárcel. Es un binomio indisoluble, como el rayo y el trueno, la noche y la oscuridad. Con frecuencia y asiduidad, hasta el peor de los horrores comienza a formar parte de la vida diaria, de la rutina. La cárcel es la falta de comida, baños sin agua corriente y sobre todo, es sangre.

En las mazmorras venezolanas, la muerte es cotidianidad y también un entretenimiento. Es la única forma conocida para darle vida a los delincuentes que saben que ya están muertos.

En los barrios de Venezuela y también en las cárceles, un dicho popular se impone como realidad. "Malandro no llega a viejo". El mundo de la delincuencia acaba siempre de la misma forma: por un ajuste de cuentas entre bandas rivales, o un ataque de celos o ira por integrantes de la misma banda. Por un enfrentamiento con la policía o con sus víctimas.

Rodeados de granadas, armas automáticas y un ejército de presos que viven para complacer sus caprichos y ejecutar sus órdenes, los pranes parecen invulnerables. Ningún rincón es más seguro en la cárcel que la celda del pran, con su televisión satelital, nevera y aire acondicionado. Pero en las prisiones venezolanas nada es lo que parece. Pocos pranes superan los treinta años de edad. Su cargo de máximo poder en la cárcel también conlleva un peligro inherente al cargo: morir asesinado.

El resto de los presos, delincuentes y ávidos de comodidades como el pran, desean su posición, su poder, los negocios que maneja. Por eso, los líderes de otras bandas trabajan en secreto para "tumbar al pran".

Derrocar al máximo jerarca de una cárcel sólo tiene una vía: el asalto por sorpresa, el asesinato repentino. El cambio de mando ocurre con relativa frecuencia en las cárceles venezolanas. A pran muerto, pran puesto. Sus ayudantes más fieles, los del carro, también son asesinados en ese golpe de Estado, mientras que quienes tienen menor escalafón pueden ser indultados, pero generalmente son desterrados.

En la cárcel, la muerte puede ocurrir en cualquier momento. Algunos de quienes la llevan sobre sus espaldas se mueven errantes por los pasillos, con la mirada perdida como si este mundo no les perteneciese. Casi no hablan, no tienen afinidad ni relaciones con otros reclusos, porque tampoco tienen nada que compartir. Son los llamados "pica-gente" y son usados por los capos de las cárceles para los peores encargos. Su vida transcurre entre las alcantarillas, los cadáveres y las cloacas.

Los pica-gente ejecutan los trabajos a los que ni los secuestradores, ni los piratas de carretera ni los asesinos se atreven a enfrentar. La primera vez que Jesús Alemán me habló de los pica-gente y sus rutinas no pude dejar de pensar que podía tratarse de una versión exagerada dentro del oscuro mundo de las cárceles, una verdad deformada y magnificada por meses de sufrimiento en convivencia en las terroríficas prisiones venezolanas.

Alemán describía a los pica-gente como esas almas en pena que se encargaban de descuartizar los cadáveres sin ningún tipo de remordimiento. Como un pescadero o un carnicero con su pieza del día. A veces, ante la falta de comida, practican canibalismo y arrojan las vísceras a las cloacas. Pensé que esa realidad macabra, descarnada, tenía que estar sobredimensionada, haber sido exagerada por quien convivió con las peores de las violencias.

Pero el 11 octubre de 2016, Carlos Herrera, un trabajador tachirense acudió a la sede regional del partido socialcristiano Copei para denunciar la desaparición de su hijo en la prisión de Politáchira. El recinto había sido sacudido por un nuevo motín carcelario.

Los responsables de las prisiones acudieron a la cárcel para negociar el fin de la reyerta, pero el motín terminó con, al menos, dos reclusos asesinados. El hijo de Carlos Herrera era uno de ellos y ese día se colocó frente a las cámaras, en la sede del partido político, para describir, con detalle policial y forense, lo ocurrido.

—Entre 40 personas lo apuñalaron y lo colgaron para que se desangrara. El señor Dorancel lo descuartizó para dar de comer a los presos. Los que no comían, eran golpeados. A uno le rompieron la cabeza porque no quería comer. Sacaron las letrinas y arrojaron los restos, las vísceras. Lo que más dolor me da es que no tengo nada para hacerle un funeral y darle cristiana sepultura —explicó Carlos Herrera ante los medios de comunicación, acompañado de políticos locales y un diputado suplente de la oposición en la Asamblea Nacional.

El descuartizador de su hijo, Dorancel Vargas, fue uno de los presos más mediáticos en Venezuela de las décadas pasadas, después de haber sido arrestado por sus asesinatos en serie y por canibalismo.

Uno de los presos relató a Herrera lo que ocurrió con su hijo Juan y otros reclusos. Tuvo el valor de contar que él fue uno de los reclusos que se negaba a comer los restos de su hijo. Pero vio cómo los líderes del penal golpeaban a quienes se negaban a hacerlo.

Con cada palabra del padre, alguno de los oyentes sufría una puñalada. Con cada adjetivo que usaba para describir la escena del crimen, saltaba sangre ante los lentes de las cámaras y un alarido atronador se colaba entre los micrófonos para quitar algo de vida a quienes asistían, en diferido, al descarnado asesinato de su hijo, en un recinto que debía estar custodiado por la policía.

El país también estaba muerto. Había sido asesinado con Juan. El partido socialcristiano Copei prometió llevar el caso a instancias internacionales. Pero desde entonces no han trascendido más detalles.

El valor del antivalor

Los asesinatos en las cárceles tienen garantía de impunidad. Ninguna autoridad ha investigado en los últimos años matanza alguna en las prisiones. No hay interrogatorios, ni pesquisas ni institución alguna que se interese por averiguar cómo termina la vida de un preso que, en teoría, es custodiado y protegido por el Estado.

En las noches, con la música y la cocaína, lo más probable es que la sangre tiña los desaguaderos de algún pasillo o la colchoneta de algún recluso mal ubicado. Una mirada directa o una ubicación en el lugar equivocado pueden desencadenar una tragedia. Un asesinato o veinte.

Y casi siempre las víctimas son los mismos: los manchados, las brujas, los desechables. Los líderes de las cárceles, los más fuertes entre los delincuentes, han logrado consolidar sus castas dominantes. Ellos tienen derecho a vengar sus frustraciones infantiles, a maltratar como ellos fueron maltratados por sus padres o a asesinar como lo vieron a los cinco u ocho años de edad.

Esa nueva sociedad también ha permitido el surgimiento de las más retorcidas relaciones. En los barrios pobres del país, los jóvenes que crecen en familias desestructuradas se convierten en hombres sólo guiados por los instintos básicos. Necesitan comida, techo y sexo. Poca cosa más.

El exministro de Defensa, Raúl Baduel, otrora amigo íntimo de Hugo Chávez y posteriormente ingresado en prisión, guarda unas de las peores imágenes del comportamiento que siguen las almas en pena de los barrios venezolanos, los jóvenes que deambulan sin destino ni tiempo ni lugar. Desde la cárcel de Ramo Verde, donde cumplió su primera condena antes de ser trasladado a la Tumba, Baduel comentó uno de los recuerdos más aterradores en las relaciones de los malandros.

—Convierten a sus madres en sus mujeres, en sus esposas. Las obligan a mantener relaciones con ellos. Es una relación perversa mucho más habitual de lo que se cree —confesó Baduel, antes de ser trasladado a la prisión de la Tumba, donde ha sido incomunicado.

A pesar de su abandono y deterioro, Ramo Verde es una cárcel privilegiada en relación con otras prisiones del país, porque alberga a una gran cantidad de presos políticos, policías y militares. Cualquier objeto es revisado minuciosamente antes de entrar y allí no funciona el sistema de soborno como en el resto de las prisiones del país.

A 350 kilómetros de distancia, Jesús Alemán compartió celda con un pirata de carretera, una categoría bien considerada dentro de la población reclusa. Los piratas de carretera tienen una operación sencilla y sofisticada al mismo tiempo. Deben colocar pinchos en las autopistas, esconderse unos metros más adelante y esperar a que las ruedas de los automóviles pinchen y sus conductores se detengan. Nunca los atracan en el primer momento. Esperan a que las víctimas, en medio de la autopista, bajen la guardia, salgan del vehículo y se atrevan a hacer el cambio de neumáticos. Posteriormente, unos técnicos en telecomunicaciones son los encargados de desactivar los dispositivos GPS.

Un grupo aborda a las víctimas para atemorizarlas. Deben dar algún golpe a los niños. Amenazar a toda la familia y hacer ver que son capaces de matarlos. El asesinato fuera de las cárceles también tiene un índice de impunidad cercano al 95 %. La mayoría ni se investiga. No hay voluntad judicial ni política, y tampoco hay recursos.

El compañero de Alemán cumplía pena en Campo Lindo por asesinar a un niño. El padre no quería colaborar para la desactivación del GPS adherido al vehículo. Entonces decidió disparar contra el niño, bien vestido, cara bonita. A sus ojos, era un auténtico niño "chuqui-luqui".

El asesino tenía catorce años, pero no fue su primer crimen. A los ocho decidió acabar con la vida de su tío, que lo maltrataba y le hacía la vida imposible. Las conversaciones de asesinatos llenaban los espacios en la cárcel, entre los juegos violentos y las comidas, entre las fiestas y la hora de dormir. Las anécdotas que podían contar eran aquellas que consideraban divertidas dentro de las situaciones trágicas.

La vida de un ladrón, un secuestrador y un asesino también es una tragicomedia. El asesino contaba cómo quería que lo llevaran preso después de que una señora robusta, obesa y con mucha fuerza, descubriera que fue él quien disparó para robarla. Gracias a la intervención de la policía, la mujer no terminó con la vida del malandro a golpes en plena avenida. Su relato desataba las risas de sus compañeros. Es el humor que conocen. La tragedia diluida en situaciones rocambolescas. La violencia atenuada con giros absurdos, risibles.

La faceta divertida de la vida para un delincuente venezolano siempre termina de la misma manera: el final del chiste es la cárcel o el cementerio. Los presos del penal no olvidan el día en que un preso logró burlar la vigilancia del pran y la policía y se fugó del recinto. El pran es el primer interesado que nadie se escape. Con las fugas masivas, cae la rentabilidad del negocio, que dependen del consumo de alimentos, drogas y alcohol dentro de la cárcel. Por eso, el hacinamiento redunda en rentabilidad para los líderes de la delincuencia carcelaria.

El preso se fugó vestido de mujer. Nunca nadie había ideado un método tan ingenioso y arriesgado. Ningún preso podría pasar por una mujer. Hasta que uno de ellos lo logró. Eludió la doble vigilancia. La estricta, bajo las órdenes de los jefes de la delincuencia, y la más relajada, en manos de la policía y las autoridades del penal.

Pero, al poco tiempo, fue atrapado y devuelto. Fue crucificado. Lo ataron con esposas a una reja con los brazos alzados como los delincuentes en los tiempos de Jesucristo. Pasaba los días bajo el sol y la lluvia. Dormía, comía, orinaba y defecaba atado a la reja.

Era el castigo decidido por el pran. El pastor penitenciario era el único que se apiadaba y le acercaba algo de comida para evitar que muriese de inanición.

La fuga de las cárceles no es una tarea fácil en la Venezuela del pranato. Los delincuentes que controlan el recinto cuentan con tecnología para evitar deserciones: cámaras con infrarrojos y vigilantes del pran en cada esquina.

Llevan el nombre de "luceros" y son los encargados de vigilar cualquier movimiento de entrada y salida. Es la guardia pretoriana de los líderes de la delincuencia. Todos están comunicados con teléfonos y *walkie-talkies*. Nadie sale ni entra sin que el pran se entere.

A diferencia del resto del país, las cárceles no suelen ser ruidosas. El ruido está prohibido. Nadie puede hablar alto. El pran desea que todos los reductos de su dominio se mantengan bajo un manto de silencio absoluto y perenne. Pero sólo un recluso del penal tiene la investidura para gritar, dar una orden colectiva o comunicar una noticia. Se trata de "el que anuncia".

Su tarea diaria es anunciar cómo se presenta el mercado del trueque.

—¡Salió al ruedo un crispi (cigarrillo de marihuana) por una bolsa de hielo!

Los interesados deben dirigirse al que anuncia para realizar la transacción. Y, precisamente, la bolsa de hielo es una de las mercancías más codiciadas en una prisión tropical donde una piedra helada es tan efímera como un día sin muertos.

Los muros de las cárceles venezolanas no tienen colores uniformes. La pintura, la humedad y la suciedad las tiñen de colores irregulares. A veces las paredes son huecas y dejan partes del inmueble al descubierto. Desde afuera se ve el interior y viceversa. Los cables cuelgan de forma desordenada como una maraña.

El paisaje tétrico de las cárceles venezolanas fue recreado en una serie difundida por YouTube que contó con gran éxito. La producción audiovisual "Cárcel o infierno" fue creada por un expran venezolano que alcanzó el estrellato con sus series que mostraba en Internet, por primera vez y de forma descarnada, la realidad de las cárceles.

Luidig Ochoa, conocido como Cara 'e muerto, recibió casi una veintena de impactos de bala en vida, tres de ellos en el rostro que motivaron su sobrenombre. Ochoa, dibujante desde niño, entró de lleno en el mundo de la delincuencia y se convirtió en uno de los pranes más conocidos en Venezuela, con una vida a medio camino entre el *star system* de la farándula local y el mundo de la delincuencia carcelaria.

Ochoa mantuvo una relación sentimental con la actriz de televisión Jimena Araya, conocida popularmente por interpretar el personaje de Rosita: una sirvienta que limpiaba la casa, con escasa ropa y en poses sugerentes, a la vista de sus patronos. El humor de enseñar un pecho o un muslo ante las cámaras de televisión con un libreto plagado de frases de doble sentido arrancaba hilarantes risas en la audiencia. Y el personaje lanzó al estrellato a la actriz que decidió ingresar con su fama en las prisiones para hacer series sobre la vida de los delincuentes.

Ochoa mostró la organización jerárquica de las cárceles y expuso el conflicto constante de la violencia gratuita en una serie donde cada capítulo comenzaba y terminaba con varios muertos. Lo que parecía una exhibición innecesaria de violencia no era más que el fiel reflejo de una rutina diaria.

Cara 'e muerto sentía que tenía una misión especial por haber sobrevivido a una veintena de disparos. Y estaba convencido de que uno de los propósitos de su vida era desincentivar a los jóvenes a la vida violenta.

Sobrevivió a los delincuentes más sanguinarios de las cárceles y, cuando parecía que había superado el oscuro pasado carcelario, fue asesinado en plena calle con varios disparos. Antes de su muerte, Ochoa había denunciado el asesinato de otro de los delincuentes reconocidos en las cárceles venezolanas y que también había actuado en sus series de Internet. Danny Rubio, mejor conocido como "el Causa", fue asesinado a manos de la policía. La versión oficial apuntó a que se trató de un enfrentamiento, pero la familia denunció un ajusticiamiento.

Las series ideadas por Luidig Ochoa, difundidas por Internet, fueron un éxito rotundo. Los primeros capítulos de "Cárcel o infierno" alcanzaron más de tres millones de reproducciones en YouTube. Después otra serie, "Somos ladrones", fue la secuela. Las producciones contaban con anuncios publicitarios y se constituyeron como un ejemplo de la cultura delincuencial que se extiende por Venezuela.

Luidig Ochoa trabajó para el canal del Estado y desde allí dirigió mensajes políticos. Hizo propaganda por el chavismo al asegurar que el gobierno daba oportunidad a los malandros para reconstruir sus vidas.

Tiempo después, Cara 'e muerto comenzó a dibujar para contar sus duras experiencias en la cárcel. Tal vez sin proponérselo, a través de sus dibujos animados, relataba el sistema descompuesto de las cárceles.

Uno de los malandros favoritos del chavismo, el delincuente recuperado y que se había transformado en un exitoso productor audiovisual, se convirtió en un incordio. El propio Ochoa denunció que oficiales del Sebin, uno de los cuerpos de inteligencia del régimen, lo habían interrogado en varias ocasiones. Un año después de su asesinato, y a falta de una investigación sobre los hechos, su madre, en una entrevista, lanzó una acusación inesperada: "A Luidig lo mató el gobierno".[5]

---

5 "Luidig Ochoa: las caricaturas de la muerte". El Estímulo. 16/12/2015

A principios de esta década, dos pranes surgieron como líderes destacados en las cárceles venezolanas. Yoifre Ruiz, mejor conocido como "el Yoifre", y Yorvit López, apodado "el Oriente", se hicieron con el control de El Rodeo II, una de las prisiones más temidas en Venezuela y erigida en la población de Guatire, en el extrarradio de Caracas.

Rodeada de una vegetación frondosa y custodiada por una pequeña montaña que refugia pequeños pájaros exóticos, El Rodeo II es un infierno dentro del paraíso. La violencia siempre está latente, lista para estallar desde las *caletas*, esos lugares secretos donde los jefes de los presos guardan su armamento prohibido: armas automáticas, fusiles de guerra, granadas con capacidad para destruir la cárcel completa, con guardias incluidos.

Y el trabajo de una mujer a cargo de los presos es aún más complicado. Cuando fue trasladada a El Rodeo II, María, exfuncionaria de prisiones, tenía que pedir prestado hasta para pagar el autobús. El sueldo no alcanzaba para sus necesidades más básicas. Como trabajadora del Ministerio de Asuntos Penitenciarios, tuvo que hacerse cargo de tareas muy distintas. Ocupó diferentes puestos, entre ellos trabajadora de la farmacia y enlace con los presos, es decir, era la encargada de entregar los turnos de las llamadas a los reclusos.

Si bien casi todas las cárceles en Venezuela forman parte del inframundo, el infierno es muy distinto en cada una de ellas. El gobierno chavista ha convertido algunas cárceles en el sistema de "régimen cerrado". En teoría, están más controladas. Los reclusos deben llevar uniforme amarillo y hacer actividades físicas, cantar el himno nacional y rendir cierta pleitesía a las autoridades del régimen. Se trata de prisiones cuyas imágenes sí pueden ser presentadas y difundidas ante la opinión pública.

Cuando el gobierno transformó la cárcel de El Rodeo II, cubrió sus paredes corroídas por la suciedad con una capa de pintura verde.

Los internos fueron desarmados y se les comunicó la nueva rutina que incluía normas más estrictas de disciplina. Los reclusos también tenían un plato de comida.

Pero en la práctica, la corrupción fue penetrando en el nuevo modelo de cárcel y las armas regresaron casi tan rápido como habían desaparecido.

—Al final, sucede lo mismo en todas las prisiones. Sean de régimen abierto o no. Con dinero, se paga todo —explica María en conversación telefónica desde Caracas.

La exfuncionaria adquiere confianza en la medida en la que avanza la conversación y detalla con mayor soltura la vida en las prisiones.

—Tanto tienes, tanto vales. Eso es así, papi.

María extiende las sílabas como si, con ellas, también se extendiese la pena que arrastra por su supervivencia diaria, por las situaciones traumáticas vividas en su trabajo. El viernes 16 de octubre de 2015, estaba a punto de quedarse en casa y no ir a trabajar. No tenía dinero ni para pagar el pasaje de autobús. Pidió prestado y se alistó. Desde la semana anterior, el ambiente en el penal estaba enrarecido. La tensión entre los presos se disparaba por la escasez de comida. Las raciones eran cada vez más pequeñas y la mujer intercedió para que el director tuviese una reunión con los presos que reclamaban mejoras.

—Me dijo que no me metiera en cosas que no formaban parte de mi responsabilidad. Y me mandó a trabajar —explica la mujer.

El día había comenzado como una jornada habitual. María se disponía a dar los turnos de llamadas semanales a los presos. Cinco minutos para hablar con sus familiares. El proceso se conoce con el nombre de "dar letra". Mientras daba las letras, un recluso bajó y le avisó de que un compañero estaba gravemente enfermo. Entonces subió uno de los custodios. No volvió a bajar.

Al terminar con los turnos, María atravesó el patio. Un grupo de reclusos hacía deporte, como cualquier otro día. Cuando había recorrido la mitad del trayecto, una fuerza bruta la tumbó al suelo y sintió cómo todo su cuerpo fue aplastado en seco contra el asfalto.

—Lo siento, es ahora o nunca —escuchó.

La monitora de deporte corrió espantada lanzando un solo grito y el plomo comenzó a cruzarse en el cielo de El Rodeo. Los reclusos corrieron hacia las celdas y en ese momento María se dio cuenta de lo que ocurría. El custodio había sido atrapado como rehén. Se había activado un nuevo motín y, de inmediato, supo que también era una de las secuestradas.

Vio al director de la prisión huir y, a pocos metros, estalló una granada. El estruendo hizo temblar las paredes, vibró en las rejas de las celdas y los pájaros y las palomas huyeron hacia la montaña. El director de la prisión salió ileso, pero para los rehenes comenzaba una pesadilla.

—Nos agruparon y nos llevaron hasta la azotea. Después del golpe, casi no podía ni caminar. Allí nos mantuvieron, sin comida durante una semana. Pensé que iba a morir, porque cuando esos muchachos se levantan en armas puede ocurrir cualquier cosa —explica María.

La trabajadora todavía habla de "los muchachos". En las palabras que utiliza, transmite comprensión, cercanía y condescendencia. En la cárcel se había encontrado con una realidad más dura de lo que había imaginado. Desde hacía años vivía en Catia, un barrio pobre del oeste de Caracas, donde la violencia domina sus calles, esquinas y escaleras zigzagueantes que ascienden hasta las zonas más pobres. Pero, como explica María, se había acostumbrado a aquel trabajo, a relacionarse a diario con delincuentes e intentaba hablarles con autoridad, pero también con amabilidad.

Había asumido el rol de madre con algunos de los presos. Se refiere a ellos como los "privados de libertad". Es el vocabulario del régimen, pero también la jerga elegida por una trabajadora que, aun rechazando las políticas del gobierno, siempre quiso tratar con respeto a los encarcelados. La exfuncionaria parece conservar parte del carácter de las viejas madres venezolanas. Cercana, con tonalidad suave, no sólo asumía el rol de madre de sus hijos, sino también de sus sobrinos y de algunos de los presos de El Rodeo II.

Durante el secuestro, le apuntaron a la cabeza en cuatro ocasiones. Era la forma que utilizaban los pranes para mostrar a las autoridades que estaban bien armados. Ella lucía fuerte y los encaraba. "Malandro serio respeta a una mujer". Con la frase apelaba a la gallardía y a "los valores" que podían esconder algunos de sus captores, que amenazaban a las autoridades con arrojar al vacío a los rehenes.

María conocía su comportamiento y sabía que se tenía que dirigir a ellos de forma contundente. Pero también era necesario que percibieran en ella a una funcionaria respetuosa, comprensiva con la realidad que les tocó vivir.

Cuando los funcionarios de la policía comenzaron a disparar a los presos dentro de la cárcel, creyó que había llegado el final. Uno de los secuestradores cayó muerto. En esas situaciones, la venganza es la respuesta inmediata. En la cárcel la muerte se paga con más muerte.

En su situación desesperada quiso dialogar con los pranes, con los presos que estaban al mando. Pidió hablar "con los dueños del circo" porque no tenía tiempo que perder con "los payasos". María sabía que el pran es un estratega. Para subir hasta la cúspide del eslabón delincuencial no basta con ser un recluso peligroso y violento.

Al hablarles cara a cara, quiso reforzar una idea que sus secuestradores ya habían asumido. Les explicó que, si querían lograr sus objetivos, debían mantener con vida y a buen resguardo a todos los rehenes. Ellos eran la garantía de que la policía no entrase disparando. Sus reivindicaciones y la paz del penal dependían de una salida limpia, sin más muertos ni heridos.

Los últimos días de secuestro, casi no podía moverse. Se mantenía fuerte, pero se derrumbaba cada vez que hablaba con su familia para informarles que estaba bien, que esperaba salir viva del trance.

La tensión constante y el peligro de muerte inminente le dificultaban el descanso.

Terminó siendo rescatada, una semana después, por la propia ministra de prisiones Iris Varela. Desde entonces tuvo problemas para conciliar el sueño y retomar una vida normal. Los médicos le diagnosticaron estrés postraumático.

Los recuerdos angustiosos de sus días de secuestro se han unido a fantasmas más recientes que la atormentan día y noche. Después del episodio, no pudo retomar su trabajo con normalidad y fue jubilada. El ministerio le retiró los beneficios de alimento y *tickets*. Ahora, su salario mensual apenas alcanza para comprar un kilo de harina.

Sus familiares han comenzado a salir de Venezuela y forman parte de esa diáspora que escapa en autobús o a pie. En las noches piensa también en emigrar, en rehacer su vida en algún lugar donde no la secuestren para robarle un teléfono celular. Anhela salir de esa segunda cárcel en la que se ha convertido el país.

La carcelera y sus apostóles

Ninguna cárcel en Venezuela es igual a otra. Cada pran da personalidad a su cortijo, impone sus reglas y su estilo. Los presos de todo el país recuerdan cómo "el Conejo", que fue dueño y señor de la cárcel de Margarita, quiso convertir la prisión en un hotel más de la isla. Por eso, mandó a construir una piscina para que los hijos de los presos disfrutaran de los domingos.

Todas las cárceles del llano cuentan con espacios para las peleas de gallos, una de las aficiones más sanas de los reclusos cuando desean que corra la sangre sin que ningún recluso termine muerto, y la prisión de Tocorón, que se ha convertido en el centro del negocio del secuestro y el sicariato de todo el país, tiene su famosa discoteca.

El estado Aragua, en el centro de Venezuela, es tierra de anchos valles, de montañas y playas paradisíacas, y también es un estado militar, sede de las bases aéreas, de escuelas de aviadores formados para salvaguardar la nación de amenazas internas y externas. La capital, Maracay, fue cuna del chavismo. Allí, un grupo de paracaidistas conspiró para lanzar el golpe de Estado del 4 de febrero de 1992, que supuso un fracaso militar rotundo pero que elevó a Hugo Chávez como líder carismático.

Al sur de la base aérea Libertador, en Maracay, se encuentra el mayor centro del poder del pranato. Como en el resto de las prisiones de Venezuela, en la cárcel de Tocorón se pueden encontrar las razones por las cuales el sistema de pranes y la cultura de la delincuencia organizada, se ha extendido como virus letal en el país.

Desde un montículo cercano se pueden observar las plantaciones de marihuana que producen para los pranes, los campos de golf y la piscina, unas imágenes tomadas por el periodista de la web *Dólar Today*, Jesús Medina, que fue apresado meses después de hacer pública la realidad del penal.

Pocas fotografías han trascendido del penal de Tocorón. En una de ellas se ve a los funcionarios de inteligencia del gobierno intentando tomar el control del centro de reclusión. Pero apenas intentan adentrarse, tienen que correr y buscar refugio. Una lluvia torrencial de balas los recibe cada vez que intentan ingresar, sin permiso, en el centro de reclusión.

Wilmer Brizuela, mejor conocido como Wilmito, se convirtió en la máxima autoridad de la cárcel y jefe de una extensa red de robo, sicariato y narcotráfico. Su liderazgo comenzó con una revuelta carcelaria en otro recinto: en la prisión de Vista Hermosa, del estado Bolívar, al sur del país. Y su carrera como líder de la delincuencia organizada subió como la espuma hasta hacerse con el poder de la prisión más independiente de Venezuela.

Bajo su mandato surgió la discoteca Tokio, una de las más célebres del país que funciona dentro de la prisión. En las fiestas, los presos celebran con alcohol y drogas la visita de familiares y amigos en un recinto que también llegó a contar con al menos un cajero automático, según reseñó la prensa local. Para nadie era un secreto la estrecha amistad entre Wilmito y la ministra de prisiones, Iris Varela, quienes se fotografiaron en varias ocasiones: en la cárcel y en una premiación de actividades deportivas del recinto penitenciario.

Varela autorizaba a Wilmito, condenado por asesinato, a salir de prisión. Lo hacía bajo un régimen de confianza concedido por la propia ministra. El pran daba cursos de boxeo en las cárceles, según defendió la jerarca chavista. Y, por ese motivo, se le autorizaba a visitar otros estados: para dictar cursos de boxeo a otros reclusos. Pero Wilmito fue herido en una de sus salidas de prisión. Sucedió en una playa de Margarita. Recibió un disparo en un brazo, un hecho que puso de manifiesto su régimen privilegiado.

Iris Varela, que también viajó al *ashram* de Sai Baba, asegura que trabaja para eliminar a las mafias de delincuentes que gobiernan impunemente en las cárceles. Pero en sus discursos tampoco se ha querido mostrar combativa ni enemiga de los pranes. Todo lo contrario.

Con sus mensajes públicos ha caído en constantes contradicciones. "Para mí, dentro de los centros penitenciarios no hay pranes. Todos son privados de libertad. No reconozco el rango a ninguno", aseguró en una emisión trasmitida por Venezolana de Televisión, el canal público bajo el control del chavismo, en junio de 2013.

Cuatro años más tarde, en 2017, anunciaba que el gobierno había erradicado a los pranes de las cárceles venezolanas. "De las 88 cárceles en Venezuela con nuevo régimen penitenciario, yo quisiera que alguien me diga dónde hay eso. Ahora en las cárceles está la autoridad del Estado, recuperada sin violencias ni masacres como antes había".[6]

Pero, en privado, Iris Varela mantiene reuniones y contactos permanentes con los líderes de las cárceles. Las conversaciones suelen realizarse entre el portavoz del pran, un recluso generalmente con estudios y con cierta capacidad de negociación y de expresión, capaz de entenderse con un alto funcionario del gobierno chavista, pero también con los delincuentes con los que cohabita, según explican desde el entorno de los pranes.

Uno de los emisarios más conocidos es Wilmer Apóstol, mano derecha de Iris Varela y hombre de enlace entre la ministra y los pranes. En algunas circunstancias, la ministra se reúne en persona con los delincuentes de mayor poder en el país. Y las fotografías se han hecho públicas.

Desde su ascenso a las altas esferas del poder, en los primeros años de gobierno del chavismo, la ministra de cárceles va acompañada de su verbo encendido. De melena rizada y voluminosa, se muestra como una mujer de confrontación y de sonrisa escasa.

En los primeros años de gobierno, pidió el despido de los funcionarios que no acudiesen a votar por la revolución. En 2002, durante el golpe de Estado del 11 de abril, estaba sentada en los pasillos de Miraflores, denunciando que nadie en el chavismo había escuchado sus advertencias: la Inteligencia de los Estados Unidos, a través de un grupo de agentes de la CIA, estaba en Venezuela, y preparaba un golpe de Estado.

Iris Varela lucía ansiosa en los pasillos del palacio y cuando los nervios la atacaban, pasaba las horas sentada en el suelo. Su casa

---

6 Entrevista en el programa *José Vicente Hoy*, conducido por el periodista José Vicente Rangel, emitido el domingo 6 de marzo de 2016 en Televen (confirmar).

fue allanada durante aquel golpe de Estado, según el gobierno. O vacío de poder tras la supuesta renuncia de Chávez, según los que entonces intentaban derrocarlo.

Varela defiende su política carcelaria públicamente, muestra a los presos uniformados con ropa amarilla (rosada para las mujeres), en formación militar y cantando consignas a favor de la revolución.

Mientras libra su propia guerra contra los disidentes y adversarios, también guarda tiempo para hacer promoción sobre su gestión al frente de las cárceles. No escatima en esfuerzos para vender las bondades de las nuevas prisiones venezolanas.

Para ello, difunde videos en los que hombres de uniforme amarillo se despliegan en formación militar en las canchas deportivas. Están colocados en grupos por docenas. Cuatro grupos perfectamente alineados. Hacen la caminata militar y giran sobre sí mismos con una coordinación casi perfecta. Su grito sincronizado parece un alarido único, con ecos que retumban en las paredes de la cárcel. "Ahora. Somos. Hombres. Nuevos".

Las pausas y los ritmos también son militares. Los presos han aprendido a mover sus brazos con rigidez, a pisar fuerte el suelo con las botas para emular el sonido de un disparo. Y entonces entonan su coreografía coordinada. "Chávez vive, la patria sigue". Antes, hay un golpe de bota. Con la palabra "Chávez" se llevan la mano al corazón. Cuando pronuncian "vive" señalan al cielo. Y cuando toca gritar "patria" la mano regresa al corazón.

Son mostrados como los nuevos hombres del chavismo. Uniformados, en una cárcel limpia, dirigiéndose al país como soldados de valores. Poco importa si han sido asesinos, secuestradores, ladrones o violadores. Son los redimidos por el chavismo. En la propaganda oficial, atrás quedaron los años de las cárceles putrefactas, donde los presos se descabezaban unos a otros. Ahora, el gobierno hace esfuerzos por mostrar unas cárceles "humanistas".

Allí, en los muros de las prisiones chavistas, los pranes han logrado ser realmente libres. Salen y entran de la cárcel. Organizan la industria criminal y pactan sus condiciones de vida con el gobierno. Iris Varela los ha liberado de los grilletes y las esposas y los ha convertido en una nueva secta. En La Morada de la Paz Suprema, en Puttaparthi, pudo ver cómo los hombres y mujeres oprimidos, perdidos, desorientados, resurgían en su nueva vida, libres de ataduras, confiados en Sai Baba, su dios. Ahora, en las cárceles venezolanas, los presos de la sociedad también renacen bajo las consignas redentoras de otra secta: el chavismo.

Varela había anunciado, en numerosas ocasiones que, en caso de una invasión extranjera, los reclusos serán los encargados de hacer justicia en las calles. Y el primer día que esa posibilidad parecía cercana, el 23 de febrero de 2019, la ministra cumplió su palabra.

En una cárcel "convertida", es decir, las que supuestamente han sido recuperadas por el gobierno, el equipo de la ministra Varela difundía un video en el que un grupo de presos prometía máxima lealtad al gobierno de Nicolás Maduro y a la revolución bolivariana en caso de invasión extranjera.

Esa tarde, cuando llegaba la ayuda humanitaria que había sido solicitada por Juan Guaidó, presidente de la Asamblea Nacional, reconocido como presidente interino de Venezuela por unos 60 países, la propia ministra se dirigió a la frontera con Colombia. La acompañaban civiles armados con fusiles y armas largas. Prometió que la ira de los presos, de los delincuentes convertidos al chavismo, se dirigiría contra los adversarios del madurismo.

Ante la prensa y los equipos de propaganda del gobierno, Varela participa en actividades con reclusos en los museos, en obras de teatro o en alguna piscina, con los hijos de los presos. Pero en privado, el trato con los líderes de las cárceles venezolana adquiere otro tono.

La ministra de mayor confrontación sufrió uno de los más duros golpes en agosto de 2017. Una conversación telefónica entre Iris Valera y su número dos, Wilmer Apóstol, se difundió en medios de comunicación digitales y en redes sociales. El audio corrió como pólvora para corroborar la estrecha relación entre su ministerio y los líderes de las cárceles.

Apóstol llamó a la ministra para hacerle una petición inusual. Un pran, conocido como "el Causante" pedía al ministerio que se trasladaran unos 700 presos de las comisarías hacia las cárceles, a través de un personaje identificado como "el Potro". Desde algunos sectores lo han identificado como Antonio "el Potro" Álvarez, beisbolista, cantante y dirigente chavista.

El asistente se dirigía a su jefa con máximo respeto, mientras que Varela se mostraba directa y seca en la conversación que fue filtrada con un corte abrupto.

—Ministra.
—Cuénteme.
—Mire: he estado hablando ahorita con El Potro, que es el que ha hecho contacto con ellos a través de Causante, porque usted sabe que Causante se la pasa a veces aquí metido, lleva dos semanas aquí adentro metido.
—Mujum
—Entonces me dice "el Potro" que si usted autoriza a traer 700 malandros.
—¿Cómo?
—Que si se autoriza a traer 700 presos de las comisarías para que…
—Verga, chamo. Pero dígale que eso es mucho. Bueno: dígale que les dé los nombres. ¿Cuáles son los que se quieren ir? ¿Me entiende?
—El lote es: tráiganme los malandros de Zaraza, los malandros de Santa Teresa. Así, ellos hablan vía telefónica.
—No pero que nos diga quiénes.

El audio adquirió gran repercusión y los medios de comunicación lo difundieron sobre la base de una versión única: el gobierno pretendía liberar a encarcelados de las comisarías para ser utilizados en espacios políticos.

"No me extrañaría en lo más mínimo porque los jueces han sido testigos de casos similares. Altos cargos acuden a las cárceles a sacar a pranes y a los luceros", —explica un magistrado del Tribunal Supremo de Justicia que ha solicitado mantener su nombre en el anonimato.

Al margen del posible destino de los reclusos y del verdadero propósito de un traslado, la ministra Iris Varela dio autenticidad a la conversación cuando acusó al exministro chavista de Interior, Miguel Rodríguez Torres, de la filtración. Varela no hizo esfuerzos por desmentir el audio, sino por desprestigiar a quien considera responsable de que haya trascendido. Varela, micrófono en mano, y ante un grupo de mujeres vestidas con eslóganes del chavismo, lanzó sus acusaciones.

—Un funcionario traidor del proceso revolucionario se llama Miguel Rodríguez Torres, que fue ministro de Interior y Justicia. Yo creo hoy, compatriotas, que ese Miguel Rodríguez Torres, está detrás del asesinato de Otaiza (Eliécer, exjefe de la Inteligencia y de la policía secreta) y de Robert (Serra, exdiputado). Y de repente tiene que ver con lo que le pasó al Comandante Supremo (Chávez). Eso habrá que investigarlo —aseguró Varela en un acto rodeada de militantes chavistas humildes que coreaban de forma lánguida, casi sin ganas, la consigna del día: "Justicia, justicia".

La abogada Iris Varela no se reprime para lanzar acusaciones contra sus enemigos políticos e, incluso, públicamente endilga a sus adversarios la responsabilidad por la enfermedad de Hugo Chávez, que buena parte del régimen considera que fue "inoculada". El chavismo ha usado el tumor de Chávez para acusar al presidente de los Estados Unidos, a la CIA, a la oligarquía de Bogotá y, ahora, también al chavismo disidente.

Lejos de la presunción de inocencia, la ministra de las cárceles, practica la presunción de culpabilidad. Acusa en radio y televisión. Dice tener pruebas de asesinatos, casos de narcotráfico y magnicidios. Pero también imputa otros hechos cotidianos para lanzar campañas de descrédito. Aprovechó una fotografía en un restaurante de la esposa del alcalde de Caracas Antonio Ledezma, Mitzy Capriles, para acusarla de "borracha", como si esa supuesta condición también fuese punible.

En la Venezuela chavista, el gobierno ha llegado a permear las cárceles y viceversa. La cultura del pranato ha abierto rejas y ha derribado barrotes, ha saltado muros y se instala no sólo entre la clase política, sino que también permea la vida cotidiana y se infiltra en los ministerios, en los entes públicos y en la vida universitaria. Cada vez que un pran es asesinado por otro delincuente en la cárcel para adquirir su poder y ocupar su puesto, la noticia corre por todos los penales. "Lo bajaron del carro".

Bajar del carro, apartar del poder al delincuente y a su grupo de protección, es un término que ya utilizan los jóvenes de todos los estratos sociales en las ciudades y los pueblos de Venezuela cuando un joven pierde a su novia porque se va con otro del grupo. El léxico carcelario, la cultura de la delincuencia se expande como mal irreversible en los últimos años de la Venezuela chavista.

El pranato también ha trascendido el lenguaje. Las figuras de liderazgo delincuencial se han instalado en escuelas, universidades, en los barrios pobres y pudientes y ha permeado toda la sociedad venezolana.

—El grave problema de inseguridad que vive el país es responsabilidad, en buena medida, de Iris Varela y todo lo que ha hecho y permitido con las cárceles. Ha permitido e incluso ha incentivado que las cárceles se conviertan en lugares para esconder armas y drogas.

Cuando ocurrió el desalojo de La Planta, Iris Varela y Diosdado Cabello esperaban a que sacaran sus *caletas* (armas y drogas escondidas en las cárceles) —explica la fiscal general en el exilio.

El surgimiento de los pranes, esos líderes carcelarios que gobiernan bajo sangre y fuego las cárceles y que crean negocios millonarios con la industria del secuestro, el asesinato, la extorsión, el narcotráfico y el robo de vehículos, es un fenómeno con una expansión inusitada durante el chavismo.

El pranato se ha instalado en las prisiones del país. Y con él, Varela se refuerza como la ministra más radical del chavismo. A ellos, a los pranes, les concede beneficios, permisos para salir de la prisión y garantía de impunidad en los grandes negocios de la delincuencia dirigida desde la cárcel. También les promete una vida digna, de disciplina, con cánticos chavistas y revolucionarios. De delincuentes comunes a extorsionadores revolucionarios.

De asesinos a controladores de manifestaciones. Con ellos, el chavismo teje una red de defensa en el caso de que Maduro sea depuesto por una revuelta popular. Así, los delincuentes serán los garantes de la permanencia del régimen. Así, la ministra aprende a gobernar en una prisión para garantizar que los pranes se conviertan, de una vez por todas, en los custodios de un país que también está preso.

Capítulo 7

Salir de la cárcel cuesta 10.000 dólares

El mayor peligro en las cárceles venezolanas acecha de noche. Las horas de sueño coinciden, casi siempre, con las puñaladas en la espalda, con el asesinato imprevisto. Cualquier recluso puede desenfundar el arma para acabar con la vida de otro. Un cigarrillo robado, un dinero no devuelto. Cualquier falta puede pagarse con la vida.

En una cárcel venezolana, "el Chino", una suerte de líder en uno de los módulos, intenta dormir lo menos posible. Oficialmente no es pran, pero ejerce como tal. Tiene bajo su cargo a un centenar de presos que le obedecen y siguen sus reglas.

Cada noche libra una batalla secreta para amanecer con vida. Cuando cae el sol, los mosquitos levantan el vuelo y salen en busca de la sangre que necesitan para preservar la especie. Las picaduras, a veces sutiles, irritantes y molestas otras, proliferan a mansalva en un recinto donde las aguas encharcadas de cualquier desnivel se convierten en hervideros de larvas.

En el hacinamiento, una mano estirada puede tocar el torso o la espalda del recluso vecino. Y eso también se puede convertir en el desencadenante de otra tragedia.

Con la noche, el silencio se impone en el penal que queda sumido en un toque de queda. Los luceros dan vueltas por los pasillos y pisan a pocos centímetros de las cabezas de los reclusos que tienen el cemento del suelo por almohada. Algunos envuelven su propia ropa para intentar atenuar la frialdad y dureza del piso. Usan una camiseta o un pantalón deportivo. Otros envuelven botellas plásticas de Coca Cola con la ropa, los mismos recipientes que los reclusos sin acceso al baño usan para orinar.

Pero los manchados, las brujas, los delatores de otros delincuentes, despojados de cualquier pertenencia por básica o barata que parezca, duermen con su piel adherida en el suelo, sobre el que se han celebrado reyertas de todo tipo, donde ha corrido la sangre de otros reclusos. Allí, sobre el cemento frío, posan su oreja como si estuvieran escuchando los latidos arrítmicos de un país que padece la misma enfermedad que sus prisiones.

Durante el día, pocos asesinatos ocurren sin el consentimiento del pran. Pero en la noche, las venganzas pueden ejecutarse en el anonimato. La oscuridad casi siempre garantiza impunidad. Y quienes quieren cobrar alguna cuenta pendiente suelen levantarse de madrugada.

A pesar de que goza de cierta autoridad en su módulo, en las noches, el Chino guarda silencio, como el resto de los reclusos. La ley de la quietud se impone en los pasillos, en todas las habitaciones, sólo se interrumpe por una tos repentina o algún ronquido en un pasillo que sirve como habitación colectiva e improvisada. El pran o los integrantes del carro son los únicos que pueden hacer fiesta o armar algarabías después de la discoteca.

Aunque tiene controlado el módulo, el Chino tampoco duerme bien. Se despierta constantemente por el temor a ser sorprendido por algún enemigo o recluso que quiera asumir algunos de sus privilegios.

—Me acuesto a las 12.00 de la noche, pero a las 5.00 de la mañana ya estoy despierto. Tengo que dormir con un ojo cerrado y el otro abierto. No es fácil descansar. Por aquí dicen que "camarón que se duerme se lo lleva la corriente". Por eso hay que intentar no dormir mucho porque hay peligros de los dos lados: de los presos y del gobierno —explica el Chino, en una conversación telefónica desde su celda.

En los cuatro meses que estuvo preso por sus protestas políticas, el dirigente estudiantil Jesús Alemán intentaba cubrirse en las noches. Siempre quiso evitar cualquier situación que pudiese terminar en confrontaciones. Regalaba algo de comida y dinero a los delincuentes con mayor poder dentro del penal. También les donó unas cámaras de video con las que los pranes comenzaron a reforzar la vigilancia del recinto.

En una de sus primeras noches, escuchó dos puñaladas en medio del silencio. Cuando los ruidos en la cárcel desaparecen, las cuchilladas se escuchan como golpes secos en un saco de boxeo. Pum, pum. Sintió una última respiración, desesperada, ahogada, como un intento por eternizar una última bocanada de aire.

No hubo gritos de auxilio ni socorro.

Los presos parecen aceptar, sin dramas ni escándalos, la llegada de la muerte. Saben que siempre les ronda, es su compañera día y noche, cuando organizan una partida de básquet, una pelea de gallos o cuando piden dinero prestado. Cada día se levantan conscientes de que puede ser el último.

El silencio es el peor augurio de la cárcel. Antes de las muertes y las matanzas, se cumple la ley del silencio. Ningún ruido recorre el penal. La calma repentina es un presagio terrorífico. Se llama "la paz peligrosa". Cuando el penal calla, cuando la cárcel se mantiene hermética, los miembros del carro y los luceros abandonan cualquier tipo de actividad que estén realizando y se reúnen en círculo en el medio del patio. En el centro, como eje gravitatorio del penal, se encuentra el pran. Todos los delincuentes giran en torno a él. Metafórica y literalmente. Dan vueltas hasta encontrar su sitio, el lugar donde puedan ser alcanzados por los ojos del jefe, el delincuente que siempre está por encima de la ley.

Allí se deciden las acciones a seguir después de una traición o una sentencia de muerte. Al silencio casi siempre le sigue una baja, un asesinato decidido por el pran. El elegido suele ir al paredón. Cuando su cuerpo se desploma, comienza la algarabía con penetrantes gritos agudos como si se tratara de cánticos de guerra o intimidación. "¡Yajuy, yajuy, yajuy!".

Mientras las bolas criollas se escuchan en el patio, suena la música de la discoteca y hay griterío por una pelea de gallos, la cárcel es apacible, tranquila y segura. Pero cuando apagan las luces y se terminan las fiestas y las actividades, la tensa calma se apodera del penal. Los presos se esconden en sus colchonetas o hamacas improvisadas, como si quisieran desaparecer.

El hijo de un expran, liberado tras cumplir condena por estafa en una cárcel de los Andes, explica que su padre nunca ha podido superar las duras vivencias de la prisión, a pesar de estar protegido por los pranes y después de ser el portavoz de los delincuentes ante los emisarios de Iris Varela.

Los pranes suelen nombrar portavoces, reclusos con cierto nivel de estudios, para que sean capaces de negociar sus condiciones en los penales. Son ellos quienes conocen dónde se depositan los pagos de los presos y a qué representantes del gobierno terminan beneficiando.

Dentro de las cárceles ningún preso duda de que los pagos irregulares de los reclusos tienen como destino final los bolsillos de funcionarios del gobierno. Pero quienes han gestionado ese dinero, como los portavoces, van más allá. "Ese pago termina en la alta jerarquía del chavismo, en el entorno de la propia ministra Iris Varela".

Consultado sobre este asunto, un exfuncionario de una cárcel del estado Miranda asegura que nadie dentro de una puede ser sorprendido con semejante noticia. Todos dan por hecho que, tanto los pranes como los emisarios del gobierno para temas carcelarios, se lucran de "la causa".

—Eso lo sabe todo el mundo. Cada semana un funcionario del gobierno venía a recoger su parte de "la causa" —comenta.

Las penas en las cárceles de Venezuela no se miden en tiempo sino en dinero. El Chino es de los presos con poder en una de las cárceles de los llanos venezolanos. Su figura se impone al resto de presos. Su tamaño y contextura infunden respeto. Mide más de

1,90 metros y casi nunca sonríe. Habla con cierto respeto y detesta el dialecto "malandreado". Es una de sus manías particulares. De hecho, el léxico de los jóvenes delincuentes de los barrios le generó más de un conflicto. El Chino no quería que ninguno de sus delincuentes hablase de esa forma.

Dispone de armamento para defenderse de otros pranes, para evitar ser "bajado del carro". Es un hombre de pocas palabras. Sabe medir sus respuestas, generalmente parcas y, en ocasiones, monosilábicas. Parece un hombre seguro. En la cárcel no teme a nadie. Dice que el temor, en una prisión venezolana, te empuja al cementerio.

Ha sido condenado a 23 años de prisión por homicidio. Asegura que su caso es un montaje. Nunca conoció al hombre asesinado, no sabe quién es. Ni siquiera había escuchado su nombre.

Lleva cuatro años en la cárcel, pero ya ha comenzado a tramitar su salida. A través de sus abogados contactó a jueces y fiscales para valorar la posibilidad de una excarcelación. Pero la tarifa, dolarizada como la economía del país, le resulta imposible. Su libertad cuesta 10.000 dólares, una cifra inalcanzable para la mayoría de los venezolanos.

El trabajo de los condenados a prisión en Venezuela consiste, casi siempre, en buscar a los jueces y fiscales que acepten recibir sobornos para revocar alguna condena por robo, secuestro o asesinato. El trabajo no parece demasiado difícil. "Hay 12 jueces en los tribunales donde ha caído mi caso. Todos aceptan plata, menos dos: dos mujeres. Y he tenido la mala suerte de que mi caso tocó con una de ellas", explica un condenado por homicidio en la misma cárcel.

—Por delitos menores, puedes salir apenas con 100 o 200 dólares, pero si se trata de secuestro o asesinato, hay que pagar más. No importa si eres culpable o inocente. Lo importante es que consigas el dinero, pero en dólares. Tengas el delito que tengas, sales libre si consigues la plata —explica el Chino.

A cientos de kilómetros de su prisión, en la penitenciaría de Campo Lindo, Manuel Obispo, mejor conocido como "el Niño", salió en libertad de forma repentina. En la cárcel, hay una única versión conocida sobre el hecho: el Niño pagó 25.000 dólares y salió en libertad. Pero a los pocos meses fue aniquilado. El asesinato de un delincuente con amplio prontuario policial no ocupa demasiado tiempo a los investigadores. Pudo haber sido cualquier criminal amigo, o la policía.

Tras su muerte, otro pran, Wilfredo, se hizo con el control del penal. Los pranes no siempre asaltan el poder por las armas. A veces acceden al puesto a través de los votos. En el penal de Acarigua, las elecciones a pran son el proceso participativo con mayor trascendencia para la vida de los reclusos. El pran dicta las leyes y las "rutinas". Decide las penas de muerte y también los indultos; la vida, en definitiva, de todos los condenados entre las paredes semiderruidas, entre la barbarie desordenada y la barbarie estructurada.

El Chino tiene una peculiar visión del "gobierno venezolano". Llama gobierno al policía que revisa la comida antes de ingresar al penal, a los agentes del control de tráfico, a la Guardia Nacional que monta un operativo para recibir sobornos de los conductores sin licencia de conducir o con el seguro del vehículo vencido. El gobierno lo es todo. Asegura que la delincuencia le compra armas "al gobierno" y que, muchas noches, teme porque "el gobierno" lo asesine en su celda. Dentro de su mundo, limitado a cuatro paredes mugrientas, ha creado su propia concepción de lo que es el chavismo y su régimen.

El Chino lleva su condena con entereza. Se ha visto inmerso en innumerables conflictos y balaceras. Ha perdido la cuenta de la gente que ha visto morir, y también ha perdido la cuenta de las veces que se ha salvado de la muerte de milagro. La ha tenido muy cerca. A centímetros de distancia. Por eso, ya no le teme. La evita, intenta que no llegue, pero ya no la observa con ansiedad ni sufrimiento. Forma parte de su rutina.

Durante el día, intenta llevar una vida normal dentro de las posibilidades que ofrece una cárcel venezolana. Generar dinero siempre es una prioridad. Mantiene, como puede, a su gallo de pelea, que a veces le reporta enormes cantidades de dinero que usa para pagar sus privilegios o para entregar a sus dos hijas adolescentes. Otros días, con menos suerte, el gallo termina picado, herido y malogrado y regresa a su celda con pérdidas y deudas.

Los días de visitas, miércoles y sábados, ve a sus padres y a sus hijas. Su esposa se queda varios fines de semana. Mientras está ella, puede huir de la rutina carcelaria y mantener una vida en pareja con cierta normalidad. Pero el matrimonio en la cárcel dura poco. Y la mujer se va a casa pasado el fin de semana.

El Chino también se dedica desde la cárcel a la venta de cualquier tipo de artículo en la calle: tiene su red para comprar comida barata (subsidiada por el gobierno a algunos sectores de la población para asegurar fidelidades). Y los paquetes de arroz o harina a precios preferenciales terminan a la venta en la calle. Es la forma de vida de miles de venezolanos. La reventa de alimentos básicos para subsistir. Pero también tiene la mirada puesta en vehículos o cualquier objeto al que pueda sacar rentabilidad. Sólo necesita su teléfono en la cárcel y sus ayudantes en la calle.

La relación entre preso y policía nunca es lo que parece en un penal. Se comparte el negocio del tráfico de armas, se reparten comisiones con el pago de "las causas", pero, entre bandos armados, cualquier malentendido puede activar una crisis nacional.

El ministro salvador

Cuando ya se habituaba a su rutina carcelaria, Jesús Alemán acudió al baño. Allí, en el rincón maloliente, comenzó a escuchar disparos. No eran dos ni tres, sino auténticas ráfagas de balas que penetraban paredes y chocaban con los tubos. En el patio de bolas criollas, construido justo delante del módulo policial por los reclusos, se concentraban los presos con sus brazos alzados apuntando sus armas y descargándolas contra un policía ubicado en el puesto de vigilancia. Alemán observó cómo el agente se escondió tras la pared de su garita precaria. Para protegerse del sol había instalado un techo con hojas de palma y chaguaramas. Allí, entre ráfagas de balas, el policía acosado intentaba levantarse y disparar para ahuyentar a sus atacantes. Pero lejos de amedrentarlos, se envalentonaban.

El funcionario intentó resguardarse por un buen tiempo, tal vez para intentar simular que había caído herido o que estaba muerto. Cuando se detuvo la balacera, el policía volvió a alzarse ante la vista de los presos para disparar contra ellos. Era uno contra decenas. Balas cruzadas contra balas perdidas. En ese momento un proyectil alcanzó su pecho. El chaleco antibalas salvó su vida. El impacto lo desplomó y cayó a varios metros, con la espalda sobre el suelo, ya lejos del alcance de las armas de los reclusos.

La chispa encendió el enésimo motín del penal. Los presos comenzaron a quemar colchones. Subieron a los techos de la cárcel y dispararon contra los policías, hacia la calle, al norte y al sur, al este y al oeste. Un intercambio de palabras había desencadenado el intercambio de disparos.

En el submundo inflamable de las cárceles, cualquier chispa desata un motín. Y con él, el pavor entre la población aledaña, que teme ser alcanzada por las balas o por las bombas y granadas almacenadas en las prisiones.

El gobierno también dispara sus alarmas e intenta proteger a algunos presos políticos. El asesinato en una cárcel de un activista opositor al régimen de Nicolás Maduro podría convertirse en un elemento de presión adicional. Por eso, en medio de la balacera, un policía corrió dentro de la cárcel para rescatar a Jesús Alemán.

El activista político ya había hecho llamadas a sus conocidos fuera, a sus aliados con influencia, comerciantes de la zona y pequeños empresarios. En medio del fuego cruzado, avisó que su vida corría peligro y a los pocos minutos, la Fiscalía ordenó su evacuación del centro penitenciario.

Un funcionario logró infiltrase en el penal. Anochecía cuando el pran ordenó cortar la electricidad en todo el recinto. Los presos se organizaban para repeler cualquier ingreso. En medio del caos, el agente se dirigió al joven opositor y le comunicó que había un plan para sacarlo del recinto y salvarlo.

El policía y el preso político debían atravesar el patio, el lugar más peligroso. Corrieron entre los pasillos, tan rápido como podían desplazarse y agachados para intentar evitar las balas altas. De repente, el policía cayó y empujó a Jesús hasta el suelo. En un primer momento, pensó que el funcionario había tropezado pero rápidamente vio la sangre en su cuerpo. Había sido alcanzado por una bala. Jesús continuó su huida y atravesó el patio mientras escuchaba cómo los proyectiles rebotaban en los tubos.

En su trayectoria, las balas emiten un fino sonido mientras se abren paso a través del aire. "Fiuuuuu, fiuuuuu". Sentía terror cada vez que los escuchaba rozando sus orejas. No sabía si quedarse en el suelo haciéndose el muerto, correr o buscar refugio. Su vida dependía de una decisión acertada. Los disparos contra los tubos lo bloqueaban. Eran los sonidos del peligro, de la muerte que merodeaba. Al menos, era consciente de que mientras los escuchara, seguía con vida, con posibilidades de salir.

Se había refugiado en un lavandero que los presos habían construido en medio del patio. Y se protegió tras un depósito de agua. Por la dirección de las balas era presa fácil de los disparos del lado de los reclusos, pero tras el bidón corría menos riesgos.

Había escuchado que el disparo de un fusil de combate automático (FAL) puede atravesar paredes pero no es capaz de perforar una mata de cambur. El agua puede ser un instrumento de defensa, pensó. Y se escondió detrás del bidón hasta esperar su rescate. La brisa húmeda arrastraba consigo el olor de las bombas lacrimógenas. Cuando ya había anochecido, el joven disidente había sido sacado de entre los reclusos.

El sábado siguiente, el gobierno accedió a la petición de los presos que acumulaban quejas por el retraso procesal. Entonces, se organizó la llamada "operación cayapa". Se trata de un proceso judicial exprés para agilizar el retardo procesal y que suele terminar con la puesta en libertad de un buen número de presos.

—Llegaron jueces, fiscales y la propia viceministra con los expedientes de cada recluso. Quedaron en libertad muchos de los conocidos como desechables, los que consumen drogas. Salieron como zombis de la cárcel hacia el centro causando pánico en la población. Yo creo que los sueltan para que los policías los maten en las calles. Así liberan espacio y tensión —explica Alemán.

Pocos días después, el joven fue llamado para una entrevista en la que participarían los emisarios de la gobernación de Portuguesa, la Fiscalía y la propia ministra. Los representantes de los estamentos del gobierno estaban presentes en todas sus formas: gobierno regional, Fiscalía, poder judicial y gobierno central. Todos en uno, sin imposturas, ni discursos vacíos de campaña electoral.

Los representantes del régimen plantearon a Jesús Alemán varias alternativas: continuar en la cárcel, la salida del país o el ingreso a las filas del partido de gobierno: el PSUV. Varela era la más interesada en esta última opción. Veía en él una oportunidad para desinflar a la oposición juvenil de la región con su fichaje: uno de sus manifestantes más conocidos.

—Me dijeron que, o me quedaba en la cárcel donde me podían matar en cualquier momento, o me iba del país, o formaba parte del chavismo. Yo lo tuve claro desde el principio —explica desde su exilio en Madrid.

Alemán salió de prisión por una vuelta sorpresiva del destino. Mientras organizaba protestas callejeras, rebeliones, actuaciones contra el gobierno y hacía contactos con Óscar Pérez, el exmilitar asesinado (ajusticiado) por el gobierno en una emboscada el 15 de enero de 2018, un acontecimiento del ámbito privado estremecía a la familia del entonces activista de Voluntad Popular, el partido de Leopoldo López.

Su prima, que había sido como su hermana, formalizaba una relación hasta ese momento extraoficial. La joven, abogada de profesión, había anunciado la boda con Francisco Torrealba, alto dirigente del chavismo que en ese momento se desempeñaba como ministro de Trabajo.

Cuando Alemán comenzó a ser perseguido por el gobierno, su familia se movilizó. Al ser detenido, enviaron mensajes e hicieron llamadas y contactos de todo tipo para lograr su liberación. Al margen del delito o de sentencias absolutorias o condenatorias, la justicia en Venezuela se paga. Con dinero, favores o contactos. Y el caso de Jesús Alemán no fue distinto.

El tío del dirigente juvenil se había convertido en suegro del ministro. Cuando cayó preso el sobrino, acusado de organizar actos violentos contra el régimen, no dudó en llamar a su yerno, que en ese momento estaba reunido en un Consejo de Ministros.

Torrealba inició entonces una pelea interna y personal dentro del chavismo para intentar salvar a su primo político. Pero, más allá de los motivos por los que había sido encarcelado, la verdadera guerra era otra: los adversarios de Torrealba, el gobernador Wilmar

Castro y su amigo personal, el hombre fuerte del régimen y brazo militar del gobierno, Diosdado Cabello, aprovecharon el encarcelamiento de Alemán para atacar internamente al ministro.

Finalmente, el joven fue excarcelado, no por la presión del partido opositor al que defendía, ni por la repercusión en redes ni en medios de comunicación que registraron un encarcelamiento más de dirigentes opositores, sino por la ayuda del ministro chavista que logró su escape fuera del país.

Las detenciones y el encarcelamiento de los políticos y activistas en Venezuela son tan arbitrarias como su puesta en libertad. Todo depende de la decisión de un alto cargo de turno. Una activista en las protestas de 2014, conocida por ayudar con alimentos, alojamiento y logística a los estudiantes que acosaron al gobierno de Nicolás Maduro, fue apresada justo cuando se disponía a abordar un avión para salir del país.

Tiene prohibido hablar de su caso. No puede dar declaraciones porque podría regresar a la cárcel. La presa política también tuvo que recurrir a sus amistades para conseguir la libertad. Su hermana había tenido una relación personal con el ministro de la Defensa Vladimir Padrino. Gracias al contacto y a la buena relación con sus padres, consiguió una cita y un pasaporte. Tiempo después, también fue puesta en libertad.

Los presos políticos excarcelados por el régimen deben cumplir ciertas condiciones para no volver a ser enrejados. Entre ellas, no emitir declaraciones. Fue el caso de Raúl Baduel, exministro de la Defensa de Hugo Chávez, que terminó adversándolo. También el de Leopoldo López, que tuvo que pasar del ruido permanente en la cárcel al silencio más implacable en su casa (y, al momento de la edición de este libro, resguardado en el domicilio del embajador de España en Venezuela).

La prisión o la calle. La condena o la libertad vigilada. En el gobierno de Nicolás Maduro, las penas de cárceles son armas de negociación política. El preso dejará de cumplir su condena siempre que acceda a salir del país o permanecer en silencio dentro. Y, esa libertad a dedo, aplica tanto para los presos políticos como para los pranes.

En la prisión de Campo Lindo en Acarigua, Pedrito, el pran que lideró el último motín en la prisión, se encuentra en paradero desconocido, junto con otros líderes de la cárcel que se fugaron a Colombia, según explicaron sus allegados.

Los pranes comienzan a expandirse ante el colapso del país. En las cárceles también se nota la crisis. "Si hay crisis allá afuera, imagínese aquí adentro", explica el Chino.

La nación que comenzó a exportar intelectuales y profesionales, ahora también exporta delincuentes y pranes. "El Catire", asesino y líder carcelario, escapó de la cárcel hasta Perú. "El Pedrito" siguió sus pasos y ahora opera la industria del robo y del secuestro en Colombia.

Otros reclusos con autoridad también quieren salir del país. El Chino imagina su vida en Perú o Ecuador, lejos del mundo delincuencial donde creció. Quiere huir de la muerte de la que no se ha podido separar desde la adolescencia y que lo persigue hasta en la cárcel. Quisiera olvidarse de su arma que no duda en desenfundar para generar temor y respeto entre el resto de los reclusos. Anhela saltar fronteras.

Los condenados y execrados de la sociedad también huyen del sistema que los transformó en empresarios del delito, de la extorsión y del dinero rápido. Para ellos, el país también se ha vuelto insoportable.

Capítulo 8

Los guerrilleros del teclado

Pocos equipos del gobierno chavista trabajan sin interrupción las 24 horas del día y los 365 días del año. La guerrilla comunicacional es uno de ellos. Con más de 120 empleados, los guerrilleros del teclado se reparten en la sala situacional del Ministerio de Comunicación e Información en cuatro turnos (mañana, tarde, noche y madrugada) para no dar tregua en dos de los escenarios donde se libran batallas fundamentales para el régimen: WhatsApp y Twitter.

Aunque parezca un asunto menor, la batalla en las redes sociales tiene alta prioridad para la gestión del gobierno. Publicar mensajes que la dictadura pueda considerar peligrosos se paga con persecuciones y cárcel. Y los equipos de esta guerrilla tienen el poder para señalar y decidir quiénes merecen tal destino.

El trabajo no sólo exige la publicación y divulgación de propaganda del gobierno y falsas acusaciones a la oposición. También implica el seguimiento de los opositores y un monitoreo constante de sus mensajes. Una decena de jefes de equipo clasifican a los periodistas, comunicadores y usuarios con gran influencia en cuatro colores: verde, amarillo, naranja y rojo. Cada día, las redes son monitorizadas y los jefes de la vigilancia digital deciden qué usuarios suben o bajan de nivel en función de la peligrosidad que representen para el régimen.

Cuanta más información comprometida publiquen y más influencia y seguidores ganen, aumentan las posibilidades de entrar en la lista roja. Quienes pertenecen a esa categoría se exponen a ser perseguidos, detenidos e imputados de graves delitos ante los tribunales civiles o militares.

El rojo denota para el gobierno simpatía y complicidad ideológica. Es el color de la revolución. Pero la lista roja del Ministerio de Comunicación e Información tiene otra connotación y quienes han entrado en ella han padecido las consecuencias. El periodista de la cadena de televisión estadounidense Telemundo, Alberto Rodríguez, residenciado en Miami, tuvo una visita sorpresa en el apartamento de su familia en Caracas, donde vivía su padre y sus sobrinos. El allanamiento de la vivienda ocurrió justo cuando las pantallas de la guerrilla comunicacional informaban el cambio de color con el que era clasificado.

El fotoperiodista Jesús Medina, que entrevistó a pranes y colectivos (paramilitares que apoyan al gobierno) y se adentró en el negocio del Arco Minero, durante su trabajo en el medio digital *Dólar Today*, fue detenido tras saltar dos peldaños cromáticos de forma repentina: del amarillo al rojo. Fue acusado de legitimación de capitales.

En la sala del ministerio las pantallas son visibles para todos los guerrilleros. Allí, el equipo puede observar a los usuarios peligrosos del día, casi siempre con perfiles falsos y residenciados fuera del país. El listado, está compuesto por una veintena de usuarios, entre ellos por ejemplo, la periodista Ibéyise Pacheco, la activista Tamara Suju o la fiscal general Luisa Ortega Díaz, quien ayudó a encarcelar a manifestantes y adversarios del gobierno chavista y terminó perseguida por sus antiguos compañeros y exiliada.

El color rojo no está determinado por el verbo encendido o la ferocidad de las opiniones vertidas en las redes sociales, sino que se dispara tras medir otros factores: la capacidad que tienen esos usuarios de levantar la ira de las masas, de remover conciencia o de generar un peligro real para el gobierno.

La dirigente política María Corina Machado, la mujer que —palabras más, palabras menos— llamó ladrón a Chávez en la Asamblea Nacional y que defiende la salida del gobierno casi a cualquier precio, no se encuentra en la lista roja ni en la naranja. Su posición casi siempre se ubica en la amarilla.

La virulencia de su mensaje y el color tibio que le aplica el chavismo llamó la atención de un nuevo trabajador de la guerrilla comunicacional. ¿Cómo es posible que la dirigente opositora más frontal, más franca para el chavismo no sea percibida por el gobierno ni siquiera como una leve amenaza? ¿Es el color amarillo, ubicado justo al lado de los usuarios amigos del régimen el que debería aplicársele a una líder tan aguerrida como María Corina Machado?

Fuera de Venezuela, un exdirigente del partido Primero Justicia, liderado en su momento por Henrique Capriles Radonski, confiesa que en la dirigencia de su partido se comparte una sorpresa similar. Ahora en el exilio, detalla la inquietud.

—Siempre nos llamó la atención que María Corina Machado no fuese acosada y perseguida en la misma medida que los dirigentes de otros partidos como Voluntad Popular (dirigido por Leopoldo López) o el nuestro. Y tenemos la firme convicción de que el chavismo ha detectado que su radicalismo divide a la oposición. Y, por ende, es bueno para ellos —asegura un dirigente del partido, radicado en Madrid.

Las tablas de colores, los listados de los buenos, los regulares y los peligrosos, se comparte no sólo en la sala de comunicaciones del Palacio de Miraflores sino también en otros ministerios y hasta en el departamento de producción del programa *Con el mazo dando*, conducido por uno de los brazos militares del régimen, Diosdado Cabello.

Los 120 guerrilleros del teclado del ministerio trabajan en una oficina con ventanas pequeñas y paredes azules. Como inspiración tienen a la vista enormes fotografías de Hugo Chávez y Nicolás Maduro, principalmente de este último. También contemplan imágenes de marchas multitudinarias del chavismo y reciben órdenes por los altavoces de la sala. A través de ellos se les informa si deben asistir a una marcha del oficialismo o a una manifestación contraria para tomar fotos y videos de los líderes de la oposición.

La escala de colores también clasifica a los detractores del régimen en cuatro niveles de acción: desde el verde, considerados chavistas críticos o apolíticos que hay que vigilar, hasta el nivel rojo, que significa activación de los servicios de inteligencia y represión. La persecución política y el hostigamiento comienza en esas pantallas.

Los guerrilleros del teclado no pueden dejar de trabajar ni un solo minuto. La revolución también depende de su rendimiento. Su tarea es generar "matrices de opinión" favorables al gobierno y en especial, contrarias a los líderes de la oposición.

En el búnker tecnológico del régimen, el seguimiento al adversario-enemigo es un trabajo de inteligencia militar. Detectar mensajes subversivos y potencialmente peligrosos es una tarea estratégica para el gobierno de Nicolás Maduro. Tal vez por ese motivo, los equipos de las redes del chavismo no son periodistas, *community manager*, o expertos en mercadeo o en contenidos digitales.

Su perfil es otro muy distinto: sociólogos formados en círculos de la vieja izquierda, politólogos que viajaron a Cuba para recibir o completar su instrucción y también jóvenes profesionales adiestrados en centros públicos y privados en España para conocer las tendencias y el funcionamiento de las redes sociales.

Una joven ajena a aquellos mundos comenzó a trabajar para el chavismo en su época como estudiante de una universidad privada del país. Veinteañera, procede de una familia formada, culta y con inquietudes sociales.

Alias "B", simpatizó con el chavismo casi por herencia. Sus padres, preocupados por la enorme desigualdad que aumentaba en Venezuela entre las clases pudientes y las menos favorecidas, sembraron en ella una vocación social que fue aprovechada por el chavismo para atraerla a sus filas.

Su familia, simpatizante de los movimientos de izquierda, vio con buenos ojos las propuestas de Hugo Chávez para disminuir las desigualdades en Venezuela. Desde que comenzó a trabajar para la guerrilla comunicacional y en las reuniones previas de la formación, quedó asombrada por el trabajo de divulgación que consideraba vital para el país. Apenas descubría el mundo, sus compañeros comenzaron a explicarle conceptos que nunca había escuchado y que fueron calando en ella tales como "guerra económica" o "guerra de cuarta generación".

Sus colegas no parecían tener duda de que el país se precipitaba al despeñadero. Los salarios se desplomaban, la inflación alcanzaba máximos históricos y batía récords internacionales, la escasez se imponía en casi todos los rubros: no había pollo, ni harina, ni leche ni aceite. El chavismo de base sabía que Venezuela se encontraba en la peor de las situaciones desde su transformación en una nación petrolera, en 1935.

Sin embargo, la tropa virtual, los sicarios de las redes sociales, estaban convencidos de que la tragedia no era responsabilidad de quienes habían gobernado durante los últimos 20 años, sino de quienes lo habían adversado. Estados Unidos, el imperio, la burguesía, el eje del mal Miami-Bogotá-Madrid, las élites pudientes, los ricos de toda la vida. Ellos son los que generan siempre el caos, la escasez, la zozobra y la guerra psicológica. El gobierno no tiene ninguna responsabilidad sobre los destinos del país. La joven también asimiló que Venezuela estaba inmersa en una guerra. Y que su trabajo era vital para salvarla de la ruina.

—Era muy joven. Y realmente lo creí. Estaba convencida de que la oposición era la responsable de todos los males. Y que el gobierno tenía dificultades para defenderse de tantos ataques. Y yo no era la única. Creo que muchos lo creían firmemente como yo. O son muy buenos actores o lo creían —comenta.

En las charlas y reuniones grupales, las directrices eran claras: el equipo debía buscar la verdad, desenmascarar al enemigo, desmontar a la dirigencia opositora que siente rechazo y asco por el pueblo llano, por el pobre que vota al chavismo. Pero las tareas asignadas en el día a día eran muy distintas. Se hacían montajes de audios y videos, se construían reuniones y llamadas que nunca habían existido y conversaciones de WhatsApp de corta y pega para generar una opinión negativa hacia los líderes opositores señalados.

—Cuando (el líder opositor) Julio Borges hizo una gira internacional, un conocido usuario de las cuentas más aguerridas, Lechuguinos, lo siguió y le hizo fotografías. Difundió una imagen con la que se aseguraba que Borges estaba en un prostíbulo, pero lo cierto es que solamente se le veía en un local. Podía ser un restaurante o un bar cualquiera, pero se recibió la orden de decir que era un prostíbulo. Y la acción tuvo resultados inmediatos. Las cuentas de la oposición comenzaron a insultarlo, porque estaba gastando "el dinero de los venezolanos en putas" —explica la extrabajadora.

Julio Borges, el político que estuvo encargado de negociar un pacto entre el gobierno y la oposición, en 2017 y 2018 era perseguido no sólo en Caracas sino en sus giras internacionales. El texto que lo atacaba, plagado de términos peyorativos e insultantes, no era un artículo periodístico sosegado. La web que sirvió de plataforma de ataque contra el dirigente de Primero Justicia sólo contiene denuncias de supuestos casos de corrupción de la oposición. Ni mención de algún caso sombrío del gobierno.

El ataque fue lanzado justo en el momento en el que Borges se negó a firmar un acuerdo amistoso con el gobierno. Su círculo cercano, que siguió el desarrollo de las negociaciones, asegura que el trato hacia el opositor fue cordial durante las reuniones en República Dominicana pero su decisión de negarse a firmar un acuerdo electoral con los emisarios de Nicolás Maduro precipitó un cambio de actitud.

—El gobierno dominicano activó una cuenta regresiva para abandonar el país. Y el gobierno venezolano hizo lo mismo. Le dieron pocas horas para sacar a toda su familia de Venezuela, algo que hizo de forma inmediata —explica un allegado al político.

Tras las fotografías de Borges en un local en República Dominicana, cientos de usuarios comenzaron a atacarlo. Los mensajes de odio se multiplicaron y el experimento gestado en las salas de la guerra mediática dio resultados. La destrucción del enemigo político pasa por esa sala de máquinas.

En la medida en que iba adquiriendo experiencia en esas funciones, la joven comenzó a manejar información sobre la acción del gobierno y de la oposición y descubrió una faceta, para ella desconocida, del régimen al que había defendido hasta ese momento.

Fue designada para cubrir la inauguración del Hospital Hugo Chávez, en el estado Mérida. Todavía no funcionaba completamente, pero había urgencia por transmitir la propaganda oficial. El exministro de Salud, Luis López, hombre de confianza del jerarca Tareck El Aissami, quería aprovechar el acto para hacer promoción de su gestión.

Al llegar al centro de salud con las cámaras y los equipos, la periodista se encontró que sólo había una habitación disponible. El guion ya estaba escrito: las noticias tenían que hacer énfasis en que todo el hospital estaba en funcionamiento. La joven comunicadora, en sus primeros trabajos en esa área, se dirigió a Marbelis Linares, asistente de El Aissami, para informarle que el hospital no estaba trabajando a pleno rendimiento y que sólo había una habitación lista: la que usarían los medios para las fotos y los videos.

—Le dije que era una noticia falsa, pero ella rápidamente me dijo que había "órdenes de arriba". Tenía que informar que todo estaba operativo y no había más discusión —dice la periodista.

En otro encargo para hacer campañas a favor del chavismo en las redes, acudió a un hospital de la capital, referencia en atención pediátrica. Era el J.M. de los Ríos, que fue fundado como el hospital infantil de Caracas.

Al llegar, la joven fue recibida por un grupo de familiares de niños enfermos que estaban siendo desalojados. Gritaban, coreaban consignas, organizaban su protesta de forma precaria, con la poca voz que les quedaba.

—Había familias de todas partes del país: de Amazonas, Barinas, Zulia. Vi a niños con hidrocefalia, bebés con problemas del corazón. Los padres no tenían trabajo ni encontraban medicamentos. En el hospital no recibían comida. Tampoco tenían agua ni pañales. Yo debía buscar testimonios positivos y agradecidos con la gestión del ministro y de Nicolás Maduro, pero ninguna familia quería. Sólo se quejaban de que no tenían comida ni pañales —explica la periodista.

Las quejas de los familiares alcanzaron las redes sociales y algunos medios de comunicación digitales adversos. Exigían un mejor trato del gobierno y recursos para poder afrontar la curación de sus hijos pequeños. Las familias no tenían dónde dormir y el gobierno había aceptado pagar un hotel durante unas semanas. Pero, cuando sus quejas aparecieron en los medios de comunicación, el ministro y su equipo reaccionaron de forma iracunda.

—Apenas aparecieron las denuncias, les quitaron las ayudas del hotel. Los familiares de los niños enfermos habían quedado en la calle por atreverse a denunciar su situación. No tenían dónde dormir. Y fueron los vecinos quienes los ayudaron.

Los *bots* rojos

Los propagandistas del teclado tienen un propósito desde que se levantan hasta que se acuestan: tumbar las matrices de opinión negativas contra el gobierno y lograr posicionar otras positivas que hagan sombra o desaparezcan la crítica y los cuestionamientos.

En los inicios de Twitter, la maquinaria propagandística trabajó en la creación de un sistema de *bots* que hiciera eco de forma masiva de mensajes pensados desde los laboratorios chavistas. Los escribanos del gobierno, los amanuenses de las redes sociales oficialistas, lograban miles de retuiteos en pocos segundos y cualquier lema de campaña pagada se convertía en tendencia, es decir, en los temas de máximo interés entre esa comunidad.

Con la fórmula, el chavismo no necesitaba comprar voluntades en las redes sociales para fingir más popularidad de la real. Los *bots* se hacían pasar por votantes, ciudadanos pensantes y chavistas convencidos.

De esa forma, los diseñadores creaban la falsa imagen de que el país entero estaba alabando la labor de algún gobernador o un ministro. Como si casi media Venezuela elogiara la labor de Nicolás Maduro y criticara de forma rabiosa y visceral a la oposición, al gobierno de Estados Unidos y a cualquier crítico del régimen.

Miles de *bots* difundían mensajes que se quedaban en el limbo y que nadie leía, pero que Twitter registraba en sus tendencias como los temas más comentados del país. La estrategia dio frutos hasta que la red social decidió eliminar los *bots*, los falsos usuarios y las máquinas creadoras de tendencias artificiales. Los equipos de redes sociales tuvieron que trabajar buscando nuevos mecanismos con el objetivo de simular popularidad, y recurrieron a piratas informáticos para descubrir la forma de vulnerar y quebrar las reglas.

Detrás de la estrategia, una decena de jefes planifica las tareas diarias, semanales y mensuales en sus oficinas con aire acondicionado intenso. No suelen salir, ni tienen amigos ni familia conocida. Su mundo está en las redes, las computadoras, los perfiles falsos y los *bots*. Están convencidos de que el chavismo, la Venezuela que llaman revolucionaria, enfrenta una guerra mediática contra la oposición venezolana y el gobierno de Estados Unidos. Algunos de aquellos jefes proceden del interior del país y no hacen vida mundana como sus subalternos. No bailan, ni beben cerveza, ni salen de fiesta.

Viven para salvar al gobierno, aunque sea en el mundo virtual, con rostros, cuerpos y frases robados de otros perfiles. Los jefes de los comandos del teclado no viven en ninguna urbanización corriente de Caracas. Duermen en el Fuerte Tiuna, el último reducto chavista completamente militarizado y donde están a salvo de cualquier ataque opositor o de cualquier robo o secuestro perpetrado por la delincuencia común.

Disponen de transporte pagado por el gobierno para los traslados de la residencia donde duermen o el lugar donde pasan sus vidas: las oficinas sometidas a bajas temperaturas. En el cuarto de los jefes de equipo, grandes servidores trabajan para procesar información. Son los verdaderos cerebros del sistema de propaganda. Procesan algoritmos y trabajan para detectar traidores de la patria y soldados de la guerra mediática.

—Hablan de forma cortés. Es evidente que han tenido acceso a educación y se han formado en un entorno cultural alto. Casi todos tienen rasgos europeos. Eso me llamó la atención. No llevan franelas alegóricas a la revolución ni tampoco son tan defensores del gobierno. Son, más bien, detractores de Estados Unidos. Siempre hablan de los ataques del imperio y de la guerra mediática. Son unos convencidos de la causa —explica otro extrabajador del grupo.

Aunque casi toda la guerrilla del teclado se ha formado en la universidad, el grupo también es engrosado por coroneles y capitanes que dirigen tropas virtuales en Miraflores, entre los que destaca el capitán Osmanly David Silva Urbina cuya cuenta de Twitter fue suspendida.

—A veces llegaba diciendo: vamos a hacerle un montaje a fulanito. Se unió a la persona que está detrás de la web Lechuguinos. Dispone de un equipo para que siga a líderes opositores en el exterior con el propósito de extorsionarlos. Son los *paparazzi* del chavismo —explica una extrabajadora.

Las redes sociales del régimen no suelen ser un juego de adolescentes para ganar notoriedad. Un mensaje en Twitter puede suponer la diferencia entre la libertad y la cárcel. Y los señalamientos y acusaciones públicas a través de las redes activan las alertas en los aparatos de inteligencia del Estado y ponen en la pista a los perseguidores de los adversarios del gobierno. Y el peligro no siempre se encuentra entre los bandos opositores.

El equipo de producción del programa *Con el mazo dando* opera bajo fuerte presión. En los días previos al programa, la plantilla trabaja de forma jovial y distendida hasta el punto de parecer un grupo de trabajo convencional en cualquier empresa pública o privada del país. Pero la llegada del máximo jerarca del programa, el presentador de televisión, militar y hombre fuerte del chavismo, Diosdado Cabello, inyecta presión a los trabajadores.

Transmitido por el canal del Estado, *Con el mazo dando* no es un programa convencional de televisión que difunde propaganda del gobierno. Hugo Chávez había entendido que un espacio así, propio, era vital para dictar la línea informativa y marcar las directrices políticas. Por eso creó *Aló Presidente*, un estudio de televisión itinerante que ningún ministro ni alto jerarca se podía perder.

Cabello quiso imitar el estilo de Chávez y también ha hecho de su estudio de televisión un termómetro de sus apoyos y su popularidad. Utiliza su espacio para gobernar desde la sombra. Frente a las cámaras y junto a un retrato del difunto líder, congrega a los hombres fuertes del chavismo que lo sostienen. Militares retirados, en activo, alcaldes, gobernadores. También levanta su dedo acusador contra los enemigos de la revolución bolivariana. Pero más que un simple método de amedrentamiento, las acusaciones también son una advertencia. Un ultimátum a sus enemigos políticos para que huyan del país, para que no terminen en una cárcel como líderes opositores, con el daño colateral que eso genera en la imagen del régimen.

Al menos tres presos y expresos políticos han asegurado que su persecución por parte del régimen comenzó justo después de que Diosdado Cabello mencionase sus nombres en el programa *Con el mazo dando*.

—Usábamos el programa de televisión como termómetro desde la cárcel, porque cada vez que mencionaba a algunos de los líderes de las revueltas y de la resistencia, sabíamos que pronto los tendríamos entre nosotros en El Helicoide —explica Andrea González, expresa política y ganadora, junto con otros adversarios y líderes opositores, del premio Sajarov, del Parlamento Europeo, en diciembre de 2017.

Cada vez que emite su programa *Con el mazo dando*, Cabello parece una versión más agresiva y menos jovial que el *Aló Presidente* de Hugo Chávez. Diosdado no canta. Ataca. No cuenta con demasiado talento para atraer simpatías, aunque sus chistes constantes —dentro y fuera de cámaras— parecen encaminados en esa dirección, no logra risas hilarantes sino nerviosas. Su equipo le teme.

Una equivocación menor puede suponer una severa sanción o un despido fulminante frente a todo el equipo que guarda, en apariencia, una fidelidad incuestionable. Confundirse de video o inducir a un error técnico puede suponer la suspensión de parte del salario o el despido.

—En apariencia es echador de broma. Acepta que la gente se le acerque y hable con él, algo que Maduro no permite. Pero su carácter es impredecible —comenta un extrabajador del programa de televisión.

Los equipos de producción de Cabello suelen trabajar con tecnología de punta. Siempre están preparados para acompañar al hombre fuerte del chavismo a cualquier presentación que convoque en el interior del país. Allí donde va, acude su grupo de confianza, con los equipos necesarios para dar banda ancha y permitir el envío de videos con extractos de su programa.

El servicio de Internet padece graves deficiencias en Venezuela. La caída de servidores, el robo de antenas y la falta de mantenimiento de la infraestructura son constantes.

Para combatir las deficiencias, el armamento son equipos y teléfonos Apple, casi siempre de última generación. La escasez de recursos no suele ser un problema para el programa de televisión que se emite los miércoles por la noche. Uno de los propósitos es colocar sus mensajes entre los más comentados de Twitter. Para ello está el equipo y, si al inicio del programa no se logra el objetivo, la ira del presentador puede volverse en contra.

El programa de televisión no funciona en el canal del Estado. Tiene su propia infraestructura. El exmilitar chavista, señalado por supuestos delitos de narcotráfico y blanqueo por el gobierno de Estados Unidos, no suele confiar los asuntos importantes a otros compañeros de revolución. Su Twitter tampoco es manejado por ningún hombre de confianza. Todos los mensajes los escribe desde su teléfono, muchas veces sin filtros y sin tildes. Cabello tiene gramática y leyes ortográficas propias. Nadie le corrige. Pocos se atreven a delatar un error o falta de conocimiento en algún asunto.

A diferencia de muchos lugares de trabajo en Venezuela, las oficinas de *Con el mazo dando* no suelen ser lugares de especial camaradería. La cercanía, los tiempos de café, las reuniones y los chistes en grupo no tienen demasiada cabida, en especial cuando se encuentra Cabello y sus guardaespaldas.

—Diosdado tiene parte del equipo de trabajo en varios organismos del Estado. Son sus ojos y sus oídos en instituciones claves. Cada miércoles, cuando hay reunión previa para el programa, acuden a las oficinas para preparar el evento —explica un extrabajador que renunció al programa, decepcionado por la caída de su poder adquisitivo y su calidad de vida.

En los tiempos en los que la escasez se hace más patente y el hambre visita los hogares donde nunca había entrado, un litro de aceite o un kilo de harina puede suponer la diferencia entre el odio más profundo al gobierno o la lealtad más inquebrantable. En las ciudades donde un pollo cuesta un salario mínimo o adquirir un paquete de pañales exige hacer una cola de seis horas, las ideas o el pensamiento político pasan a un segundo plano. En ese país hambriento, la frontera entre el amor y el odio puede ser un kilo de arroz importado de México o comprado a través de una empresa opaca en los Emiratos Árabes.

Allí, el estómago medio lleno gracias a un paquete a precios subsidiados se paga con la asistencia a una marcha a favor del gobierno, con el voto a unas elecciones o con el trabajo de producción para un programa de televisión.

La estrategia de vender comida a precio de saldo o regalarla a través de las bolsas Clap fue desplegada por el gobierno para alimentar a la población más desfavorecida. Pero lo que pudo haber comenzado como una medida para combatir la pobreza más extrema terminó convirtiéndose en una estrategia política de primer nivel así como un arma electoral.

Las cajas de comida del Clap se reparten en los barrios pobres, entre los adscritos a los círculos organizados del chavismo, en ministerios, gobernaciones, alcaldías y empresas públicas. El paquete de comida barata también ha llegado al programa de televisión de Diosdado Cabello como instrumento de regulación del trabajo.

Un error en la edición de un video o una mala estrategia en redes sociales tiene consecuencias en el estómago de sus trabajadores. La eliminación de la caja de comida es la sanción más temida. Y el castigo se aplica a rajatabla. Con su harina, arroz o pasta, la dádiva alimentaria está garantizada sólo para los trabajadores cuyo desempeño agrade a Cabello. El resto puede ser condenado al hambre.

Santhi. Paz

Capítulo 9

Seis chavistas con Sai Baba y un traidor inesperado

Que su lengua hable siempre la verdad, sus manos hagan acciones rectas, y que su corazón experimente el amor. Entonces habrá paz en su mente. Como consecuencia, no habrá cabida en sus vidas para la violencia. Ustedes deben desterrar la violencia incluso de sus pensamientos.

Sai Baba en su sermón del 11 de julio de 1996

Seis altos chavistas visitaron el hogar de Sai Baba en los primeros años en los que el régimen sentaba sus bases para perpetuarse en el poder: Jorge Arreaza, Aristóbulo Istúriz, su esposa Dinorah Martínez, Iris Varela, Cilia Flores y Nicolás Maduro. Todos han permanecido fieles a este último hasta el final, como si fuese un grupo cohesionado. Pero, con el desmoronamiento del régimen, a principios de 2019, los fieles devotos, los aliados incondicionales, comenzaron a mostrar síntomas de debilidad.

El año en que Hugo Chávez asumía la presidencia de Venezuela, en 1999, Jorge Arreaza, que se convertiría 14 años más tarde en el vicepresidente de la República, decidió emprender un largo viaje a la India para implorar por la salud de su madre. También se convertiría en el yerno de Hugo Chávez, y fue el primer chavista en comer en las cantinas, dormir en las literas y orar en el *mandir* donde el dios indio le prometía milagros.

El joven Arreaza, internacionalista que se especializó en estudios europeos en la Universidad de Cambridge y que años más tarde también alcanzaría el cargo de ministro de Ciencia, paseó entre los pasillos de tierra y polvo del *ashram* de Sai Baba, pisó sus jardines donde se veneran, entre árboles y arbustos, a algunos de los dioses indios, caminó bajo el sol abrasador del cambio climático, que seca ríos y destruye cosechas y se arrodilló frente al altar para venerar a un dios vivo.

—No estuvo de paso. Vivió en el *ashram* durante una temporada. Su mujer entonces, Uma Dagnino, también era seguidora y devota de Sai Baba y por ella viajó a la India. Yo mismo estuve conversando con Jorge en el *ashram* cuando era un muchacho joven. Él era un simple devoto venezolano y yo era el embajador de Venezuela del primer gobierno de Chávez. Me comentó sus inquietudes políticas, pero no me pude imaginar que años más tarde se convertiría en el primer vicepresidente de Chávez y Maduro —explica Walter Márquez, en entrevista telefónica desde su residencia en el estado Táchira.

En el *ashram*, entre mantras y *oms*, coincidió con el exdiputado y exembajador Walter Márquez, que ve a Sai Baba como un gurú, como un visionario por encima del resto de los mortales. Márquez ayudó a organizar la visita de otros jerarcas chavistas a la India: los esposos Istúriz e Iris Varela. En los inicios del primer gobierno de Hugo Chávez, Márquez solicitó la embajada de la India, un país por el que se sentía atraído por sus inquietudes espirituales.

Fue a visitar a José Vicente Rangel, exvicepresidente y que en los primeros años ayudó a conformar los primeros equipos de gobierno. Llevaba una sugerencia, que ni siquiera llegaba a petición. Le dijo que le encantaría ser embajador en la India. Conocía el país. Había visitado a Sai Baba y a otros líderes espirituales y tenía información de contexto del conflicto con Paquistán. Rangel no dudó en que la propuesta fructificaría porque no había demasiados candidatos con condiciones para lograr tal investidura. "Seguro a Hugo le va a gustar la idea", contestó Rangel. Y así fue.

El embajador había llegado a la India con un plan diplomático en uno de los peores momentos de tensión entre India y Paquistán. Aseguró haber estudiado el conflicto a fondo. Poco tiempo después de haber asumido el cargo y cuando el chavismo apenas acumulaba un par de años en el gobierno, Márquez buscó tiempo para organizar un viaje turístico con los jerarcas chavistas.

Con Arreaza coincidió en el *ashram* en los tiempos en los que el joven, beneficiario de la beca Mariscal de Ayacucho, con la que estudiantes venezolanos con talento acudían a las mejores universidades del mundo con gastos pagados, buscaba respuestas espirituales. Un par de décadas después, quien alcanzó la investidura de vicepresidente tendría otras inquietudes. Arreaza cambió las visitas a la India por viajes frecuentes a Nicaragua, donde forjó una estrecha relación personal con Daniel Ortega, otro de los dictadores de la región.

Difícilmente Arreaza imaginaría el periplo internacional que le tocaría emprender para defender a la dictadura de Nicolás Maduro ante las Naciones Unidas y en los organismos internacionales, en Viena o en Ginebra. De ser embajador de los devotos venezolanos en la India pasó a ser protector de los intereses chinos en Venezuela, según explican desde su entorno cercano.

La afición espiritual era compartida por Aristóbulo Istúriz, entonces ministro de Educación, y su mujer, Dinorah Martínez. Al viaje se sumó Iris Varela, una abogada y dirigente política del estado Táchira, en la frontera con Colombia, que también era la tierra natal del embajador Walter Márquez.

Istúriz fue el primer candidato con discurso y comportamiento chavista en ganar unas elecciones mucho antes de que Chávez fuese candidato en 1998 con su movimiento político. Fue el primer alcalde de Caracas en desbancar a los dirigentes de los partidos tradicionales (Acción Democrática y Copei se repartieron el poder entre 1958 y 1998, año de la irrupción electoral de Chávez). Istúriz pertenecía al partido político La Causa Radical, mejor conocido como La Causa R.

Llegó a la alcaldía de Caracas en 1993, prometiendo desarticular las estructuras burocráticas, las ineficiencias del Estado, la corrupción creciente. Pero tras un período de tres años como alcalde, fue expulsado por los mismos votantes que lo eligieron y caería en el olvido entre los que nunca pudieron revalidar su victoria electoral.

Istúriz ha ocupado todos los cargos posibles: vicepresidente del país, vicepresidente de la Asamblea Nacional Constituyente que modificó la estructura política de Venezuela, gobernador del estado Anzoátegui y ministro de Educación, cargo con el que viajó a la India.

Su pasado en los partidos tradicionales le otorga un carácter distinto a la cúpula militar y revolucionaria surgida en las entrañas del chavismo. Istúriz ingresó en la secta religiosa por el mismo camino que Nicolás Maduro: gracias a su mujer.

Cuando alcanzó el cargo de ministro de Educación, Cultura y Deporte, el veterano político quiso levantar a su pueblo del retraso, las carencias y la miseria.

Curiepe es tierra de negros, antiguos esclavos durante la época de la colonia, y también es tierra de tambores que fue epicentro de refugio de los negros libres. Algunos historiadores creen probable que la población creció como una rochela, los asentamientos que fundaban los negros esclavos que huían de sus amos y se adentraban en la selva para lograr su libertad. Los esclavos huidos se juntaban en bullicios y vivían al margen de la sociedad colonial.

Istúriz, radicalizado en la revolución chavista, creció en ese pueblo con más de un 80 % de negros. Con su ascenso al poder, comenzó a hacer numerosas políticas para su pueblo, de apenas 14.000 habitantes.

—Iba en helicóptero a Curiepe, porque hacía muchas obras allí. Cuando comencé a trabajar con él, asistía para supervisar obras o actos, pero, si quería ir a casa de su familia, pedía que se organizara algo como excusa para poder ir en su helicóptero a tomar sopa.

Llegó a ir dos o tres veces por semana y pedía que lo acompañara un grupo de periodistas para que hicieran notas y fotos sobre un juego de pelota o cualquier otra actividad —explica Richard Idrogo García, que trabajó como director de comunicaciones del ministerio y que, años después, abandonó las filas del chavismo.

Istúriz comenzó su transformación personal cuando tocó las mieles del poder chavista, mucho más cautivadoras que aquellas que había degustado durante su breve etapa como alcalde de Caracas, en la Venezuela pre-chavista. El político forjó una estrecha amistad con Eduardo Álvarez, que lo acompañó en sus aventuras ministeriales. Sus esposas también se hicieron amigas, y los maridos, los políticos, comenzaron una intensa vida social con el mundo del deporte.

El dirigente chavista comenzó a estrechar amistad con conocidas atletas venezolanas de casi todas las disciplinas y de primer nivel competitivo. La firma del dirigente podía suponer la diferencia entre una vida de limitaciones y penurias o un trampolín para contar con entrenamiento, instalaciones y recursos para preparar competencias internacionales, aun cuando no se contase con nivel suficiente.

—La caja chica de un ministerio es casi ilimitada. Ahí no hay control de casi ningún gasto. Se puede transferir fácilmente de una partida a otra. Nadie cuestiona la palabra de un ministro cuando decide enviar a una atleta a un entrenamiento especial, a una competición internacional o a una fiesta privada con el conductor y los guardaespaldas del ministerio —explica una extrabajadora del ministerio que solicitó mantener su nombre en el anonimato por temor a represalias.

Además de oficinas, instalaciones deportivas y centros educativos, el ministro también gestionaba recursos muy útiles para adherir simpatías y pagar favores. Uno de los galpones del ministerio comenzó a llenarse de electrodomésticos chinos que iban a ser destinados para el programa "Mi casa bien equipada", un plan del gobierno para que los venezolanos con menos recursos adquiriesen electrodomésticos a un precio que suponía el 25 % del que fijaba el mercado en ese momento.

Las lavadoras, secadoras y aires acondicionados Haier comenzaron a llenar los grandes galpones del ministerio. Detrás de la piscina del Velódromo Teo Capriles se almacenaba parte de los electrodomésticos con los que se pagaban favores.

—Una tarjeta o un papel firmado bastaba para retirar una lavadora o un aire acondicionado. En una ocasión, la ciclista Daniela Larreal se quejó por el calor asfixiante con el que debía hacer los entrenamientos. Entonces, dos trabajadores fueron a retirar el aire que le había prometido el ministro —comenta un exfuncionario del ministerio.

Iris Varela, la tercera ministra en acudir al lugar santo de Sai Baba, fue tal vez la invitada más inesperada. De verbo y acción incendiarias, ha sido una de las dirigentes chavistas más radicales. El 23 de febrero de 2019, cuando Juan Guaidó, en su condición de presidente interino designado por el parlamento venezolano, ordenó la entrada de ayuda humanitaria procedente de Estados Unidos, Nicolás Maduro carecía de un respaldo internacional sólido. Sólo dos potencias mundiales lo reconocían en el cargo: Rusia y China. Casi todo el continente le había dado la espalda después de unas elecciones en las que el chavismo prohibió la participación a buena parte de la oposición venezolana. Parecía el principio del desmoronamiento del chavismo.

Casi 20 años separan a la Iris Varela que visitaba cárceles en busca de soldados y aquella colaboradora del chavismo que daba sus primeros pasos políticos en un viaje de turismo espiritual a la India.

El grupo quería conocer el país, descubrir los fuertes contrastes y, sobre todo, tener contacto con ese ser iluminado que había creado tanta devoción en ciertos círculos en Venezuela. La más creyente del grupo, la esposa de Aristóbulo Istúriz, pertenecía a la comunidad de seguidores de Sai Baba de Caracas, una de las más antiguas y consolidadas de América.

Márquez recibió a los dirigentes chavistas en su residencia de embajador en Nueva Delhi. A Istúriz lo había conocido en su época de diputado de la Causa R. Y con Valera había iniciado cierta cercanía y amistad en su actividad política en el estado Táchira.

—Fueron a dar conferencias del proceso constituyente y también mostraron y dieron charlas de la película *Amaneció de golpe* (que mostraba el lado amable e idealista del golpe de Estado del 4 de febrero de 1992 encabezado por Hugo Chávez). No llegaron a un hotel, sino a mi propia casa. Los acompañé en avión hasta Bangalore y de allí nos fuimos por tierra a Puttaparthi. Compartimos y dormimos todos en el mismo espacio —relata el exembajador.

Iris Valera nunca alcanzó el nivel "devocional" ni "espiritual" que habían logrado la pareja Istúriz y el futuro vicepresidente Jorge Arreaza, mucho más entregados a la búsqueda de la paz interior. La futura ministra de cárceles, en cambio, se había tomado el viaje como una excursión turística, una experiencia vacacional para conocer un destino exótico, según el exembajador Márquez.

—No fue irrespetuosa pero tampoco sintió ningún tipo de llamado espiritual —explica Walter Márquez, desde el estado Táchira.

La organización fundada por Sai Baba, Sathya Sai International Organisation, emitió un comunicado en el que informaba que el ministro de Educación de la época, Aristóbulo Istúriz y su esposa, son fieles seguidores de Sai Baba. "Es necesario hacer notar que visitan Puttaparthi frecuentemente", explica la organización en su web.[7]

---

7 Sección venezolana de la organización Sathya Sai https://www.sathyasai.org/organize/countryintros/venezuela.html

De Sabana Grande a Filipinas entonando cánticos

El culto hacia Sai Baba llegó a Venezuela de la mano de una devota venezolana que en 1972 conoció personalmente al dios hindú en su morada de Prashanti Nilayam. Al conocer al líder espiritual, Arlette Meyer quedó fascinada por su discurso y su personalidad magnética. La venezolana se ofreció para traducir uno de sus libros, *Man of Miracles, El hombre de los milagros*, en el que el propio Sai Baba se presentaba como un hombre con dones mágicos.

Dos años después de su primer encuentro, en 1972, Meyer abrió el primer local de la organización Sathya Sai Baba en Venezuela. Los inicios fueron lentos para una organización alejada culturalmente, pero el trabajo de hormiga de la evangelizadora y sus socios fundadores comenzaron a despertar la atracción de los venezolanos por el gurú a través de cantos devocionales que se celebraban en un apartamento en Sabana Grande, una álgida zona comercial de Caracas.

Una década después, el éxito del movimiento espiritual emergente obligó a abrir cuatro locales más en Caracas y también en otras ciudades del país: Maracaibo, Maracay, Puerto Ordaz, Porlamar, Valera y San Cristóbal. En 2001, el movimiento también inauguró una escuela en el estado Táchira que se rige bajo lineamientos similares que los centros educativos de la India, promovidos por Sai Baba. Los miembros de la organización reciben clases de valores humanos y también sobre los cinco mandamientos de Sai Baba: verdad, rectitud, paz, amor, y no violencia.

Del pequeño apartamento en Sabana Grande, el mensaje de Sai Baba llegó a los oídos de las mujeres de los hombres de poder en Venezuela. Allí se extendió por todas las instituciones, especialmente en el parlamento venezolano, que presidieron Cilia Flores y Nicolás Maduro antes de alcanzar la presidencia. Maduro y su entorno llenaban sus oficinas con retratos de Sai Baba y los mezclaban con otros objetos que rápidamente fueron identificados como brujería. "Del marco de la puerta de la presidencia, retiramos dos fetiches del culto a Sai Baba y también semillas mango disecadas atravesadas con cabuya", explicó Ramos Allup el 9 de abril de 2016 cuando anunció una limpieza de "fetiches *necrolátricos*" en la Asamblea Nacional.[8]

El día que murió Sai Baba, 24 de abril del año 2011, la Asamblea Nacional emitió un comunicado de condolencias. Y, cuando Maduro fue proclamado presidente, la organización Sathya Sai también aplaudió el logro del devoto al asegurar que su gobierno estaría marcado por su fe.

Pero desde la humilde sede de Sai Baba en Caracas, aseguran que nunca han visto a Nicolás Maduro en su local, que no son una organización de enchufados porque padecen los mismos problemas que el resto de los ciudadanos. La asociación expresa que nunca ha tenido vínculos directos con el madurismo. Pero la presidenta del Consejo Central de la Organización Sathya Sai en Venezuela, Capaya Rodríguez, fue nombrada ministra consejera de la embajada de la India cuando Maduro asumió la presidencia. Rodríguez se considera una "aspirante a devota" de Sai Baba y califica a la pareja presidencial como "maravillosos seres humanos que creen firmemente en el proceso revolucionario".[9]

De la mano del otro devoto, Jorge Arreaza, saltó hasta el cargo de embajadora de Venezuela en Filipinas, donde graba videos bailando villancicos con un venado de peluche y entona unos hurras y vivas a favor de Nicolás Maduro. Capaya Rodríguez fue fiscal y se vio envuelta en el caso de Linda Loaiza, una joven secuestrada y violada durante cuatro meses, que sufrió una desfiguración de su rostro y el desmembramiento de sus órganos genitales y reproductivos por las torturas recibidas por parte de su secuestrador.

---

8 Cuenta oficial de Twitter de Henry Ramos Allup.
9 *De Verde a Maduro: el sucesor de Hugo Chávez*. Santodomingo, Roger. Vintage Español. 2013.

Su victimario, Jesús Carrera, hijo del exrector de la Universidad Nacional Abierta, Luis Carrera Damas. La actual embajadora chavista fue fiscal del caso e intentó, por todos los medios, que la familia de la víctima retirara las acusaciones, según explicó Ana Cecilia Loaiza, hermana de Linda. La familia aseguró que la fiscal les ofreció 20 millones de bolívares para evitar manchar el nombre de la familia Carrera.[10] El caso ha llegado hasta la Corte Interamericana de los Derechos Humanos que estudia la responsabilidad del Estado venezolano en la obstrucción judicial.

Capaya Rodríguez es una de las fieles devotas más reconocidas de Sai Baba en Venezuela y escribió el libro *Swamiji, una plegaria de amor*. El ascenso de Rodríguez, firme defensora del comunismo, también ha elevado a sus dos hijos, que trabajan en el entorno íntimo de Maduro.

—Uno de sus hijos, de nombre Faraón, es uno de los asistentes de Nicolás Maduro. El otro, Monarca, también ha trabajado para el régimen —explica la fiscal Luisa Ortega Díaz.

Swami tenía una larga experiencia con el trato de altos políticos internacionales. Girija Prasad, primer ministro de Nepal, Navinchandra Ramgoolam, primer ministro de Mauricio, y Abdul Kalam y Atal Bihari, primeros ministros de la India, acudieron a La Morada de la Paz Suprema para pedir sus bendiciones. La organización muestra y hace publicidad de la visita de hombres conocidos y de poder. Por eso exhibe una camiseta firmada por Pelé, dedicada personalmente a Sai Baba, en uno de los polideportivos de la ciudad, cerca del estadio de béisbol propio y al planetario donde se explican las características y planetas que —según la visita— también fueron creados por Sai Baba.

Después de varios meses de internamiento en la secta, de asistencia asidua a las reuniones de los devotos de Madrid y de

---

10 "Un magistrado y una embajadora: los abogados que obstruyeron el caso de Linda Loaiza". El Cooperant, 7/2/2018 https://elcooperante.com/un-magistrado-y-una-embajadora-los-abogados-que-obstruyeron-caso-de-linda-loaiza/

haber viajado a Gran Canaria para participar en la convención anual de devotos de Sai Baba en España, por fin, logro entrar en el templo de Swami, el *mandir*. Subo las pequeñas escalinatas y me dirijo al arco de seguridad, pero un hombre me persigue alterado. "Sai ram, sai ram", grita de forma repetida mientras me señala los zapatos. Asumo que debo quitármelos antes de entrar y dejarlos con las decenas de zapatillas viejas apiladas, unas sobre otras, a un costado del recinto.

Al ingresar, intento colocarme discretamente en algún lugar. Mi primera sorpresa es que el *mandir* resplandeciente en la distancia se convierte en un recinto descuidado y con problemas de mantenimiento. La mitad de los bombillos no están encendidos. Me sorprende la cantidad de pájaros y palomas que vuelan de una lámpara a otra. Son su refugio techado. En el suelo se ve algún excremento de pájaro e intento ser cauto para esquivarlos, tanto los secos como los húmedos.

Tomo asiento alejado de la muchedumbre para contemplar el comportamiento de los fieles ante el cuerpo de Sai Baba. A veces, las canciones y los mantras repetidos hasta el infinito me generan cansancio. Otras veces, cuando he madrugado más, causan sueño. La constante repetición hace que me aprenda de memoria la letra y los giros, aunque no sé qué significa ni una palabra de las canciones en Télugu, la lengua dominante en el sureste de la India.

Después de los cánticos repetidos, la sesión finaliza con un *om* y tres *shamtis*. Y tras la relajación, el nerviosismo se apodera de repente de los devotos. Los jóvenes ayudantes lanzan una cuerda sobre la primera fila. Es su manera particular de separar a los devotos como ganado. Cada vez que se separa una fila con una cuerda, los devotos deben colocarse de pie y acercarse a la tumba del dios local. Casi todos los presentes quieren tener un contacto cercano a Sai Baba.

En ese momento se siente la impaciencia. Los hombres mayores abren los brazos y amenazan con sus codos al resto de fieles para impedir su paso. Hay prisas y hasta inquietud por llegar antes que el resto a la tumba de Sai Baba. Los dedos de los pies tocan los talones de quienes esperan delante.

Los devotos se preparan para la fase cumbre de la ceremonia. Es un momento parecido al de la comunión en las misas católicas. Los fieles se acercan en fila al centro del altar. Sólo un reducido grupo de ancianos permanece en sus asientos. A mi lado, el joven argentino que me ha servido de guía desde mi llegada al *ashram*, también hace la cola. Al llegar a la tumba, se desploma como si le faltaran fuerza en los tobillos y se quiebra frente a su dios.

Sai Baba podría hablar cualquier lengua en el mundo, pero usaba traductores. Podía leer la mente pero preguntaba a los discípulos. Podía crear tanto dinero como quisiese de forma mágica pero tenía una cuenta bancaria y también lugares secretos donde almacenar el oro, la plata y las joyas. Era parte de su juego, me explicaba mi compañero argentino. Eran sus lilas, travesuras de dioses, para divertirse con la ignorancia y las limitaciones de los seres que había creado.

Allí, en su lecho de muerte, Sai Baba aún conserva la majestuosidad con que se movía en vida. Su cuerpo está recubierto por alfombras de flores de todos los colores sobre su panteón dorado, con elefantes sobre fondo azul y 18 retratos del líder en tamaño gigante.

Su altar techado está sujetado por dos gruesas columnas blancas y doradas que sostienen un primer techo que a su vez está recubierto por otro acristalado que busca un mayor resguardo del sol y la lluvia. El templo central, con una foto gigante del Sai Baba, es también el culto a la personalidad del dios.

El resto de los hombres también se desploma sobre la tumba del dios como si un imán los atrajera violentamente hacia el sepulcro. Golpean con su cabeza el suelo, besan el mármol donde está enterrado el hombre que le dio sentido a sus vidas. Entre el tumulto de arrodillados, quien llega, intenta abrirse espacio empujando a la derecha y a la izquierda a los otros feligreses. Detrás, los *sevadales* levantan a quienes se sobrepasan en su momento de meditación con Sai Baba. Deben levantar a casi todos con su frase de costumbre: "Sai Ram, Sai Ram".

Detrás de la tumba, que fue el escenario de todos sus sermones, los devotos pueden atravesar el pasillo que se dirige a una sala contigua, donde el dios congregaba a los visitantes que recibían la entrevista privada. Por allí pasaron durante las últimas décadas miles de fieles, de todo el mundo y también sus devotos chavistas.

La sala es más lujosa y recargada en su parte posterior. El trono de Sai Baba centra las miradas de los fieles en su última fase del recorrido. Entre las imágenes destaca la de Shirdi Sai Baba, el gurú indio fallecido en Maharastra en 1918 y que reencarnó en Sai Baba, según el fallecido gurú. Un grupo de seis ayudantes pide a los fieles que se arrodillen con rapidez, y de inmediato ordena que se levanten.

En la salida, un regalo para todos: pétalos de rosa y un vale para comer en la cantina de comida del sur de la India. La asistencia a las ceremonias religiosas tiene su recompensa. El que ora, come. Algunos vecinos sin recursos utilizan la táctica para alimentarse. Asisten directamente a la cola, recogen sus *tickets*. Con esa mecánica, nadie pasa hambre en Puttaparthi. Los pobres del pueblo también pueden comer de forma gratuita, siempre que oren. Es su Clap (caja o bolsa de comida repartida por el chavismo) particular.

La CIA en busca de saibabistas

En los últimos años de vida de Sai Baba, el crecimiento sostenido de los devotos causó interés en la inteligencia de Estados Unidos. La Central de Servicios de Inteligencia, CIA, ordenó la elaboración de un informe para conocer los alcances del movimiento espiritual en la India y en el mundo. El informe titulado "El movimiento de Sai Baba en la India" (que se desclasificó el 11 de agosto del 2000) advertía que la agrupación tendía a aumentar y probablemente se convertiría en la sexta religión del mundo en número de seguidores si continuaba su tendencia.

El informe deja ver que la inteligencia estadounidense no estaba alarmada por el crecimiento de Sai Baba. Todo lo contrario. Aseguraba que la consolidación del grupo de tendencia religiosa podría contribuir a atenuar las tensiones sociológicas y de castas en un país con profundos roces multiculturales.

El documento asegura que gran parte de la sociedad dominante de la India es seguidora de Sai Baba, aunque no confirma si lo hacen por convicción espiritual o si con ellos pretendían ganar votantes en un caladero religioso. El informe también menciona que el expresidente de India, Narasimba Rao, era fiel devoto y confirmó en 1991 que haría una reforma educativa sobre la base las enseñanzas de las escuelas de Sai Baba.

Tal vez una de las revelaciones más trascendentes del documento de inteligencia es el papel político que jugó el movimiento de Sai Baba en la intervención contra el dictador panameño Manuel Antonio Noriega, derrocado en una invasión militar a Panamá en 1989.

Un seguidor de Sai Baba perteneciente a la élite del poder fue el detonante de la caída del dictador panameño. Tras haber interiorizado los pensamientos y obra de Sai Baba, resumido en los cinco mandamientos (verdad, rectitud, paz, amor y no violencia), Roberto Díaz Herrera, exjefe del estado mayor de Panamá, el segundo del escalafón militar, decidió traicionar al dictador Noriega. Creía que debía delatarlo para dar a conocer la más oscura y macabra verdad de su régimen.

Un día, sin previo aviso, Díaz Herrera convocó una rueda de prensa informal en su casa para denunciar que Noriega había ordenado el asesinato del opositor Hugo Spadafora, quien había denunciado las vinculaciones del dictador con el narcotráfico internacional y cuyo cadáver apareció sin uñas, castrado y decapitado.

Y mientras leía las enseñanzas de Sai Baba, había decidido revelar la verdad oculta durante esos cuatro años: la de un régimen metido de lleno en el narcotráfico, el tráfico de armas y el sicariato.

El 6 de junio de 1987, un grupo de directores y periodistas de varios medios de comunicación entraron en la casa de Díaz Herrera.

—El ambiente era solemne, había un claroscuro de iglesia, aroma de incienso y, en una mesa redonda, varias imágenes del santón hindú Sathya Sai Baba, alumbrado con velas, de quien el coronel era devoto. Díaz Herrera empezó a divagar. Admitió que sentía un miedo cerval por lo que había decidido hacer: confesar sus culpas —relató el periodista del diario *La Prensa*, de Panamá, José Quintero León, presente en esa rueda de prensa.[11]

La CIA destaca el hecho de que el alto mando militar, que participó en la caída del gobierno panameño, haya decidido denunciar al general Noriega después de haberse convertido en seguidor de Sai Baba. El militar quería contarle al mundo su verdad, la verdad que ordena Sai Baba como primer mandamiento.

—Hablaba como si estuviera en trance, estaba pálido y frío. A pesar de que alababa la santidad y protección de Sai Baba, el coronel no aterrizaba en su plática. Cuando finalmente comenzó a hablar, su esposa Maigualida no dejaba de mirarlo con terror, presintiendo el impacto de sus declaraciones y las consecuencias que les acarrearían. Tal vez la muerte, torturas y prisión —explicó el periodista que estuvo presente el día en que el régimen de Noriega comenzó su desmoronamiento.

Díaz Herrera había dado un paso que podía costarle la vida. Probablemente acabaría en la cárcel, asesinado como su amigo Hugo Spadafora, víctima de las más crueles torturas. Por eso, se

---

[11] "20 años de una confesión". Diario *La Prensa*, Panamá. 7 de junio de 2007.

había entregado a la lectura sobre el alma, la vida y la muerte. Se preparaba espiritualmente para lo que podía ser un final abrupto.

A sus ochenta y tres años, Díaz Herrera ve desde otra perspectiva sus tiempos de lectura de Sai Baba y aquel detonante que marcaría el inicio del fin de la dictadura.

—El cantante argentino Piero de Benedictis, que era devoto de Sai Baba, como muchos argentinos, me regaló el libro *Sai Baba y el psiquiatra*. Aquella lectura me impactó, es cierto, porque hablaba de educación, hablaba de buen gobierno. La prensa hizo mucho bullicio porque en un país sub-culto, nadie conocía a Sai Baba. Nadie me preguntó por qué estaba leyendo ese libro. Sólo hicieron escándalo y burla. Y los periodistas, algunos de ellos afines a Noriega, terminaron atacándome —explica Roberto Díaz Herrera en conversación telefónica desde Panamá.

Al día siguiente, la dictadura también lanzó su contraataque y, conocedor de las debilidades de Díaz Herrera por la figura de Sai Baba, Noriega no dudó en asegurar públicamente que el coronel se había vuelto loco con sus inclinaciones espirituales.

Díaz Herrera asegura ahora que nunca fue un devoto ciego de Sai Baba y ni siquiera viajó a Puttaparthi a pesar de los ofrecimientos para conocer en persona al gurú. Hasta el propio Sai Baba destacó en aquellos años que un coronel panameño, clave en la caída de Noriega, era *saibabista*.

Después de su denuncia pública, la oposición panameña comenzó a organizarse y convocó las jornadas de protesta que terminaron con el paro general y la desobediencia civil de la llamada "cruzada civilista". El resultado de la revuelta creó un clima que facilitó la llegada de las tropas estadounidenses en 1989. La acción militar contó con la participación de Elliott Abrams, que fue subsecretario de Estado hasta enero de 1989, once meses antes de la invasión que terminó con la captura del dictador.

Díaz Herrera, el seguidor del pensamiento de Sai Baba, había sido clave en el derrocamiento de Noriega. Fue su traidor inesperado. Pero la caída no ocurrió hasta que el gobierno de Estados Unidos cambió de política de forma repentina y decidió la acción militar.

—Cuando yo denuncié públicamente a Noriega, Estados Unidos todavía lo apoyaba porque había sido un hombre clave para financiar a los Contras que intentaban derrocar a Daniel Ortega y al sandinismo en Nicaragua. Pero luego cambiaron de opinión y lo derrocaron. Cuando hicieron el juicio en Miami, me llamaron para que fuese testigo clave en su contra, pero no fui porque el gobierno estadounidense fue cómplice inicial —explica Díaz Herrera.

Treinta años después de la intervención estadounidense en Panamá, en febrero de 2019, Jorge Arreaza mantuvo dos reuniones secretas con Elliott Abrams, el representante designado por el presidente Donald Trump para liquidar al gobierno de Nicolás Maduro.

Así como Díaz Herrera, el ministro de Maduro también fue contactado por los estrategas estadounidenses. Casi de inmediato, otro asesor de Donald Trump, John Bolton, insinuó que Arreaza estaba dispuesto a plegarse a los Estados Unidos y negociar su propia salida del régimen.

El hombre que en los inicios del chavismo en 1999, caminaba en el *ashram* para seguir la palabra de Sai Baba, sería buscado por los servicios de inteligencia, tal como lo hicieron en los años ochenta con el excolaborador del dictador panameño. La CIA hurgó en las convicciones de Arreaza. Buscaban en él al nuevo traidor inesperado.

Capítulo 10

La Tumba

Al tercer día de haber llegado a "la Tumba", Gerardo Carrero entendió que sólo tenía dos opciones: la supervivencia o la autodestrucción. Y optó por la segunda.

A ocho metros bajo tierra y en un habitáculo de seis metros cuadrados, la soledad era su única compañía. El aire acondicionado, encendido siempre a su máxima potencia, le había quemado la piel. Parecía que hubiese estado expuesto al sol durante varios días. Se sentía abrasado. Le costaba dormir porque la manta era demasiado pequeña y fina para aquellas noches gélidas.

En la Tumba no había ninguna señal de vida. Ni un ruido, ni un movimiento. Pasó días enteros repitiendo su única ruta posible: dos pasos entre la cama, la pared y la reja. Con el transcurso de las horas, en el silencio más absoluto, comenzó a notar cómo los sentidos se agudizaban. Era capaz de escuchar el andar de los viajeros en los pasillos del subterráneo y también la vibración de las vías que discurrían varios metros más arriba.

Si el infierno existe, debe ser un lugar lúgubre en medio de las tinieblas, donde la luz no tiene cabida. Pero en el infierno de los torturados por el régimen de Nicolás Maduro nunca hay oscuridad.

La Tumba, en los sótanos de la sede de la inteligencia militar en Caracas, no tiene ninguna ventana, sin embargo es un lugar claro, lleno de la luz artificial de los neones que durante los primeros días de su arresto no se apagaban nunca. Después de varias horas, el recluso perdía la noción del tiempo. No sabía si era de día o de noche. Si llevaba horas o toda una vida en aquella celda.

En la soledad más absoluta, el encuentro con la nada es el peor enemigo de la cordura. Los presos son vigilados con cámaras y, con el paso del tiempo, descubren que todas las esquinas también están llenas de micrófonos. Los hombres que representan la mayor amenaza para el régimen son vigilados las 24 horas, tal vez para controlar con detalle el proceso de cara al desvarío. Todo está diseñado para registrar en audio o en video cómo se cuentan a sí mismos los supuestos delitos que cometieron contra el régimen de Nicolás Maduro.

Con la táctica del aislamiento absoluto, Gerardo comenzó a dudar de si seguía vivo o si, por el contrario, ya había muerto. Se encontraba en un limbo, atrapado en una escena macabra, rodeado de la nada: la muerte en vida. Al tercer día, había tomado una decisión drástica.

—Presta atención a las palabras que voy a utilizar: yo sentí la necesidad imperiosa de suicidarme. Así lo digo, porque esa es la verdad. Quería darle descanso a la máquina. Busqué la sábana e intenté colgarla en las rejas de la celda. Quería terminar con tanto sufrimiento. Decidí que ese sería mi final. Y, también, de alguna forma, sería la venganza contra el régimen —cuenta Gerardo Carrero desde la clandestinidad.

Fracasado el intento, los guardias del chavismo aprovecharon el hundimiento emocional para intentar hacer más mella en su prisionero. Y, de vez en cuando, dejaban en el aire frases corrosivas para que los sustantivos y los verbos descompusieran al prisionero.

—A ver cuándo vuelves a intentar suicidarte.

En esos días, los funcionarios de inteligencia habían ofrecido a Gerardo la firma de una confesión. Si lo hacía, sería sacado de la Tumba y enviado a una celda con mejores condiciones. El gobierno buscaba que los líderes estudiantiles y los jóvenes que habían encabezado las revueltas de 2014, responsabilizasen al líder opositor Leopoldo López de ser el autor intelectual de las protestas que terminaron con decenas de muertos.

Hasta los médicos que lo examinaban colaboraban para lograr el objetivo del gobierno. "Hijo: firma el papelito porque he visto morir gente", le advirtió el cardiólogo que lo atendió en una inspección rutinaria.

—Me decían que teníamos que aceptar la dictadura y que yo había sido formado por un traidor. E intentaban desanimarme diciéndome que mientras nosotros estábamos presos, los líderes de la oposición se encontraban de vacaciones en el exterior —relata Gerardo en una llamada desde un lugar recóndito de Venezuela.

En la Tumba casi todo es cemento. Los suelos cromados de color gris, las paredes blancas, e incluso las camas. Un largo pasillo divide las siete celdas, cuatro de un lado y tres del otro. El lugar no existe para nadie que no haya estado allí. Nunca se ha difundido una fotografía ni ha trascendido imagen alguna sobre la prisión más profunda de Venezuela que sólo conocen los funcionarios de máxima confianza del régimen y el puñado de presos políticos que ha vivido y sobrevivido a ella: los acusados por narcotráfico Walid Makled y Daniel Barrera, los coroneles José Gustavo Arocha y José Gámez y los disidentes Lorent Saleh, Gabriel Valles, Juan De Sousa y Gerardo Carrero. Y otros que han servido al chavismo aún permanecen en ella como el exministro de la Defensa y compadre de Hugo Chávez, Raúl Baduel, y Diego Salazar, primo de Rafael Ramírez y que es ampliamente conocido en el país por su fortuna amasada en pocos años.

Cada día, los presos permanecen encerrados 23 horas y 55 minutos. Cuentan con cinco minutos para ir al baño. Es su único momento de privacidad, el único espacio donde no hay cámaras ni micrófonos. Si tienen alguna emergencia y necesitan ir fuera de ese horario, disponen de un botón para avisar a los custodios. Pero eso no garantiza que sean sacados de inmediato para aliviar sus necesidades. En más de una ocasión se vieron obligados a orinar y defecar en un pequeño recipiente que le dejan en las noches.

En su rabia desatada contra el gobierno, Gerardo se destrozó los nudillos de su mano al intentar dañar la pared que lo mantenía encerrado. La impotencia lo llevaba a insultar a los funcionarios que lo custodiaban.

—Déjenme enfrentarme con uno de ustedes y les voy a dar un verdadero motivo para que me mantengan preso —gritó en un momento de máxima rabia.

Gerardo llegó hasta allí después de su participación en las protestas de 2014 que pusieron en jaque por primera vez al gobierno de Nicolás Maduro. En esos días, el territorio nacional se había encendido por los cuatro costados. Los estudiantes organizaban campamentos de resistencia en las plazas y el país parecía encaminado a sacar a Nicolás Maduro del poder con la rebelión callejera, por la fuerza. La sucesión de manifestantes muertos era la gasolina que los mantenía en las calles, dispuestos a vengar a los caídos y a cumplir sus propósitos. Entonces, Gerardo Carrero fue acusado de promover y liderar parte de esas protestas.

Pero tanto el régimen de Maduro como el propio Gerardo sabían que su verdadero delito era otro. Gerardo, militar de carrera, había sido formado por Raúl Isaías Baduel, exministro de la Defensa que adversaba desde la cárcel al gobierno de Maduro. Baduel representa la amenaza permanente para el régimen por su influencia sobre los mandos militares. Y, para mayor desgracia, Gerardo mantenía una relación sentimental con Andreina Baduel, hija del exministro.

El 8 de mayo de ese año, fue detenido y enviado a la prisión de El Helicoide, donde compartió cautiverio con otros presos políticos. En una celda diminuta y hacinado, comenzó a contactar con los prisioneros para organizar una huelga de hambre. En aquellos días, el centro de detención y tortura contaba con 60 prisioneros, de los cuales 20 eran presos políticos. Todos se unieron a la huelga de 48 horas.

La acción tuvo consecuencias. Los guardias entraron a la celda de Gerardo y se lo llevaron por la fuerza, sin dar explicaciones. Fue encerrado en una pequeña habitación completamente oscura. En ese momento, estaba convencido de que lo iban a matar. Comenzó a temblar y sintió cómo el orine bajaba por sus piernas. El miedo se había apoderado de él. Entrenado en lo militar y cultivado en lo espiritual, se quebró ante la cercanía de la muerte.

Completamente aislado, la suerte y la vida de un preso político están en las manos de los custodios. Bajo las órdenes de un régimen que puede incomunicar o desaparecer a los presos. Sin dar explicaciones a la Fiscalía, ni a los tribunales y mucho menos a los familiares, que generalmente desconocen su verdadero paradero.

—Pensé que me iban a matar y sentí que realmente estaba libre. Percibí la verdadera definición del concepto de libertad. Sabía que estaba haciendo lo correcto y casi deseaba que me asesinaran. Caminaba y me partían tablas en los glúteos y en las piernas. Escuchaba cómo se resquebrajaban y veía cómo se rompían a pedazos, pero no sentía dolor. Y como no me quebraron físicamente, entonces decidieron que comenzarían a aplicarme la tortura psicológica, que es mucho peor. Por eso me llevaron a la Tumba —explica.

Los reclusos vieron cómo regresó a la celda con las piernas enrojecidas. Lisbeth Añez, Mamá Lis, una de las prisioneras del régimen que se organizó para ayudar a los jóvenes de la resistencia, comprobó que Gerardo tenía la piel al rojo vivo. "Lo vi cojeando, muy enrojecido. Me dio mucha pena. Nosotros compartíamos la comida. Yo le decía 'costilla' y él me decía 'costillita'", explica Lisbeth Añez.

Al llegar de la tortura, nadie preguntaba nada frente a los guardias, pero luego, en privado, Gerardo contó lo sucedido. Parecía el propósito del régimen. Que la difusión de la historia propagara el terror entre el resto de los reclusos.

Días más tarde, los guardias envolvieron las muñecas de Gerardo con papel periódico y le colocaron unas esposas. Lo sacaron de su celda para llevarlo a un pasillo. En medio, había una reja. Lo obligaron a levantar las manos y cerraron las esposas para que el cuerpo quedase suspendido a varios centímetros del suelo. Estaba colgado, soportando sobre las muñecas todo el peso de su cuerpo. Allí permaneció varias horas: sin comer, sin beber, sin ir al baño ni descansar. Cuando lo bajaron, se desplomó y quedó tendido en el suelo. Las piernas y las manos sufrían espasmos y movimientos involuntarios.

Pero Gerardo no se quebraba. Insistía en organizar huelgas de hambre, hacer ruido en la prisión. Entonces, los carceleros decidieron que era el momento de subir de nivel. La Tumba, una prisión concebida a medida del exministro del Interior Rodríguez Torres, es un centro de reclusión completamente diferente al resto. No hay hacinamiento, ni ruidos, ni siquiera la suciedad reinante como en el resto de las prisiones.

Es un penal de diseño, casi aséptico. Sus creadores buscan en el recluso un efecto completamente distinto al del preso hacinado, en condiciones insalubres.

—Fue construida en la antigua bóveda de un banco. Y así permanece hoy completamente blindada, infranqueable. Es una prisión destinada a la tortura blanca y a arrancar la confesión —explica Orlando Moreno, presidente del Foro Penal Venezolano, una institución que ha asesorado a buena parte de los presos políticos y estudiantes apresados por Nicolás Maduro, durante una visita de trabajo en Madrid.

En su primer mes en la Tumba, Gerardo permaneció completamente aislado. Su cerebro no podía descansar. Sufría desorientación, crisis nerviosas, ataques de pánico. Son los efectos de la llamada tortura blanca. Con la ausencia de oscuridad, el cerebro tiene dificultades para descansar. El sueño se hace ligero e insuficiente. Y, con el paso de los días, el recluso puede dejar de discernir entre los sueños y la realidad y también puede comenzar a sufrir pérdida de memoria.

Cuando ya estaba en una situación límite, en una soledad que lo estaba matando, Gerardo volvió a revivir con la llegada de otros tres presos políticos con los que compartió cautiverio: Juan De Sousa, Lorent Saleh y Gabriel Valles.

Al llegar a la Tumba, Juan De Sousa estaba sorprendido por la limpieza. El recluso había estado en una celda hacinado con decenas de presos donde se tenían que turnar para dormir. En la Tumba no hay hacinamientos y contaría con una celda y un colchón para él. Pero cualquier percepción sobre una mejora quedaría diluida en las próximas horas. Pronto se daría cuenta de que ese lugar apacible, limpio y silencioso, se convertiría en el peor de los castigos.

La primera sensación al entrar en La Tumba es la baja temperatura. El frío constante, día y noche, es algo que los reclusos no pueden olvidar en ningún momento. El aire gélido está siempre presente, junto al silencio.

Para entrar a la Tumba es necesario bajar hasta el cuarto sótano del edificio de la sede de las oficinas de inteligencia, Sebin, en Plaza Venezuela, un punto neurálgico de Caracas. El inmueble, de bloques y cristales, gris, acorazado, se lanza como un bastión infranqueable. A veces, da la impresión de que se trata de una tanqueta inmóvil. Desde otros ángulos, parece un simple edificio de oficinas con arquitectura rígida, tosca, poco amable, como debe ser la sede administrativa de la tortura institucional.

Para ingresar en la prisión es necesario atravesar cinco puertas de acero reforzado. Después de atravesar el estacionamiento, una puerta metálica gruesa da acceso a la prisión más recóndita del país. Tras la puerta, un salón donde, a través de cámaras, los carceleros controlan todo lo que sucede en el recinto. Detrás del salón los custodios tienen su cuarto de descanso, cama y baño.

Pasado el cuarto de control, otra puerta blindada da acceso a una segunda zona. Allí está el área social. Hay dos sillones, un sofá negro y una mesa de comedor ovalada de seis plazas. También está una caminadora eléctrica y una bicicleta para hacer ejercicios.

El recluso recién llegado puede confundirse al pensar que llega a una prisión cinco estrellas, pero al poco tiempo comprenderá que ninguna de esas comodidades está allí para ellos, sino para los custodios. Tras la sala, se encuentra el pasillo con las celdas minúsculas.

Cuando llegó a la Tumba, De Sousa desconfiaba hasta de sus pensamientos. A pocos minutos de ser encerrado, comenzó a escuchar los llantos desde otra celda. Y, enseguida, escuchó vómitos. Sabía que había llegado a un lugar difícil, la peor prisión del país según aseguran quienes han podido salir de ella.

Los llantos continuaban junto a su celda. El preso descompuesto era Lorent Saleh, uno de los jóvenes y líderes políticos más destacados de los últimos años y que fue liberado en 2018 como concesión del gobierno de Nicolás Maduro.

Cuando apagaron las luces, otros dos jóvenes empezaron a hablar. Se trataba de Gerardo Carrero y Gabriel Valles. Al principio, De Sousa, que pasaba de los cincuenta años, no quiso participar en su conversación. Sospechaba que alguno podía ser un oficial del régimen disfrazado de preso para extraer confesiones. Pero con el trato diario, cambió de opinión. "Finalmente, me di cuenta de que eran del equipo", explica De Sousa en conversación telefónica desde Estados Unidos.

Pero mientras los jóvenes hablaban y hacían preguntas, De Sousa tenía otras preocupaciones: ofrecer una versión sólida y cohesionada a los funcionarios para evitar una condena. Se concentraba y meditaba en cómo contestar a las preguntas que le formularían. Sabía que estaba acusado de trabajar para derrocar al gobierno de Nicolás Maduro, un deseo generalizado en amplísimos sectores sociales en Venezuela.

Licenciado en computación por la Universidad Simón Bolívar, los servicios de inteligencia del régimen lo acusaron de "espionaje militar" y "terrorismo electrónico". Lo identificaron como Enyukote, un conspirador anónimo que había dejado rastro en algunas redes sociales con mensajes subversivos. Para detenerlo, la inteligencia venezolana trasladó camiones con equipos de inteligencia de señales a las adyacencias de su casa. Ahora, tendría que elaborar un plan y convencer a sus custodios de que él no era ningún conspirador, que todo se trataba de una confusión.

Para mantenerlos en las máximas condiciones de aislamiento posible, los custodios decidieron colocar a los presos en las celdas ubicadas en el mismo lado del pasillo, de modo que no pudieran verse. Pero sólo con escuchar otras voces, Gerardo había recobrado parte de la fortaleza mermada.

Con el pasar de los días, los presos iban haciendo sus propias rutinas. Gerardo meditaba cinco horas diarias. Ese tiempo era vital para mantener su formación religiosa. También hacía flexiones y ejercicios con su propio peso. La rutina era una de las maneras para combatir la tortura psicológica a la que eran sometidos. A las 3.00 de la madrugada podían recibir el desayuno y a las 4.00 de la tarde, la cena.

Para garantizar la buena salud mental, Gerardo estaba convencido de que necesitaba conocer cuándo era de día y cuándo era de noche. En una ocasión, cuando fue sacado de la celda para declarar a los tribunales, logró ver el día y la hora en el reloj de uno de sus custodios.

Con esa información, Gerardo comenzó a idear la fórmula para contar los días y las noches, las semanas y los meses. Quería hacer su propio calendario personal, pero en la celda no tenía nada. Sólo el cemento y su reja, con un diseño de prisión de máxima seguridad estadounidense. En el centro, cuenta con una rendija. Allí, los presos pasan las manos para que les pongan las esposas y también para pasar la comida.

Tenía doce barrotes, una medida idónea para ser su calendario. Con dos cintas pequeñas comenzó a colocar una en la parte superior y otra en la parte inferior de la reja. Cada vez que terminaba la vibración del metro, se acababa la jornada. Entonces Gerardo cambiaba la cinta de barrote. Un día más en prisión y un día más en su calendario rudimentario. Cuando la cinta de los días había dado dos vueltas y media a la reja, entonces cambiaba la cinta del mes.

Para ejercitar la mente, Gerardo también ideó su programa de radio. Se llamaba "Radio Tumba". Había entrevistas imaginarias con personajes del chavismo y la oposición. Allí abordaban temas como el narcotráfico y su relación con el gobierno e imitaban las voces del hombre fuerte del régimen Diosdado Cabello y del dirigente opositor Henry Ramos Allup.

—También me inventé a una novia imaginaria y a un perro al que puse el nombre de "Líder". Hablaba con ellos y también participaba el resto de los presos. Gabriel Valles me gritaba: "Carrero, agarra a Líder, que me está mordiendo las cholas" —recuerda.

Cada día, los funcionarios de inteligencia militar buscaban las grabaciones en las que los reclusos inventaban personajes y tenían conversaciones surrealistas. Era un material sumamente valioso. En esas cintas los veían pasando el tiempo en la cama o caminando en pequeños círculos de pared a pared. Y al escuchar las conversaciones ficticias de los reclusos, los funcionarios pudieron pensar que estaban desvariando o que incluso se estaban volviendo locos. Y, de cierta manera, no se equivocaban.

—Una noche, cuando apagaron la luz, vi que había entrado un ratón a la celda. Había muy poca luz, pero lo vi, aunque era algo imposible porque allí no podía entrar ni un mosquito. Luego, cuando lo comenté al resto de los compañeros, también dijeron que lo habían visto. Creo que todos necesitábamos que hubiese un ratón y lo deseábamos con todas nuestras fuerzas, porque eso significaba que tendríamos algo de compañía, un ser vivo distinto que nos hiciera romper con la monotonía —explica.

De Sousa asegura que cada lunes, Diosdado Cabello, brazo militar del régimen, tenía sobre su escritorio un informe sobre su comportamiento, lo que había hecho y cómo había pasado cada día de la semana. El control de los carceleros con sus presos es estrecho. Nada queda en el aire o fuera de control.

—Yo lo tengo muy claro. Cada alto mando tiene sus propios presos. Lorent era un preso de Maduro y yo, de Diosdado —explica.

Al ver la estructura de la Tumba, inmediatamente pensó que había sido concebida bajo las directrices de los rusos. También estaba convencido de que se tropezaría con algún custodio cubano, pero, para su sorpresa, eso nunca ocurrió. Ni De Sousa ni ninguno de los presos políticos consultados para este libro pudieron asegurar que sus carceleros o torturadores eran cubanos. Y De Sousa llegó a una conclusión: "Están detrás de la estrategia de tortura blanca y represión, pero nunca dan la cara".

Fugados en la Tumba

En la prisión de la tortura blanca, hasta los momentos más dulces tienen que convertirse en una forma de castigo. Y las visitas, que todo preso espera con ansias, también debe ser un momento desagradable y dramático.

Gerardo Carrero sufría una doble pena cada vez que su familia acudía a visitarlo. Eran inspeccionados con minuciosidad, los hacían agacharse, desnudarse y pujar. Querían cerciorarse de que no introducían ningún objeto ilegal. Y en la Tumba, ilegal puede ser un libro, incluso la Biblia, que Gerardo tenía prohibida.

Su familia, oriunda del estado Táchira, en la frontera con Colombia, debía viajar 17 horas en automóvil o autobús para visitarlo. Y el largo viaje no era garantía de nada. Sin previo aviso, los encargados de la prisión podían decidir la suspensión de visitas por cualquier motivo o ninguno. El régimen no tiene que informar ni justificar sus decisiones.

—Le pedí a mi familia que no me visitaran más. Sufría mucho por todo lo que tenían que pasar. Mi papá salió llorando de una de las requisas. Era un momento muy negativo para mí —explica.

En Navidad, la familia se trasladó a Caracas para acompañarlo el 24 de diciembre. Viajaron su padre, sus hermanos, su pareja sentimental, Andreina, y sus dos hijos. Esperaba el momento con ansias. Y en la prisión hermética también se habían relajado los controles por las fiestas. El joven siempre vestía el uniforme de la prisión. Formaba parte de la condena de la rutina. Tenía que verse siempre con la misma ropa. Pero aquel día le permitieron vestir de calle. Era su regalo navideño.

La ansiedad se disparó con el anuncio de que podría ser visitado por su familia. En ese despliegue de generosidad, tal vez Gerardo podría probar alguna comida diferente o recibir algún regalo: un postre o una visita más prolongada.

En la puerta de la prisión, su padre y sus hijos esperaban la orden de entrada. Los funcionarios de la inteligencia militar avisaron que la espera podía ser larga. Pero la autorización nunca llegó. La familia no pudo ver a Gerardo y ese día no hubo comida, ni siquiera los cinco minutos de baño.

La familia pasó las fiestas en la Plaza Altamira, bastión de la oposición tanto para las protestas como para las celebraciones navideñas. Estuvieron en la calle, esperando la llamada del servicio de inteligencia venezolano. Pasaban los días, pero la llamada nunca llegaba. Tuvieron que recibir su año más amargo convencidos de que ellos también estaban siendo condenados por la lucha política de Gerardo. El 3 de enero de 2015, finalmente se produjo la reunión familiar. Pero su novia, Andreina Baduel, no pudo entrar a visitarlo.

La tortura de prohibir y suspender visitas continúa siendo habitual en la Tumba, que ahora alberga al exministro de defensa chavista Raúl Baduel. Sus hijas denuncian de forma constante cómo el centro de inteligencia de Venezuela, sin previo aviso, sin ningún tipo de justificación, suspende de forma indefinida las visitas a esa prisión. La tortura también se extiende a sus familiares, que pueden pasar semanas o meses sin conocer el estado de los condenados por el régimen.

Ante esa situación de indefensión y arbitrariedad, el recluso de la inteligencia venezolana siempre está pensando en la manera de fugarse. Y la idea es más recurrente en los presos políticos que necesitan regresar a la calle para intentar la caída del régimen. Desde el primer día en que llegó, Gerardo inspeccionó el lugar donde fue enterrado en vida. A los pocos días, descubrió un micrófono. Lo arrancó y lo arrojó al pasillo. Fue acusado de haber atentado contra el patrimonio nacional.

Entre pared y pared, la reja concentraba su atención. Gerardo era consciente de que huir de la Tumba era misión imposible. Difícilmente podría lograr las hazañas de otros presos como el líder sindical Carlos Ortega, que escapó de la prisión militar de Ramo Verde o la del alcalde Antonio Ledezma, que años después se fugó de su domicilio particular cuando cumplía condena de casa por cárcel, y recorrió todo el país hasta cruzar a Colombia.

La Tumba está enterrada varios metros bajo la superficie, con puertas blindadas y en el corazón de la central de inteligencia del régimen. Además, cuenta con un circuito de cámaras y micrófonos. Ningún rincón del país está tan vigilado y controlado por los funcionarios más fieles al régimen. Nunca nadie pudo imaginar lo que lograron los presos y lo que todavía desconoce la dictadura. Escapar de las celdas de la Tumba parecía imposible, pero lo lograrían. Fue una operación tan secreta como rudimentaria y nunca descubierta.

Cinco meses después de ingresar en la prisión, Gerardo Carrero logró abrir la reja de la Tumba. Ni las cámaras, ni los micrófonos ni todos los mecanismos de seguridad ideados por el chavismo en su prisión subterránea, completamente aislada del mundo exterior, pudieron con el ingenio de un preso político armado con un pequeño lápiz y una tarjeta telefónica.

Hasta las dictaduras más férreas pueden ser vulneradas. Y los conspiradores siempre buscan el ingenio para encontrar los puntos más débiles. Gerardo Carrero inspeccionó su lugar de reclusión desde el primer día. Descubrió micrófonos y cámaras y estudió el mecanismo de las rejas. Aquella noche, cuando abrió su celda por primera vez, fue invadido por el pánico. Y la cerró de inmediato.

Gerardo había logrado obtener tres objetos por contrabando: un lápiz, una tarjeta telefónica y una Biblia. Y, según Carrero, las tres le dieron las fuerzas para abrirla. Lo había intentado durante muchas noches, pero cuando lo logró, pensó que el castigo podía ser mucho peor que la hazaña. Y se volvió a encerrar. El primer intento le valió para comprobar que la reja sonaba al moverla. Necesitaría alguna grasa o lubricante para evitar ruidos.

Después de varias semanas, los presos lograban alguna medida condescendiente de parte de sus custodios más amables. Algunos de ellos accedían a apagar las luces en la noche para que durmiesen mejor. Y el regalo tenía, sin saberlo, doble premio.

Gerardo sospechaba que las cámaras de vigilancia no grababan con las luces apagadas. Es decir, si había algún movimiento en la celda o en el pasillo, no podía ser detectado por el sistema de vigilancia.

Aquella noche, los compañeros de prisión de Gerardo no se percataron del enorme logro, pero el joven militar intentaba planificar un método de fuga.

En su segunda noche en la Tumba, De Sousa no podía creer lo que estaba viendo. En medio de la oscuridad, dos muchachos se acercaron a su reja.

—No se preocupe, señor De Sousa, somos nosotros y le vamos a abrir su celda.

Pero los chicos que habían burlado días antes sus propias rejas no podían abrir la del nuevo recluso. Las noches siguientes, insistieron. Y lo lograron. Los jóvenes creían que las cámaras no graban y, para comprobarlo, fueron todos al baño, en un acto de máximo riesgo. Si las cámaras funcionaban, tendrían que encenderse todas las alarmas. Y se habrían metido en un grave problema.

Pero eso nunca ocurrió. Al día siguiente, el trato fue idéntico. La misma rutina, la misma comida, la misma soledad y el mismo silencio. Su máximo atrevimiento no había perturbado a los funcionarios que los custodiaban desde una habitación contigua. Allí veían las cámaras y dormían. En las noches, apagaban los timbres para que los presos no interrumpieran su descanso. Entonces, si alguno quería ir al baño, tenía que arreglárselas en su propia celda.

Fuera de las rejas, los presos de la Tumba no tenían mucho escape. Sólo podían disfrutar del pasillo y del baño. Por pequeño que pudiese parecer, el logro supuso una libertad enorme para el grupo. Escapados en el baño, podían hablar, verse las caras y burlar el principal objetivo que pretendía el régimen: el aislamiento máximo.

Para evitar que algún micrófono registrara sus conversaciones, los presos abrían la ducha del baño. Y allí Lorent Saleh, Gabriel Valles, Gerardo Carrero y Juan De Sousa comenzaron a reunirse para coordinar una estrategia para una huelga de hambre. Estaban convencidos de que era el único instrumento para llamar la atención de la sociedad sobre su caso. Tenían la esperanza de que con esa huelga se lograría despertar a las masas y pudiesen salir de prisión.

Pero eso nunca ocurrió. Las cárceles seguían llenándose de presos, manifestantes, conspiradores, dirigentes estudiantiles, tuiteros. La represión acechaba y cada noche allí estaban los cuatro prisioneros, demostrándose a ellos mismos que ningún régimen es invulnerable.

—Era el momento más esperado del día. Nunca supimos cuánto tiempo pasábamos allí, conversando y haciendo planes de huelga, porque no teníamos reloj —explica De Sousa.

Los cuatro civiles recluidos en la Tumba lograban dar algo de aire a la prisión asfixiante en las noches, pero en el día debían soportar el aislamiento y los caprichos de sus torturadores psicológicos. A pesar de no haber sido sometido a torturas físicas, De Sousa explica que la psicológica era mucho más erosiva. Algunos custodios hacían explotar fosforitos (pirotecnia de baja escala). Era uno de sus divertimentos.

Pero su mayor angustia era que en la Tumba podía ocurrir cualquier cosa con ellos y nadie se enteraría. Nos podían lanzar una granada. Y no habría responsables. En una cárcel común o en El Helicoide, cualquier tortura o desaparición forzosa tendría eco. Pero allí, bajo tierra, completamente aislados, eran los reclusos más vulnerables. Nadie alzaría la voz por ellos.

De Sousa sabía que el lugar era propicio para cualquier desaparición forzosa, así que un día, frente a sus tres compañeros de celda, lanzó un mensaje vital.

—Sepan ustedes que yo nunca me voy a suicidar. Si algo me pasa, si aparezco muerto, es que me han asesinado —dijo a los jóvenes.

Un par de años después, en esa misma sede, el cuerpo del concejal Fernando Albán apareció muerto sobre el asfalto. El organismo de inteligencia explicó que, al ser interrogado sobre sus supuestas actividades contra el régimen de Maduro, Albán decidió lanzarse por la ventana desde el piso 10 de la sede del Sebin, el edificio de la Tumba.

Su familia y su partido político denunciaron un asesinato. Era lo que había advertido, hace pocos años, Juan De Sousa a sus compañeros de cárcel. La Tumba no es un sótano, ni una prisión fría. Ni siquiera el edificio de la inteligencia que se erige sobre ella, puede ser el destino final fatídico de cualquiera que levante su voz contra el régimen.

Capítulo 11

La tortura con vallenato

En las salas de torturas de El Helicoide, el mayor centro de presos políticos de Venezuela, después de los duros interrogatorios con corriente, los custodios de la inteligencia militar se relajan con las canciones de Diomedes Díaz. Uno de los salones donde los presos políticos son electrocutados lleva el nombre de "oficialía". En el piso de abajo, cada vez que escuchan los gritos y los corrientazos, el resto de los presos desea escuchar alguna canción del cantante colombiano. Eso significa que la tortura a sus compañeros ha terminado. Al menos durante esa jornada.

La música empalagosa suena siempre a despecho, a un guayabo que parece interminable. Suele hablar del amor perdido, de la dicha que nunca volverá. "Es difícil recordar momentos felices. El cariño que sembró el corazón".

Las letras y la música de Diomedes Díaz pueden encajar en el molde vacío de un amor perdido, de los buenos momentos que nunca volverán o de un país próspero que nadó en la riqueza y cuya descomposición se refleja en cada cárcel del país.

Y desde los teléfonos móviles de los funcionarios, enfocados en su rutina de humillar y torturar para extraer confesiones, la nostalgia hecha música se convierte en el himno de un país hundido en sus miserias.

El Helicoide se alza sobre una colina rodeada de casas precarias y favelas en uno de los barrios más deprimidos de Caracas. Su cúpula plateada encierra como un cascarón gigante a los presos políticos.

Las obras de construcción comenzaron durante el gobierno del dictador Marcos Pérez Jiménez, que lo había concebido como un centro comercial y hotel de cinco estrellas. Era el proyecto de la Caracas moderna, de la sociedad pujante que avanzaba a golpe de barril petrolero, en una época en la que la dictadura construía autopistas, monumentos, hospitales y universidades. Se trataba del avance a toda costa, a pesar de la oposición política y de las voces disidentes que eran torturadas y silenciadas en otras cárceles.

En los gobiernos democráticos, la obra quedó en el abandono y fue utilizada como sede de la inteligencia militar. Con los años, se consolidó como centro de reclusión de presos políticos y manifestantes adversos a los gobiernos de Chávez y Maduro. Ni la dictadura que diseñó El Helicoide pudo imaginar que los espacios para las habitaciones del hotel cinco estrellas se convertirían en celdas hacinadas, sin luz natural ni ventilación.

Cuando ni imaginaba que terminaría en una de esas celdas, Inés González, tenía una profesión conocida: la de experta en procesos químicos, y una afición más íntima: escribir mensajes ácidos e hirientes contra los altos jerarcas del chavismo en Twitter. El teléfono móvil siempre fue la vía de escape para reconducir su rabia. De ser una profesional anónima en su Maracaibo natal, terminó convirtiéndose en una tuitera con alcance en todo el país.

Cuando el diputado y líder chavista Robert Serra fue asesinado a sangre fría en su vivienda, Inés publicó un mensaje sísmico: "A Robert Serra le dieron 'legado'. Paz a sus víctimas".

En los días en que el chavismo promocionaba "el legado" del fallecido Hugo Chávez, Serra, conocido dirigente de la juventud que militaba en el partido de gobierno, fue hallado muerto tras recibir múltiples puñaladas. Antes de su asesinato, el dirigente chavista había sido acusado de organizar bandas criminales para extorsionar a los comerciantes del centro de Caracas. Serra contaba con un perfil propicio para ascender dentro del chavismo. Tenía proyección e influencia sobre los barrios populares y sobre grupos de coacción que trabajaban en actividades intimidatorias y propagandísticas. Pero terminó siendo víctima de la violencia expandida como metástasis en dos décadas de chavismo. La violencia externa pero también interna. De rivales, amigos o amantes.

Con su mensaje explosivo, González quiso denunciar que la violencia generada por el chavismo comenzaba a cobrarse víctimas dentro de sus propias filas. Pero en el seno del partido del gobierno, el tuit fue elevado a la categoría de acto terrorista y de instigación a delinquir.

González dispara palabras con precisión. Casi nunca suelta un adjetivo descolocado o un sustantivo vago. Su vida fue truncada con el aislamiento en la cárcel. Y en ocasiones cree que nunca podrá alcanzar la felicidad plena. Una parte de ella murió en El Helicoide. Y no sabe si podrá revivirla.

Antes de ingresar en prisión había escuchado la música de Diómedes Díaz en los autobuses, en alguna panadería o en alguna esquina de su calurosa ciudad. Inés admira la profundidad de las letras de las canciones que transformaba a los carceleros. Con ellas, sus custodios pasaban de un carácter violento de rottweiler al de un cachorro acunado.

Probablemente ninguno de los custodios había acudido alguna vez a una clase en la universidad. Su formación es básica. Suelen cometer algunas incorrecciones lingüísticas que no pasan inadvertidas frente a los prisioneros con postgrados y estudios universitarios. Así, sus "nadien" o sus "si fuese ido, no me fuese pasado nada" también era motivo de reflexión para Inesita "la Terrible", la "terrorista" de los 140 caracteres. La azotadora de las frases cortas que se "viralizaban" en pocos minutos.

No dejaba de pensar en que ellos también eran prisioneros de su baja formación. Probablemente tendrían dificultades para encontrar cualquier otro trabajo. Algunos eran duros, implacables. Otros mostraban cierta compasión y también transmitían el descontento con el gobierno. A veces intentaban excusarse.

—En algún momento de sinceridad, todos te decían: "es que yo tengo hijos pequeños". Justificaban sus fechorías, sus maltratos y sus violaciones a los derechos humanos por sus hijos pequeños. Algo que yo nunca acepté porque no puedes escudarte detrás de unos niños para justificar que tú decidiste, por voluntad propia, joderle la vida a alguien —explica la exprisionera.

Inesita siempre fue una venezolana de quien el gobierno desconfió. Entre sus delitos figuraba la difusión de un video en el que un grupo de estudiantes corría bajo una lluvia de balas en el centro de Caracas. Uno de ellos se desplomó en una esquina. Se llamaba Bassil Da Costa y su muerte se extendió como mecha incendiaria entre los manifestantes que comenzaban a amotinarse en las calles de la capital, un año después del discutido triunfo de Maduro en 2013. Cuando llegó a sus manos, el video del asesinato del joven estudiante tenía contados retuiteos. Prácticamente era uno anónimo, pero después de pasar por su teléfono, terminó en las pantallas móviles de medio país.

A partir de ese momento, la anónima Inés González se convirtió en la conocida Inesita la Terrible. Cada dedo en su teclado se traducía en munición contra el régimen.

—Algunos dirigentes de la oposición decían que yo estaba loca, pero lo único que quería era soltar mi arrechera. El asesinato de Bassil Da Costa fue un antes y un después para mí. Dicen que ojos que no ven, corazón que no siente, pero los míos en ese momento vieron demasiado —relata Inesita la Terrible tras haber pasado más de 13 meses en prisión, ahora en su exilio en España

Cuando fue detenida en Maracaibo, Inesita comenzó a sentir la rabia de los cuidadores y seguidores de Maduro, ese grupo que conocería de cerca en la cárcel. En medio de la detención y la algarabía, los empujones y los ruidos, pudo escuchar con claridad un grito dirigido directamente a sus oídos. "Ella insultó al presidente. Tiene que ir presa". La frase quedó retumbando en la cabeza y no se esfumaría de su memoria ni con los maltratos psicológicos, ni con el trauma producido por los corrientazos que escuchaba en El Helicoide.

Nunca supo de quién se trataba. Si era una chavista o integrante de los colectivos (grupos armados en defensa de la revolución) que se beneficia de las dádivas del régimen de Maduro. Pero hoy está segura del destino de aquella defensora: "Seguramente no consigue alimentos y medicinas y está buscando comida en la basura, como muchos de ellos".

Los funcionarios que custodian a los presos políticos suelen ser uniformes, grises, inexpresivos. Casi nunca se les ve con una sonrisa. Caminan como autómatas, arrastrando los pies, como si cuidar estudiantes rebeldes o presos políticos también fuese una condena. Una tediosa y de nunca acabar. Casi siempre barrigones, morenos, sin chispa, sin ánimos. Muchos de ellos lucen sus pulseras de la santería. Hasta en eso son profundamente chavistas. Como Carlos Calderón, alias "Ricochet", uno de los líderes de la inteligencia venezolana. Así los recuerda Inés y su compañera de prisión Andrea González.

En el encierro perenne entre cuatro paredes, cuando el cuerpo está condenado a la parálisis, la mente trabaja a marchas forzadas. Inés no dejaba de analizar su entorno, el comportamiento de sus compañeros y también el de los custodios. Casi todos eran de piel oscura. Morenos oscuros, negros. Pertenecen a una clase históricamente marginada. Venezuela nunca ha conocido un presidente negro. Los negros, los indios, los mulatos y los mestizos generalmente engrosaban los estratos más pobres y también sus cárceles.

Pero, en un pestañeo, Inés volteó la mirada y sólo vio presos blancos. Cabellos castaños, ojos claros. Y, del otro lado de la reja, mulatos, negros y mestizos. De repente, "los dominados y los oprimidos" no lucían como los estereotipos de siempre. Los carceleros parecen sentir rechazo hacia quienes custodian. Tal vez perciben en ellos a una clase dominante que los pisó durante décadas. Una dirigencia que los dejó sin oportunidades, sin educación, sin sanidad de calidad, marginados y condenados a los trabajos de baja cualificación. Y ahora están allí, bajo sus designios. Podrían pasar un día sin comer si se les antoja. Pueden decidir si permanecerán una semana en la celda de castigo o si se les prohíbe llamadas o visitas. La autoridad del custodio es infinita frente a las limitaciones del encarcelado.

Las presas políticas guardan un mal recuerdo de sus custodios, pero el peor recuerdo suele ser para las funcionarias de prisiones. Los malos tratos de una de ellas, apodada María Cristina, hizo que una tarde de prisión Inés se dirigiera a su compañera de cárcel, Andrea González, para transmitirle la reflexión.

—¿No te das cuenta de que todos los presos políticos son blancos? ¿Será que nos tienen arrechera (rabia) porque somos blancas?

Los funcionarios de prisiones nunca usan sus nombres verdaderos. Temen que alguno de los presos tome represalias contra ellos o contra sus familiares fuera de las cárceles. Y con los presos políticos tampoco bajan la guardia. Con esos seudónimos dejan sin aire a los reclusos, los desnudan y les quitan la comida o el derecho a visitas.

La Venezuela donde ser hombre y blanco significaba una supremacía sobre el resto parece haber terminado. El poder ahora lo detentan otros grupos que se han sentido históricamente apartados, despreciados. El dominio, el poder, el dinero y las armas parecen haber cambiado de manos y de estrato.

El infierno

El Helicoide es uno de los mayores centros de reclusión de presos políticos, pero, a juzgar por los testimonios de los torturados, no es el destino más temido.

Cuando fue apresado Nixon Leal, uno de los líderes estudiantiles que agitó las protestas callejeras durante 2014, fue trasladado de incógnito a las oficinas de la Dirección General de Contrainteligencia Militar, DGCIM, en Boleíta, una urbanización del este de Caracas. Apenas entró en sus instalaciones uno de sus custodios, no dejó duda alguna del lugar al que había llegado.

—Bienvenido al infierno.

El cuartel general de la contrainteligencia militar en Venezuela es uno de los lugares más secretos y custodiados del régimen. El edificio está bloqueado y militarizado. A 80 metros de la sede, una alcabala militar bloquea el acceso a la calle en la que dos soldados con armas largas a la vista bloquean las entradas y salidas a la calle. Otro hombre completamente vestido de negro también vigila los movimientos. No se trata de un agente oculto. En su franela de manga larga muestra las siglas del temido organismo: DGCIM.

Dos separadores anaranjados permanecen en la calzada. A cada lado, unos bultos rellenos de arena forman una trinchera en medio del asfalto. De un costado, una alcabala con toldo de tela blanca mantiene un punto de control con un escritorio y varias sillas. Ningún conductor pasa sin ser interrogado. Debe explicar a dónde se dirige y con qué motivo. La que siempre fue una calle abierta al tránsito hoy también parece un rincón de la ciudad acuartelado.

A unos 80 metros de la primera alcabala se encuentra la sede central donde, a principios de 2019, permanecían unos 70 civiles y militares detenidos al margen del sistema judicial. Ninguna ventana está abierta. Todas permanecen tapadas con persianas blancas. Es el Guántanamo de Maduro. Dentro de las paredes del edificio blanco y gris no hay garantías procesales ni órdenes judiciales que apliquen. Allí, la ley es otra muy distinta. La que se dicta en secreto, donde los jefes no tienen rostro ni nombre, donde los torturadores sólo son conocidos por seudónimos: "el Mudo", "Escorpión" o "Gaviota".

Frente al edificio, otra alcabala refuerza los controles. Allí no se oculta la naturaleza del organismo. Cuatro camionetas *4 runners* permanecen estacionadas en la entrada. Ninguna tiene placas. Los secuestrados por la contrainteligencia relatan que esos vehículos interceptan en la calle, en cualquier plaza o avenida, a sus víctimas. Son vehículos secretos, anónimos, que operan encubiertas y con impunidad.

Pasamos junto a los cuarteles centrales a pie, pero resulta casi imposible tomar una foto. Los guardias están atentos a todo lo que pasa. Siguen a los peatones con la mirada en todo momento. No hay demasiado movimiento. Sólo los de un ente gubernamental ubicado justo enfrente del centro de torturas: Telesur, el canal internacional financiado por el chavismo que hace propaganda del régimen y que transmite al mundo noticias bondadosas del gobierno de Maduro y ataques contra sus adversarios.

Ante los ojos de los periodistas, fotógrafos y camarógrafos del canal de televisión chavista opera una de las mayores sedes de torturas en Venezuela, por donde pasan los detenidos que el régimen considera más peligrosos para su subsistencia.

El líder estudiantil Nixon Leal organizaba la revuelta en varios estados del país los primeros meses de 2014. Los miembros de la resistencia lo conocían por lanzar piedras y bombas molotov. Era uno de los encapuchados más aguerridos, conocido por su máscara de Anonymus y su chaqueta GAP. Pero la marca comercial estadounidense había adquirido otro significado. Nixon era uno de los manifestantes más buscados. La foto de su máscara aparecía en todos los interrogatorios con torturas. Los guardianes del régimen querían saber quién estaba detrás de esa máscara y todos los interrogados debían responder la pregunta obligada: quién era.

Tras semanas de persecución, el gobierno de Maduro detuvo a Nixon Leal. El joven explica que el régimen utilizó con él una vieja y conocida táctica de los cuerpos policiales: la siembra de armas y drogas y la imputación de falsos delitos. No sería el primero ni el último caso. En su bolso, los militares habían encontrado otro hallazgo que despertó su curiosidad: medicamentos para combatir la alergia y el asma.

En las revueltas de 2014, el joven rebelde encabezó decenas de manifestaciones. Al frente, en plena línea de batalla contra las fuerzas policiales, Leal tragó demasiado gas lacrimógeno. Su cuerpo comenzó a generar alergia al gas pimienta y reaccionó de forma virulenta a los componentes químicos. En un primer momento, los militares pensaron que su bolso podía esconder cocteles de drogas, pero el líder callejero explicó que sólo se trataba de tratamientos para su alergia.

Minutos después, Leal se encontraba en la sede de la contrainteligencia militar sentado en un salón muy frío. El aire acondicionado funcionaba a su máxima potencia. Le retiraron las esposas, que llevaba con las manos hacia adelante, y también la capucha. Y así pudo ver el lugar en el que se encontraba.

Al frente, había un escritorio donde se sentó un hombre moreno, de pelo corto y rizado peinado hacia atrás y con barba tipo candado. Con risas constantes y tono burlesco, disparaba preguntas, pero, antes de recibir la respuesta, comenzaba a formular nuevas preguntas. Parecía que el relato del detenido poco importaba.

Estaba escoltado por dos funcionarios vestidos completamente de negro. Uno a la derecha, el otro a la izquierda. Notaron que estaba muy nervioso y se alejaron. La primera pregunta fue amable: "¿Quieres agua?". Su formulación fue simple, casi cordial, pero Leal pudo prever, por el tono y la intención, que esa jornada terminaría muy mal.

Todas las preguntas estaban orientadas a su relación con militares descontentos, con mandos que planificaban una rebelión. Insistían en el tema de las granadas, aunque el joven estaba convencido de que se trataba de un teatro, una puesta en escena para justificar lo que vendría a continuación. El interrogador anotaba las respuestas en una libreta. O al menos era lo que fingía. A mano alzada. No importaba demasiado la literalidad de la declaración.

—Ellos sabían perfectamente que me habían puesto esas granadas. Y yo sólo me preguntaba: ¿por qué me hacen estas preguntas? ¿qué necesidad tienen de fingir? Supongo que no se sintieron satisfechos con mis respuestas y el interrogador cerró la libreta de forma violenta y dijo: "que conste que yo quise ayudarte, pero vamos a subir de nivel" —recuerda Leal.

En ese momento, respiró profundo. Inhaló y exhaló. Vio al frente donde había una estantería en la que probablemente se guardaron libros en otras épocas, pero donde sólo permanecían unos pocos ejemplares rojos y gruesos. Eran libros con las frases de Chávez. Una especie de obra de referencia para los interrogadores.

Al recinto entró un funcionario de tez blanca, con ojeras pronunciadas y también vestido de negro. Le volvió a colocar las esposas con las manos hacia delante.

—Nixon, ¿por qué no quieres colaborar? ¿Por qué no respondes a las preguntas que te están haciendo? ¿Por qué obstruyes el procedimiento? —dijo el funcionario.

—Yo no estoy obstruyendo el procedimiento. Sólo estoy diciendo la verdad. La verdad ya la he dicho muchas veces y es de dominio público —respondió.

El joven vio cómo su captor se colocó los guantes acolchados. Con calma, mucha calma, probablemente con la intención de generar ansiedad en el joven. Adoptó una posición erguida. Y, sin mediar palabra, golpeó dos veces su tórax. Una vez en la derecha y otra en la izquierda. Fueron golpes rápidos, secos, certeros, como un boxeador que entrena con un saco. Pum, pum. Antes de que reaccionara, volvió a golpear al joven con la mano abierta en la cara.

De inmediato, uno de los custodios que esperaba a sus espaldas le colocó de nuevo la capucha, pero esta vez la ajustó firmemente alrededor de su rostro. Parecía que intentaba la asfixia, pero Nixon podía respirar con normalidad. Era de tela y entraba un fino hilo de aire a través de ella. Al darse cuenta de que respiraba con normalidad, el captor jaló hacia arriba la capucha. Entonces el peso del joven ejercía una fuerte presión sobre la tráquea y comenzó a sentir la falta de aire. Cuando hacía esfuerzos por respirar recibió un golpe en el estómago que lo vació por completo.

El custodio que lo vigilaba de frente se acercó y le abrió las piernas. Se ubicó cuerpo con cuerpo para tener un mayor control sobre él. Y, sin avisar ni mediar palabra alguna, le lanzó varios golpes seguidos de cada lado. Sin ninguna pausa. Nixon comenzó a sentirse mareado y tuvo nauseas. No pudo vomitar porque no tenía nada en el estómago. No había comido en todo el día. Los golpes volvieron en una segunda ráfaga. El joven estaba vencido. Retiraron la capucha y pudo ver la hora en un reloj de pared. Eran las 11.00 de la noche. Apenas comenzaba la jornada de tortura.

Minutos después, un funcionario alto, calvo de cejas pobladas, labios gruesos y manos grandes, se presentó en la sala. Parecía un jugador de baloncesto. Se sentó del lado izquierdo de Nixon y comenzó a hacer preguntas. No conocía a ninguno de los nombres, explica el joven. Tampoco había escuchado los lugares por los que preguntaba. Parecía un interrogatorio diseñado para otra persona. Y el prisionero sintió alivio. La inteligencia del régimen no tenía nada contundente en su contra, a pesar de la dureza de sus actuaciones callejeras.

Las respuestas de Nixon, que no agradaban a sus carceleros, siempre terminaban de la misma forma. Golpes en el estómago o en la cara.

El primer carcelero, el hombre de la libreta de notas, regresó de nuevo a la sala, pero esta vez tenía un propósito más claro. El custodio quería extraer información sobre el general Raúl Baduel, compadre de Hugo Chávez y amigo personal, exministro de la Defensa y acusado permanentemente de organizar insurrecciones contra el gobierno.

Nixon dijo desconocer por completo al entorno del exministro, aislado e incomunicado en la Tumba. Preguntaron por los supuestos planes conspirativos de Raúl Baduel, detallaron un listado de posibles acciones, lugres y nombres. Nixon dijo desconocerlo todo, pero las respuestas seguían sin convencer al equipo. O al menos, eso era lo que hacían ver. El joven creía que estaba sumergido en una obra de teatro con un libreto ya escrito y cuyo final era conocido para todos. La tortura era inminente y todo aquel interrogatorio solo parecía un montaje para justificar el desenlace. Ante las respuestas negativas, el custodio volvió a cerrar la libreta.

—Vamos a tener que subir de nivel una vez más. Nixon: tú dijiste que cuando estabas preso en el Sebin, leías mucho, ¿no? No creo que sea verdad que leías tanto. ¿Te has leído el libro de Colin Powell? —dijo su interrogador.

El joven Leal desconocía los pasajes que le relataba su captor, pero acertó a resumir el final del libro.

—El poder siempre termina en el mismo lugar: en la soledad.

El custodio finalmente reconoció que el joven había leído durante su encarcelamiento, pero igualmente le recordó que ese privilegio aplicaba sólo para su prisión anterior. En el infierno al que había entrado no está permitido leer ni la Biblia.

—Nixon, ¿tú crees que con esa actitud vas a llegar a alguna parte? Mientras tú estás recibiendo coñazos, los que te están utilizando están felices bebiendo whisky en Miami.

Nixon Leal seguía rebatiendo a los captores al asegurar que no obedecía órdenes, que actuaba por voluntad propia y hasta ahora había ejercido parte del liderazgo del movimiento estudiantil para hacer las movilizaciones callejeras. El joven intentaba ser respetuoso para no desatar la ira de sus captores, pero también quería mantenerse fiel a sus principios, a pesar del entorno adverso: ante la foto y los libros de Chávez, con sus manos esposadas.

Mientras Nixon seguía en su silla de tortura, los captores iban haciendo relevo en sus tareas. No hablaban entre ellos. Sólo actuaban como si siguiesen un guion que había sido ensayado previamente. Nada parecía producto de la improvisación. Volvió a entrar el hombre con las ojeras profundas. Llegó despeinado como muchos de ellos.

Desde la inmovilidad de su silla se dio cuenta de que siempre llegaban con el pelo alborotado y rápidamente descubrió el motivo. Los custodios también llevan capucha, tal vez porque desean cubrir su rostro en las torturas que aplican a otros presos. Esconden su rostro para garantizar en anonimato. La norma no es nueva, sino que data de la Edad Media donde incluso la barbarie más aceptada protegía el rostro del verdugo, el último eslabón de la violencia institucional.

El torturador del siglo XXI empezó a caminar alrededor del joven esposado y posó su dedo índice sobre su hombro izquierdo. Comenzó a acariciarlo. Luego tocó su otro hombro para volver de nuevo a donde comenzó.

—No quieres colaborar, pero vamos a hacer que colabores —dijo.

En ese momento, el líder estudiantil recordó el caso de un torturado que recibió descargas eléctricas que le produjeron problemas de movilidad. Las manos saltaban de forma involuntaria y los dedos también sufrían espasmos. Como si la corriente se hubiese instalado de forma permanente en su cuerpo. Estaba convencido de que él también se enfrentaría a una tortura similar.

—Se ubicó frente a mí y me quitó las esposas. Me colocó una esposa en cada brazo y me ató a los lados de la silla. Un brazo a la derecha, el otro a la izquierda. Los pies habían quedado libres. Se dirigió al escritorio donde había una caja con cosas de papelería. Sacó tres chinches de distintos colores: amarillo, azul y rojo. Y se puso los guantes. Me volvieron a poner la capucha. Había comenzado de nuevo el terror, pero esta vez a oscuras.

En la nueva arremetida, no hubo ninguna actuación diferente. Apretaron la capucha y la jalaron hacia arriba para iniciar la asfixia. Recibió una ráfaga de golpes certeros entre el pómulo y el ojo. Al describir el momento, Nixon recuerda el ritmo: "plam, plam, plam, plam, plam…"

Al terminar la nueva ráfaga, notó de inmediato que algo no estaba bien. Le costaba abrir los ojos. Era el indicio de que tenía la cara inflamada.

—¿Dijiste que eras alérgico al gas? —escuchó.

De inmediato, abrieron su capucha y comenzó a percibir una sensación de ardor en todo su rostro. Entonces recibió otro golpe en el estómago. Sus pulmones comenzaron a llenarse del gas pimienta que tanta alergia le había generado en las protestas. En medio del aturdimiento y la asfixia, Nixon escuchó un aerosol.

—Olía a insecticida para cucarachas. El Baygón de toda la vida. Pusieron una dosis debajo de la capucha para que inhalara eso. La picazón se transformó en un dolor en todo el rostro —recuerda el joven.

Las sesiones de torturas y golpes están espaciadas. El ritmo y los descansos también están estudiados. El torturado sólo escucha pasos de un lado a otro. Son las botas militares en movimiento. Cuando el sonido de la bota se aleja, el recluso respira aliviado porque sabe que el dolor también se retira, aunque sea de forma temporal. Pero cuando los pasos suenan cada vez más cerca, el corazón se acelera y comienza la sensación de asfixia aunque no haya insecticida para cucarachas ni gas pimienta ni golpes en el estómago.

Así se muestra el régimen ante sus rebeldes. Quieren que siempre sientan el golpe, la asfixia y el terror, aunque no haya castigo, aunque no se encuentre nadie en la sala. Así, el torturado, casi por instinto de supervivencia, intentará hasta dejar de pensar en las ideas conspirativas.

Nixon Leal no se podía mover. Le preguntaron si tenía sed. Dijo que no de forma automática. Estaba deseoso de un vaso de agua para quitarse el mal sabor del gas pimienta y del insecticida, pero en aquel momento no quería nada de los guardias. Cualquier pregunta podía ser una provocación. Cuando le preguntaban si se quería lavar la cara, pensaba que lo querían ahogar. Entonces se negó a aceptar cualquier ofrecimiento posterior a la tortura. Incluso un vaso de agua.

A pesar de tener el rostro tapado con la capucha, lograba ver las figuras y distinguía los pasillos, vio un baño y también unas celdas. Contó nueve. La segunda era la suya.

—Para que sepas: este es el cuarto de los locos.

La celda estaba completamente a oscuras. Tenía el suelo acolchado y las paredes eran de gomaespuma con una tela negra. El nombre de la celda había sido elegido con precisión. Aquel lugar no podía ser otra cosa que una celda para personas con trastornos mentales. Parecía haber sido diseñada para la tortura psicológica y el aislamiento.

Cuando el carcelero se aleja, lanza unos gritos dirigidos a su celda de al lado. Entonces, Nixon Leal descubre que tiene compañía. Se trataba de un hombre de origen árabe, apresado en las revueltas.

El vecino de celda le animó a tener fuerzas durante los primeros días. Eran los peores. Le advirtieron de que lo buscarían con frecuencia. El sonido de las llaves causaba pánico entre los presos. Tenía que tener aplomo cada vez que sonaran, porque anunciaban una tortura inminente. Pasó su mano a través de la reja y retiró la capucha al joven hasta la frente para que pudiera ver con mayor claridad. Al ver su rostro destapado, no pudo disimular el susto.

—Uy, chamo. ¡Cómo te dejaron esa cara!

—¿La tengo muy fea? —preguntó Nixon.

—Bueno un poco —matizó para quitar importancia.

El compañero de cárcel empezó a interesarse por la vida del joven y no tardó en regañarlo al enterarse de la reincidencia del líder estudiantil.

—Si ya estuviste preso en 2014, ¿por qué no te fuiste del país? —le reprochó.

En medio de la conversación, otro preso interrumpe. Quiere saber quién es Nixon Leal y por qué lo tratan así. El recluso gritaba a través del ducto del aire acondicionado, la fórmula que idearon los presos para que sus mensajes llegasen claramente a las celdas de sus compañeros.

Los detenidos se subían como podían para colocar su cara frente a la rendija por donde salía el aire fuerte y frío. Transmitían ánimo al recién llegado, le preguntaban por la familia y aseguraban que, si podían, comunicarían al exterior que estaba vivo, preso y vivo, en la celda de los locos.

Cuando estaban en plena conversación colectiva a través del ducto de aire acondicionado, escucharon las llaves. Habían logrado agudizar el sentido del oído hasta el punto de detectarlas cuando los carceleros estaban aún muy alejados de la puerta. Pocas cosas se escuchan en las celdas del infierno gélido de la contrainteligencia militar. El motor del aire acondicionado, que nunca cesa, se convierte en un sonido de fondo las 24 horas. El zumbido se convierte en imperceptible y en algún momento parece que dejase de sonar porque los reclusos se habitúan y lo borran de su cabeza.

El sistema de aire acondicionado también produce otro ruido permanente. El de la gota que cae sobre un tobo ubicado en el pasillo. Cada diez segundos. Plog, plog, plog. Una tras otra en una constante caída que marcaba el paso del tiempo como un reloj de cuerda tenebroso.

Al escuchar las llaves, el árabe volvió a tapar la cara al joven que rápidamente se recostó en la pared. Uno de los reclusos gritó a través del ducto la última palabra de aliento: "¡Fuerza!".

Después de las llaves, los presos comienzan a escuchar las rejas que se van abriendo. Primero una, después otra y, por último la más cercana. Sienten los pasos y todos están deseando lo mismo: que el ruido de la bota militar no se detenga frente a su celda. Pero Nixon sabía que no correría con esa suerte.

—Levántate —le dijeron.

No era capaz de ponerse de pie por sí mismo y los carceleros lo levantaron con un solo jalón. En el camino hacia la sala de torturas, su cabeza buscaba la evasión. Tal vez, el cerebro intentaba librar al cuerpo del sufrimiento o, al menos, buscaba atenuarlo.

Quería pensar en cosas placenteras, en lugares mágicos, en buenas experiencias. Sabía que se enfrentaría a un nivel de sufrimiento superior. Al llegar a la sala, volvieron a atar sus manos como en la primera sesión: una en cada reposabrazos. Los pies habían quedado sin atar y le habían quitado la capucha. Uno de los funcionarios se acercó para anunciarle la tortura, tal como indicaba el procedimiento.

—Como no quieres colaborar, vamos a ponerte más dolor. Si respondes bien, paro. Si no, continúo —dijo el esbirro.

En ese momento, sin mediar palabra, uno de los militares que estaba a sus espaldas se mueve y deja ver al prisionero lo que tiene entre manos: un chinche.

—Sentí que tocó mis dedos, alzó el dedo pulgar e introdujo la punta entre la piel y la uña. Intenté levantarme, pero me sentaron violentamente. Creo que fue el que parecía basquetbolista. Entonces llegó otro para colocarme unas correas en los tobillos. Había quedado completamente inmóvil —recuerda el entonces líder estudiantil.

En el momento de máximo dolor, llegó de nuevo la misma pregunta: "¿De quién son las granadas?". Nixon sentía frustración cada vez que escuchaba la misma pregunta. A veces, creía que estaba siendo grabado y en cualquier momento de debilidad, podían usar una pequeña frase en su contra. Siempre había pensado que lo grababan sin su consentimiento, pero estaba determinado a soportar todas las torturas. Lo tenían que matar antes de hacer una confesión falsa.

—De ustedes. Las granadas son de ustedes.

En ese momento, sintió cómo la tapa del chinche había tocado sus dedos. Estaba enterrado por completo y sentía la sangre deslizarse por sus manos. Intentaba sacarse el chinche con los otros dedos, pero no era capaz. Sólo sentía cómo la sangre iba corriendo lentamente y haciendo surcos. El minúsculo chinche, de uno o dos centímetros, había provocado un dolor jamás imaginado por Nixon, que no sabía qué decir, qué hacer o cómo gritar. Y de nuevo, se produce el acercamiento silencioso de otro funcionario. Quería saber si Nixon conocía el paradero de un armamento que había sido robado en un cuartel.

Después, continuaron con el interrogatorio con el mismo procedimiento, una nueva pregunta, un nuevo chinche y otro dedo amenazado. Clavaron la punta y preguntaron si trabajaba con el general Baduel. Ante la respuesta negativa, volvió a sentir la tapa en las yemas de sus dedos.

—No mientas. Tú trabajas con él.

Sintió otro golpe para garantizar que el chinche había tocado fondo. Ya tenía dos enterrados en sus dedos.

No gritó. Emitió un ligero quejido hacia sus adentros. Respiró profundo y de repente empezó a visualizar el Ávila, sus faldas verdes sobre la ciudad de Caracas, las nubes topando en sus picos. Se acordó del momento de su detención y comenzó a hacer especulaciones sobre acontecimientos pasados. ¿Por qué no corrí? ¿Qué hubiese pasado si hubiese huido? Si en aquel momento hubiese tenido un arma, tal vez hubiese cometido la locura de disparar contra sus captores. Habría podido huir o estaría muerto. Quién sabe.

El tercer chinche fue enterrado en el dedo del medio. En ese momento, ya no sentía ninguno de los otros dos dedos afectados. Fue un solo golpe. Incluso llegó a agradecer la manera expedita como lo enterraron. Un movimiento seco, rápido, menos doloroso.

Pensaba en los libros que había leído en su primera reclusión en el Sebin. Recordaba las torturas de los alzados de 1928 y 1958 que lucharon contra las dictaduras de Juan Vicente Gómez y Marcos Pérez Jiménez. Había leído los finales victoriosos de algunos de ellos: los que fueron obligados a comer vidrio molido a finales de los años veinte o los encarcelados por sus inclinaciones libertarias a mediados del siglo pasado.

Ellos habían logrado una página en la historia del país y Nixon Leal, con los chinches del tricolor patrio en sus dedos, pensaba que ya se había ganado un lugar en los libros de historia que se escribirían años después. Con la sangre corriendo por sus dedos, con sus pulmones disminuidos por el gas pimienta y con su rostro hinchado, creía merecer una mención por pequeña que fuese, en un párrafo, en una línea o, incluso, en un pie de página en los libros de la historia de la tortura en Venezuela.

Con su mano ensangrentada, casi adormecida ya por el dolor, llegó a pensar que lo habían dejado sólo en la sala. Él y su dolor frente a los libros de Chávez y su foto. Después de unos minutos, escuchó unos pasos en la sala. No eran botas militares. Había logrado distinguir el paso del zapato casual del calzado militar. La concentración del cuerpo y de la mente en el momento de amenaza es máxima. Algún soldado en la sala se paró firme. Es el ruido que hace la bota contra el suelo cuando entra una autoridad.

El jefe, que se movía de un lado a otro de la sala, comenzó su discurso señalando su nombre tres veces, como emulando el interrogatorio en cualquier película estadounidense de poca monta.

—Nixon, Nixon, Nixon. No te quiero seguir pegando.

Tiró una carpeta al escritorio con una enorme cantidad de papeles. Hizo una señal y alguien le retiró los chinches.

—¿Es cierto que tú te reuniste en la Central (Universidad Central de Venezuela, UCV) con grupos de la guarimba (oposición callejera) y dijiste que el objetivo central de las protestas era paralizar el centro del país: Caracas, Miranda, Aragua, Carabobo y Guárico?

Nixon quedó sorprendido. Por primera vez le preguntaban por "sus delitos" reales. Aquel militar conocía no sólo los planes que había diseñado en los grupos de la resistencia sino que también parecía conocer las palabras precisas que utilizó el líder juvenil en aquella reunión de grupos de la revuelta. Después de las acusaciones falsas y las vaguedades, habían aterrizado en la realidad. ¿Cómo era posible que conocieran con detalle aquel plan? ¿Quién de sus compañeros de lucha lo había delatado?

No pronunció ni una palabra. No quiso responder, pero sabía que su silencio también era una respuesta contundente. Después de aquel reconocimiento tácito, no tenía demasiado sentido mentir. Después de todas sus respuestas, había quedado claro que Nixon no tenía idea de armas ni de bombas, pero sí quedaba acreditado que cometió un enorme delito ante los ojos del gobierno: organizar la revuelta callejera, azuzar el descontento ciudadano.

Con la llegada de la autoridad superior, se detuvieron las torturas en la sala. Le retiraron las correas de los pies y le quitaron las esposas para darle una advertencia.

—Piensa bien en todo lo que estás haciendo y si vale la pena.

Fue dirigido hacia su celda, pero antes le esperaba el pasillo, donde los golpes en las costillas ya formaban parte de la rutina.

Por el dolor que había sufrido, pensaba que tendría las manos llenas de sangre pero se dio cuenta de que la cantidad era más pequeña de lo que había imaginado. La tortura con los chinches es aterradora pero no deja grandes daños visibles.

Al llegar a la puerta de la celda de los locos, le obligaron a inclinarse como si estuviese haciendo alguna reverencia. Le sujetaron la cabeza y sintió un golpe fuerte en la nuca.

Cayó de rodillas y su cabeza golpeó la puerta de la celda. Lo volvieron a levantar, le sacaron el aire y lo dejaron en el suelo. La jornada de torturas había terminado. Nixon calculó que serían las 4.00 de la madrugada. El silencio se apoderó de la celda de los locos y del infierno. Quedaban apenas dos horas para el desayuno.

A pesar de que El Helicoide, donde el gobierno encerró a políticos y estudiantes, y el DGCIM, la sede de la contrainteligencia militar, son prisiones políticas, la mecánica y los propósitos son muy distintos. Sergio Contreras, que fue dirigente juvenil del partido Alianza Bravo Pueblo, liderado por el alcalde de Caracas en el exilio, Antonio Ledezma, estuvo recluido en ambos centros, asegura que la diferencia es notable. En El Helicoide, buscaban que accediese a participar en un video en el que reconociese que varios líderes de la oposición le habían entregado dinero para planes de desestabilización. Es un recurso burdo, poco elaborado y común en el gobierno chavista. Pero la realidad de la contrainteligencia militar es muy distinta.

—El Sebin es un organismo más policial al estilo venezolano, más corrupto. Si pagas, puedes tener celular (teléfono móvil), cuarto grande y hasta prostitutas, pero en el DGCIM no existen privilegios. Allí sólo impera la ideología. Los torturadores están formados por cubanos. Y ese tufo se siente —explica Contreras, que pidió protección internacional por persecución política y tramita su asilo político en Madrid.

Durante las protestas de 2017, el dirigente político estaba encargado de organizar marchas en Caracas. Era uno de los que decidía las rutas. El inicio, el recorrido y el final. Tenía una gran responsabilidad y asumía riesgos en cada concentración. Tanto que fue detenido en una de ellas.

En su detención, en la vía pública y frente a fotógrafos y periodistas, tragó gas lacrimógeno, espray picante y sufrió el desgarro muscular en la pierna.

Apenas llegó al DGCIM, la temida sede de la contrainteligencia militar, se negó a comer. Contreras estaba informado de las torturas practicadas en el lugar y sabía que una de las habituales eran los golpes al estómago con una bolsa en la cabeza. Las palizas continuadas pueden generar náuseas y, con la bolsa en la cabeza, el torturado puede morir ahogado en su propio vómito.

—Muchos de quienes torturan no son militares, sino delincuentes. Son los perfectos candidatos porque no tienen miedo, manejan armas y no tienen escrúpulos para cometer cualquier encargo. Son perfiles psicopáticos. Es lo que se llama en criminología los "locos morales" —explica Contreras, preso en el Sebin, DGCIM y Ramo Verde.

El Helicoide y la Tumba son prisiones para políticos bajo el control de la inteligencia venezolana a cargo del militar Gustavo González López, que guarda un discurso institucional en la palestra pública, pero que, en la confianza de la esfera privada desliza algunas confesiones.

—Es muy difícil hablar con él. Se dedicaba a chantajear a las familias de los presos. Verificaban sus cuentas y, al ver que tenían dinero, les pedían las cantidades que ellos querían. Tengo incluso grabaciones de eso. Tuve una relación de mucha tirantez. Me llegó a decir "si me mandan a matar a alguien, yo sólo cumplo órdenes" —explica Ortega Díaz.

Los custodios y torturadores de la contrainteligencia militar se mueven en absoluto secreto. Muchas veces ocultan sus rostros. No quieren ser reconocidos fuera de los muros del cuartel central. Pero el 20 de mayo de 2019, un funcionario y carcelero que huyó del régimen, presentó los primeros videos de torturas en la sede del DGCIM. El teniente Ronald Dugarte apenas tenía un año de graduado cuando fue captado para ejecutar torturas y ejercer de custodio en la sede de la contrainteligencia militar en Venezuela.

Tuvo que trabajar rodeado de torturadores que compiten por ganar la confianza de los superiores y escalar en la jerarquía de la tortura. Los ascensos garantizan dinero. Los detenidos han denunciado el desfalco de sus cuentas por parte de los carceleros, el robo de objetos de valor cuando son detenidos. El ascenso también parece garantizar impunidad y se libran batallas campales para alcanzar puestos de mayor rango.

El funcionario fugado del DGCIM explicó, a través de una videoconferencia, las torturas a las que están sometidos quienes son enviados a esas oficinas convertidas en centro de tortura. En uno de los videos, el capitán Juan Caguaripano se niega a recibir el desayuno. Se queja de que no tiene atención médica y muestra su recipiente para la orina lleno de sangre.

Caguaripano ha sido uno de los hombres más torturados en los últimos años en Venezuela. Fue acusado de ejecutar un asalto para robar armas de un cuartel. Las descargas eléctricas ocasionaron graves lesiones en los testículos.

Contreras estuvo esposado en la misma habitación donde grabaron al capitán exigiendo atención médica. Allí, el dirigente político permaneció inmovilizado con unas esposas sin cadena, que no permiten movimiento.

—Rápidamente tienes dolor de codos y de hombros y ninguna posición es cómoda. No puedes descansar ni dormir. En la madrugada me pusieron discursos de Chávez y me hacían escuchar las torturas de otros presos que también permanecían allí. Toda acción está muy bien estudiada. Es el ejercicio del poder por medio del terror —explica Contreras.

Las torturas a los líderes de las protestas nunca siguen un mismo manual ni se aplican con la misma intensidad para todos. Cada actuación se ejecuta en función de la personalidad del detenido y de lo que el gobierno quiera extraer de ellos. Y las mujeres tienen un tratamiento especial, aunque no más condescendiente.

Al menos tres presas políticas del régimen acabaron en la cárcel de mujeres de Los Teques, una población a 30 minutos en automóvil al sur de Caracas, que lleva el nombre del sistema de cárceles para mujeres: Inof.

En los días de requisas, todas las presas eran obligadas a ponerse en fila y desnudarse. Las vigilantes, de trato seco y rudo, obligaban a las reclusas a saltar desnudas, agacharse y pujar. Explicaban a las presas que el propósito de las requisas era evitar que llevaran armas o teléfonos en el interior de su cuerpo. Y para cerciorarse de que no lo hiciesen, las inspeccionaban. En ocasiones, mediaba alguna frase insinuante. Las reclusas que respondían con algún gesto de complicidad homosexual podían ganar mejor trato o, incluso, indulgencias. Nunca estaba de más estar de buenas con las carceleras. Podía significar protección.

Otras veces las requisas de seguridad se convertían en sesiones de fotos con contenido sexual. Las funcionarias hacían fotos a las partes íntimas. También provocaban algún tocamiento casual. Las presas políticas se sentían ultrajadas. No hacía falta que sufriesen abusos sexuales explícitos. Con las fotos, los rozamientos y las frases de contenido sexual habían sido violadas.

Araminta González, acusada de terrorismo por poseer material químico y explosivo en su casa, cumplió parte de su pena en esa prisión. Perdió parte de su cabello tras ser arrastrada por varios hombres en los interrogatorios forzosos para extraer confesiones.

La joven fue envuelta en colchones mientras recibía batazos, una vieja técnica de brutalidad policial que no deja marcas en la piel. Nunca recibió descargas eléctricas como una compañera de cárcel que perdió su ojo por no querer confesar dónde se encontraba su hijo, perseguido por las fuerzas policiales. Tampoco sufrió desmembramientos de ninguna parte de su cuerpo, tal como presenció en la cárcel del Inof.

En su primer interrogatorio, sus captores mostraron una lista de nombres de altos políticos venezolanos. El primero de ellos era Henrique Capriles. También figuraba Leopoldo López (exalcalde, preso político), Antonio Rivero (exedecán de Chávez y exiliado), Raúl Baduel (exministro de Defensa de Chávez y encarcelado) y María Corina Machado (precandidata presidencial). Las torturas subirían de nivel hasta que Araminta mencionase cuál de los líderes políticos financiaba su actividad subversiva. Las reglas de juego estaban claras. Con acusar a cualquier líder opositor tendría garantizado el fin de las torturas.

Con señalar, aunque fuese falso, a algún posible contrincante presidencial, podría obtener la libertad.

Al final, los líderes de las revueltas sólo eran la excusa para un fin mayor: convertirse en coartada para que el gobierno pudiese encarcelar a líderes opositores con capacidad para agitar la calle. Si lograban quebrar su voluntad y acusar a alguno de esos nombres, se aliviarían sus condenas, cesarían las torturas y llegarían a algún acuerdo para minimizar las penas.

Al ser detenida junto con su novio, fueron trasladados a la sede del CICPC de la avenida Urdaneta, en el centro de Caracas. Cada uno fue separado e interrogado en cuartos contiguos. Araminta escuchaba los gritos de dolor y los llantos desgarradores de su novio en la habitación contigua.

—Si no nos dices quién te financia, lo matamos.

Los carceleros no aceptaban la versión de la joven experta en químicos. O no querían aceptarla. Ella sostenía que los recursos eran propios y que con su dinero pagaba las actividades subversivas. Pero los custodios querían un nombre conocido, un líder con peso político.

Araminta nunca señaló a ningún dirigente, de repente, dejó de escuchar los gritos de dolor de su novio al otro lado de la pared. Los custodios le hicieron una última advertencia.

—Está muerto. Si no confiesas, serás la próxima. Te picaremos en pedazos y te lanzaremos al río Guaire.

El terror se apoderó de la joven, que se vio obligada a acusar falsamente a uno de la lista. Eligió un nombre que había escuchado entre sus compañeros manifestantes, pero que no conocía: Vasco Da Costa. No figuraba entre los líderes de oposición mediáticos, pero el régimen lo tenía fichado como agitador y radical.

Al señalarlo como financiador de actividades subversivas, las torturas se detuvieron. Al escuchar ese nombre los torturadores bajaron la guardia. Habían logrado su cometido y se retiraron. Da Costa fue detenido y también fue víctima de torturas.

Y Araminta dejó de ser torturada. Sus captores la dejaron sola y fueron a descansar. Su novio seguía con vida, era solo una treta más.

Allí, en sus salas privadas aparcan su disfraz siniestro y su faceta más diabólica. Hacen chistes, comentan los resultados del béisbol y tal vez hasta escuchan la misma música que sonaba en El Helicoide, en la otra sala de torturas al sur de Caracas. Allí, las canciones de Diomedes Díaz son tarareadas por los carceleros, pero su contenido tiene mucho más significado para los torturados, muchos de los cuales intentan rehacer sus vidas fuera de Venezuela.

La herida que siempre llevo en el alma no cicatriza
Inevitable me marca la pena que es infinita
Quisiera volar bien lejos, muy lejos sin rumbo fijo
Buscar un lugar del mundo sin odio, vivir tranquilo.

Capítulo 12

Los juicios montados

Sairam Rivas estaba predestinada a ser hermana de ideología y también de espíritu de Nicolás Maduro a través de dos grandes coincidencias. Su propio nombre la marcaba, incluso antes de nacer. Sairam proviene de *Sai Ram*, el saludo del grupo espiritual de la India abrazado por el dictador venezolano.

Su madre eligió el nombre después de haber leído textos sobre Sai Baba, el líder espiritual cuya prédica calaba con fuerza en ciertos sectores sociales de la Caracas pujante de finales de los años setenta y principios de los ochenta. Amante de la metafísica, la danza y la meditación, la madre de Sairam buscaba libros para saciar sus inquietudes espirituales y así, como por arte de magia, cayó en sus manos un libro de Sai Baba. Estaba interesada en libros de "poderes sanadores" y asistía con frecuencias a charlas sobre el gurú en sus años de soltera.

Sai Ram, esa voz sonora, de canto devocional que se repite como mantra y se propaga entre los millones de seguidores de la secta de Sai Baba por el mundo, es la palabra comodín dentro del *ashram* de Swami, quien impuso entre sus devotos la costumbre de saludar y despedirse siempre con ese vocablo.

Significa "un saludo de mi dios interno a tu dios interno", "de mi divinidad a tu divinidad". Pero la mística de las palabras de Sai Baba adquiere otro significado en la cotidianidad de un *ashram* atestado de devotos y visitantes, de mercaderes y buscadores de vidas.

Cada vez que un fiel hace ruido durante las ceremonias, los *sevadales* se acercan y corrigen en voz baja: "Sai Ram, Sai Ram". Cuando un devoto se queda petrificado de rodillas frente a la tumba de Sai Baba, llegan los jóvenes a levantarlo para advertirle que debe marcharse para dejar lugar a quienes le siguen en la cola. "Sai Ram, Sai Ram".

Allí, *Sai Ram* puede significar hola, adiós, hasta mañana, por favor, levántate ya, paga la comida, deja de sacar fotos, danos una limosna y lárgate de este lugar. En mi visita al *ashram* de Sai Baba, cada vez que algún devoto entra por error o intencionadamente en alguna estancia prohibida, los *sevadales*, los ayudantes del dios de Maduro, corren como locos invitándolos a salir con celeridad entre gruñidos poco amigables y moviendo las manos hacia delante. "Sai Ram, Sai Ram".

Sairam Rivas también parece una india de Nueva Delhi o Bangalore. Con su piel ligeramente tostada y su cabello profundamente negro azabache, pasa por una mujer de tierras lejanas. De hecho, quienes la conocen por primera vez le preguntan si sus padres, o ella misma, proceden de ese país.

Cuando salió a la palestra pública al ser encarcelada por el régimen, desconocía el uso extendido de su nombre en el *ashram* de Sai Baba. Sairam pensaba que su nombre era como una especie de mantra, un vocablo utilizado para la meditación. Pero, después de su paso por la cárcel, descubrió su verdadero significado.

Sairam era una estudiante anónima de la Universidad Central de Venezuela hasta que fue detenida en 2014 por participar en las protestas en contra de Nicolás Maduro. La joven, con una vida corriente como la de cualquier estudiante de una universidad pública en Venezuela, comenzó a ser percibida como una amenaza por el chavismo.

Desde su adolescencia milita en Bandera Roja, un partido político de izquierda radical que organizaba manifestaciones violentas contra los gobiernos democráticos de Carlos Andrés Pérez y Rafael Caldera. Los "tirapiedras", jóvenes encapuchados que agitaban la vida universitaria y las calles de Caracas, eran un elemento desestabilizador para la joven democracia venezolana.

Sus líderes organizaban protestas contra los gobiernos democráticos y luchaban por promover idearios de la izquierda comunista que nunca fructificaron con fuerza hasta finales de la década de los noventa.

Esa es, precisamente, la segunda coincidencia entre Sairam y Maduro. El presidente venezolano trabajó de cerca con el grupo de izquierda radical en su época de conspirador. El contralmirante de la marina, Luis Cabrera Aguirre, uno de los líderes del fallido golpe de Estado del 27 de noviembre de 1992, aseguró que, ese día, una comisión de civiles, entre los que se encontraba Nicolás Maduro, con sublevados del partido Bandera Roja, se presentó el cuartel Cipriano Castro (donde está enterrado Chávez hoy) para unirse a la rebelión armada. "Teníamos fusiles de FAL escondidos (…) y como no nos alcanzaba para todos, algunos se armaron con palos y cuchillos".[12]

Era la época en la que Maduro se aliaba con la izquierda extremista venezolana para asaltar el poder con las armas. Lo de entonces era "el despertar de un pueblo", "una rebelión justa". Pero tras alcanzar el poder, sus excompañeros de Bandera Roja, críticos con el chavismo, comenzaron a ser perseguidos. Con pruebas falsas y juicios montados.

Sairam ingresó al partido que había colaborado con Maduro y los alzados de 1992 y ascendió rápidamente como dirigente estudiantil en la Escuela de Trabajo Social de la Universidad Central de Venezuela, uno de los bastiones históricos del chavismo y de la izquierda radical universitaria. En sus primeros años de estudiante, el ideario chavista mandaba en la escuela y estaba presente en cada esquina.

—En siete años, los dirigentes afectos al chavismo siempre ganaron las elecciones. Era una ideología violenta y el ambiente era

---

[12] *De Verde a Maduro: el sucesor de Hugo Chávez.* Santodomingo, Roger. Vintage Español. 2013.

decadente. Llegaban a la escuela con motos, pistolas y agredían a la gente. Jugaban dominó afuera, escuchaban música y bebían. Una vez, una profesora tuvo que interrumpir una clase para pedirles que se fueran de allí porque se estaba celebrando la defensa de una tesis y su música impedía el acto. Hartos de esa situación, un grupo de estudiantes decidimos lanzar una plancha alternativa que yo presidía —explica Sairam Rivas, en entrevista telefónica desde Caracas.

La joven se postuló como presidenta de la plancha que rivalizaría con el chavismo por el control del centro de estudiantes. Con un aura casi inocente, alejada del estilo tosco y duro de los dirigentes de su entorno, Sairam adquirió popularidad y afrontó una aguerrida contienda electoral.

Los grupos chavistas sabotearon en tres ocasiones las elecciones. En la tercera edición, lanzaron bombas lacrimógenas en el centro de votación y también hubo amenazas al centro de estudiantes, según explica la dirigente juvenil. Ese día ganó por 50 votos de diferencia en una población de unos 500 alumnos.

Al alcanzar el triunfo como representante estudiantil, tomó una decisión valiente y arriesgada: retirar todas las fotos de Hugo Chávez del centro de estudiantes. La acción le costó una reacción iracunda, golpes incluidos, por parte de los partidarios del chavismo.

Como buena dirigente del partido de izquierda radical, estaba involucrada en protestas y revueltas callejeras. Marchó contra el cierre de la primera televisión del país clausurada por orden de Hugo Chávez (RCTV), en 2007, un año en el que el chavismo perdió sus primeras elecciones. Y su victoria en el centro de estudiantes fue un hito para la vida universitaria. La muchacha de cándida apariencia, de oratoria pausada y amante de la lectura, se había convertido en un objetivo clave del régimen de Maduro.

Sairam Rivas protestaba en las calles pero también participó en la instalación de los campamentos de resistencia en varios puntos de Caracas. Trabajó en el campamento de Las Mercedes, una zona de locales y restaurantes que fue epicentro de la vida nocturna en la Caracas próspera de las décadas pasadas. La resistencia estudiantil se había convertido en un problema de orden público y de desestabilización para el gobierno y, tras varias semanas de protestas, Maduro y su cúpula habían decidido actuar.

La noche del 8 de mayo de 2014, el campamento de Sairam Rivas y sus compañeros rebeldes cumplía 40 días de funcionamiento. Esa noche, en la que cayeron lluvias torrenciales, Sairam se había ido a dormir tarde a una de las carpas. En medio de la tormenta, se despertó de forma repentina con un fusil frío en su frente. El agua entraba por todas partes y los truenos vaticinaban una noche dramática.

Al salir de su carpa, contempló una escena inesperada. La zona estaba completamente acordonada y militarizada como si se tratase de un operativo antiterrorista de primer nivel. Eran las tres de la madrugada y los militares destruían la comida y los insumos que les habían llevado los vecinos para apoyar su protesta.

La oposición venezolana volvía a recibir un duro golpe en sus intentos por acabar con el régimen de Maduro. Había fracasado la primera huelga contra la politización de la industria petrolera, el paro nacional contra Chávez, el golpe de Estado de 2002, las protestas pacíficas, las violentas, los revocatorios y las elecciones perdidas y también las ganadas.

Si una elección es ganada por la oposición, el político vencedor, alcalde, gobernador o diputado, es depuesto. Y el chavismo nombra, a dedo, un cargo afín, tal como sucedió con la alcaldía de Caracas, o las gobernaciones de los estados Miranda y Táchira y con el parlamento. Ninguna estrategia parecía eficaz para derrotar al régimen y el nuevo ímpetu juvenil, con apoyo mediático y de la sociedad civil, también había sido vencido por la fuerza.

Más de 50 jóvenes fueron detenidos en esa plaza. Sairam fue conducida a un autobús, con el resto de sus compañeros. En ese momento, recibió las primeras órdenes de sus captores. "Cabeza agachada. Si la levantas, te echamos espray paralizador en la cara".

La muchacha, aficionada al cine, visualizaba las aterradoras escenas que le esperaban. Tenía una enorme capacidad para avizorar la desgracia y oler las más terribles tragedias. Pensaba siempre en lo peor. Cuando se vio esposada en el autobús y sometida a la autoridad militar, estaba convencida de que sería ejecutada.

—Temí que nos desaparecerían como en las peores dictaduras. Me acordé de la película *La voz dormida* (inspirada en la novela homónima de la escritora española Dulce Chacón y que retrata las penas de muerte del franquismo) y pensé que nos tirarían por un barranco —relata.

Estuvo en prisión desde mayo hasta septiembre de 2014. En total, 121 días. Tras la detención, fueron llevados a un centro militar: el Core 5. Sus carceleros colocaron colchones para que los detenidos pasaran sus próximas horas más confortables. En la capilla del recinto, junto a los santos y las vírgenes, concentraron a los detenidos. A las 6.00 de la mañana, la joven pidió permiso para orinar. Estaba obligada a ir con la compañera con la que compartía esposas.

En el camino al baño, la líder estudiantil observó una mesa montada para una rueda de prensa. Sobre la tabla reposaba un enorme arsenal para ser mostrado a los medios. Se trataba de armas largas, drogas y dólares supuestamente incautados en el campamento de los estudiantes rebeldes. El régimen quería presentar la tesis de que los jóvenes que pedían el fin del gobierno eran violentos terroristas con grandes recursos.

Sintió miedo y rabia. En ese momento, estupefacta frente a la mesa, comprendió que no se enfrentaba a un gobierno sino a un régimen sin institucionalidad alguna. Cualquier prueba se fabricaba, cualquier delito se construía. Y la cárcel era el destino seguro para cualquiera que hubiese tenido en sus manos semejante arsenal.

—Chama: cadena perpetua —dijo a su compañera de esposas.

Una guardia les recriminó por haberse detenido ante la sala y les exigió que dejasen de mirar el lugar. Pocas horas después, asistió al recinto la fiscal general de la República del momento, Luisa Ortega Díaz, y Miguel Rodríguez Torres, entonces ministro de Interior que ejecutó una política de persecución a la disidencia y que diseñó el oscuro sistema penitenciario para los presos políticos.

Sairam es una muchacha criada en Guarenas, una ciudad satélite de Caracas, en el extrarradio de la gran metrópolis. Su vocabulario descubre a una joven formada con la lectura y con inquietudes culturales a la que se le derrumbó el mundo cuando entró al calabozo en el Palacio de Justicia, lleno de ladrones, delincuentes, secuestradores y violadores.

Las paredes tenían marcas de manos sucias. Sabía que por allí habían pasado delincuentes callejeros, indigentes y todos los colectivos despreciados por esa Venezuela descompuesta.

Los mugrientos calabozos poco a poco fueron llenándose de otros jóvenes que habían sido detenidos en otros campamentos de la ciudad. Eran más de 200. Y con la llegada de nuevos presos, la tensión en los calabozos iba en aumento. Los cánticos contra Maduro retumbaban en las paredes de cemento. "Maduro delincuente", "Viva la universidad" y "fuera la bota militar".

En las celdas contiguas, los delincuentes, los excluidos de la vida del país, los condenados a vivir y sobrevivir en barrios marginales, escuchaban perplejos los ruidos y los cánticos. Estaban sorprendidos por la coordinación de las consignas, pero no entendían lo que sucedía. Preguntaban quiénes eran los que gritaban y por qué cantaban. Parecía que tuviesen un primer contacto con el país opositor e inconforme, con la Venezuela disidente y crítica.

La audiencia fue improvisada en los pasillos de los tribunales. Ninguna sala tenía capacidad para albergar a los detenidos. Ese día, Sairam descubrió que era la única que contaba con un informe de la inteligencia militar, Sebin. El informe contenía una culpa ya conocida: que militaba en el partido político Bandera Roja y que había ganado las elecciones del centro de estudiantes de la Escuela de Trabajo Social. También contenía insinuaciones y acusaciones vagas: había participado en marchas que terminaron con varios policías heridos. Y hasta una acusación risible llamó su atención. "Ondeó banderas bajo el sol".

En la audiencia, sólo se escucharon las declaraciones de los oficiales que participaron en el desalojo de los campamentos. Ningún testigo de la defensa fue aceptado. La Fiscalía aseguraba que Sairam había sido detenida por una militar. Pero ninguna mujer militar había sido vista en el operativo. El juez decidió que todos los manifestantes serían juzgados en libertad salvo tres: Manuel Cotix, Christian Gil y Sairam Rivas.

Al escuchar el veredicto del tribunal, los jóvenes comenzaron una segunda rebelión. Esta vez ante el juez, los alguaciles y los guardias de seguridad de los tribunales. Lanzaban gritos y Sairam Rivas se dirigió al juez para gritarle que era un vendido, que trabajaba para una dictadura que empobrecía a los trabajadores. Sus compañeros, beneficiados por el juicio en libertad, comenzaron a lanzar sillas y hubo confrontación con los guardias. Entre todos, entonaron un nuevo cántico: "si meten preso a uno, nos meten presos a todos".

—Los muchachos se me lanzaban encima. Lloraban. Nos prometieron que lucharían por nosotros desde la calle. Los alguaciles estaban impactados por lo que estaban viendo. Increpamos al juez sin miedo. Habíamos perdido el primer juicio, pero habíamos ganado una batalla moral —explica la dirigente política.

La rebelión en los tribunales fue rápidamente disuelta y en pocos minutos Sairam estaba esposada en el calabozo esperando su nuevo destino: la cárcel El Helicoide. Fue una dura condena pero se había salvado de lo peor: la cárcel común de mujeres, el temido Inof.

Desde el primer momento comenzó a sufrir las tácticas de desánimo y desmovilización que el régimen aplica a los líderes de la disidencia.

—¿No era que si metían preso a uno, los metían presos a todos? Pues aquí estás tú, presa y el resto está libre —dijo una funcionaria.

La justicia descabellada

El montaje de juicios para encarcelar a dirigentes políticos es un secreto a voces en Venezuela. El Foro Penal, una organización dedicada a la defensa de los presos por sus ideales y por la protesta política, trata a diario con jueces y fiscales que reconocen abiertamente que sólo se limitan a cumplir "órdenes de arriba".

—Hay jueces que me lo han reconocido personalmente. En público, intentan mostrar una imagen de imparcialidad, pero cada vez se esfuerzan menos. Se justifican diciéndote que tienen que cumplir esas órdenes porque, de lo contrario, ellos mismos sufrirán las consecuencias —explica Alfredo Romero, director del Foro Penal, que ha defendido a decenas de presos políticos en los últimos años en Venezuela.

Y los jueces no son los únicos en disimular mal la división de unos poderes que están compactados por dos pegamentos disueltos en uno solo: los negocios y el miedo.

La madrugada del domingo 16 de febrero de 2014, Diosdado Cabello, brazo militar del régimen de Nicolás Maduro, visitó a la familia del opositor Leopoldo López. Cabello, presidente de la Asamblea Nacional, se presentó como juez y fiscal. El régimen ya había decidido que el líder de Voluntad Popular era culpable de terrorismo. La llegada de la temida figura del chavismo fue precedida por la irrupción violenta de 20 hombres de negro, encapuchados y con armas largas en la casa de los López.

—No se mostró demasiado diferente a como se muestra en público. No intentaba ser amable, ni simpático. Llegó sólo con un claro propósito: con que Leopoldo se fuese del país —explica, en su exilio en Madrid, su padre, Leopoldo López Gil.

Ante la negativa de Leopoldo López de exiliarse, Cabello aseguró que había descubierto un plan de la extrema derecha y de los colectivos afectos al gobierno para asesinar al líder opositor. López había decidido entregarse ante los tribunales controlados por el gobierno en un acto multitudinario que evidenciara su apoyo popular. El chavismo quería evitar la acción de propaganda y Cabello sembró el terror entre sus padres y su mujer al asegurar que su vida corría peligro.

López entonces estaba en la clandestinidad. Ni su familia conocía el paradero. Sólo su hombre de confianza, Carlos Vecchio, tenía contacto directo y personal con él. Su mujer, Lilian Tintori, pidió a Vecchio que intentase que Leopoldo no se presentase en público para evitar su asesinato. Que pensase en sus hijos pequeños, en su familia. Sus padres también habían sido embargados por la angustia.

Pero ni sus padres ni los ruegos de su mujer hicieron retroceder a López. Al entregarse ante la multitud en una plaza repleta en Chacaíto, una concurrida zona de Caracas, no hubo ningún incidente más allá de los empujones propios de un acto multitudinario.

El político fue trasladado al aeropuerto militar de La Carlota, una infraestructura estratégica para el chavismo y enclavada en pleno casco urbano de Caracas. Desde allí fue enviado a otra base militar en helicóptero donde sería trasladado a los tribunales. En ese momento, el propio Diosdado Cabello protagonizó una escena insólita y reveladora. Cabello, presidente del parlamento, se encargó de meter a Leopoldo López en una camioneta y hacerse con el volante del vehículo para llevarlo personalmente a los tribunales. El jerarca chavista se había erigido en juez y fiscal, en alguacil y secretario judicial, en comisario político y también en chofer personal del político opositor.

Al llegar a los tribunales, Cabello sometió a Leopoldo López a una larga espera antes de presentarlo. Sus expedientes no estaban listos. Cuenta el propio Leopoldo López que Diosdado Cabello comenzó a llamar a la entonces presidenta del Tribunal Superior de Justicia, Gladys Gutiérrez, y a la fiscal general, Luisa Ortega Díaz. "Pude presenciar cómo Cabello llamaba directamente a la presidenta del TSJ y a la fiscal para preguntarles, incluso en tono de dictar órdenes, por qué no estaba listo mi caso. Le pregunté qué pasaba y me dijo que nadie pensaba que me iba a presentar y no tenían nada listo", escribió Leopoldo López en su blog personal dos años después de aquellos acontecimientos.

El sistema judicial venezolano suele acusar de delitos graves a los activistas que piensan distinto: incitación al odio, terrorismo, atentado contra la autoridad, traición a la patria. Pero, si la presión mediática y en las redes sociales para liberar al detenido comienza a ser insoportable, entonces el propio régimen se olvida de sus delitos y le otorga libertad provisional o casa por cárcel. Leopoldo López es el ejemplo más clamoroso, pero hay otros casos.

La jueza Afiuni fue puesta en libertad a la espera de su juicio después de que el propio lingüista e intelectual de izquierdas estadounidense, Noam Chomsky, citado como referente del chavismo, pidiese su liberación.

—Te tienes que convertir en un problema para ellos. Sólo así puedes lograr la libertad —explica Inesita la Terrible, tuitera que estuvo encarcelada por sus mensajes publicados contra el régimen de Maduro.

Cuando fue llevada a la cárcel de El Helicoide, Sairam Rivas tuvo que compartir celda con acusadas de terrorismo, implicadas en supuestos delitos cambiarios y agitadoras de la calle. Al llegar, fue enviada al médico para comprobar su estado de salud y, en ese momento, volvió a recordar otro de los libros leídos sobre las dictaduras implacables: *1984*. En la obra (libro de referencia para los estudiantes en prisión por su actividad política), el médico que examinaba a los presos del régimen daba directrices a los carceleros sobre el nivel de tortura que debían aplicar sobre un encarcelado para presionarlo a confesar, sin que perdiese la vida.

Sairam vio un colchón y su cabeza cinematográfica de inmediato entendió que sería envuelta en él para propinarle batazos. Es una técnica empleada por los esbirros para no dejar marcas durante las torturas. Pero el método no sería aplicado a la joven cuyo caso ya estaba logrando repercusión en los medios de comunicación. Su tortura sería mucho más sutil.

Como la mayoría de los presos, Sairam pudo burlar fácilmente los controles y logró obtener un teléfono Blackberry dentro de la celda. La lealtad al régimen tiene fácil quebranto en el soborno, en algo de dinero para sus malpagados trabajadores.

Con el aparato se hizo una foto con un cartel y un mensaje "Liberen a los estudiantes" que comenzó a circular por redes sociales. La obtención de un teléfono en la cárcel no es, ni mucho menos, una hazaña en el sistema carcelario en Venezuela, donde los custodios se venden por un kilo de arroz o un litro de aceite.

Los funcionarios penitenciarios cobran a los familiares por entregar un teléfono o cualquier otro objeto prohibido a los presos. Pero, cuando tienen las órdenes de hacer una redada, los mismos que los entregaron, los retiran. Cuando se enteraron de que la joven tenía un teléfono, comenzaron los interrogatorios. Y también aplicaban la táctica de confrontación: la más efectiva.

Los custodios castigaban a todos los reclusos por cualquier acción de la líder estudiantil. Se cancelaban las visitas, se retiraban privilegios o se limitaban las salidas a las áreas comunes. Y dejaban bien claro quién era la culpable de las represalias. "Esta semana no habrá visitas por culpa de Sairam".

En la cárcel también difundió cartas a la opinión pública e incluso escribió el guion de un video que circuló por redes sociales con el título "Luchamos por". Entonces sus compañeros de celda comenzaron la confrontación. Le recriminaban su comportamiento y las represalias que les ocasionaba. En la división, se generaba mal ambiente entre los reclusos que cumplían pena por su lucha contra el gobierno. Y de esa forma surgían las confrontaciones, la pelea y el clima hostil entre miembros de una misma causa. Así, el chavismo que desunía y generaba conflictos, mermaba los ánimos y las fuerzas de sus adversarios. Con esa táctica simple y básica, el régimen seguía ganando.

La siembra de armas y el montaje de delitos contra los enemigos ha sido una práctica ampliamente denunciada desde las cárceles donde los presos políticos esperan conocer los cargos que hay en su contra, una primera audiencia para el juicio o una condena.

Los militares encarcelados han sido un colectivo que ha crecido especialmente en la prisión de Ramo Verde. Allí, en los pasillos, en las celdas, en los patios, se repiten las historias de acusaciones repentinas, de juicios expeditos.

Sergio Contreras, político venezolano en el exilio fue encerrado en tres prisiones: en el Sebin, el DGCIM y Ramo Verde. En su recorrido carcelario convivió día y noche con militares acusados de rebelión y traición a la patria. Y, en la soledad de la celda, donde la única distracción es la conversación y la reflexión, contaban los casos que escuchaba con atención.

—Acusaban a sus jefes, los generales, de obligarles a trasladar camiones con contenido desconocido. De un punto a otro. No podían preguntar de qué mercancía se trataba, pero todos sabían que era droga. El que era visto como un peligro o como como un posible delator, terminaba en la cárcel. Pero esa no era la única causa. El que se quejaba, por ejemplo, porque tenía que ir a un acto de Maduro también terminaba entre rejas —explica Contreras desde su exilio madrileño.

A pesar de que la represión más visible por parte del régimen es hacia la oposición o hacia los líderes de las protestas callejeras, son los propios disidentes internos, aquellos quienes han servido al régimen quienes se enfrentan a la mayor de las iras. Hace apenas un lustro, el piloto Óscar Pérez, asesinado en vivo y directo, casi en tiempo real, a través de su cuenta de Instagram, comentaba a su grupo de amigos de la infancia su repudio hacia los trabajos que estaba obligado a hacer.

—Un día nos contó que tuvo que llevar a hacer la compra a uno de los animadores de televisión que ha hecho más campaña para el chavismo. Tuvo que tomar una avioneta del Estado para llevar a la mujer de compras a Aruba. Fue la primera vez que lo vi realmente consternado por el rumbo que estaba tomando el gobierno —explica uno de sus amigos de la infancia, que compartió escuela con el joven que murió acribillado.

Pérez fue tal vez el enemigo más osado del régimen. Robó un helicóptero y lo sobrevoló sobre el Tribunal Supremo de Justicia. En su escape, invitó a los venezolanos a enfrentar al gobierno de Nicolás Maduro a través del artículo 350 de la constitución que anima al pueblo venezolano a desconocer a cualquier régimen que viole los derechos humanos o menoscabe los valores democráticos. Pero el verdadero mensaje de Óscar Pérez, el subliminal, el subrepticio, era el más peligroso. Pérez desnudó al régimen y mostró sus debilidades. Voló ilegalmente un helicóptero a pocos metros del Palacio Presidencial de Miraflores y no fue derribado. No se activó ninguna batería antiaérea ni fue detenido por las fuerzas armadas. Pérez abandonó el helicóptero en la selva y huyó hacia la clandestinidad. Mostró al país y al mundo la vulnerabilidad de la dictadura.

Su asesinato se ejecutó a sangre fría y fue difundido y transmitido por todos los medios. El gobierno no aplicó restricciones. Dispararon por los cuatro costados la casa donde se encontraba refugiado el grupo de Óscar Pérez, a pesar de que había aceptado la entrega y rendición. Y, para que no quedasen dudas, un misil terminó por volar en pedazos la vivienda. El gobierno permitió que ese video, tomado por el bando militar oficialista, diese la vuelta al mundo. El mensaje parecía claro: no habrá piedad contra el traidor. Ningún desertor tendrá otro destino que la muerte.

Las carteras de Harrington

La más cruel venganza es una amenaza que pende siempre sobre las cabezas de los más fieles colaboradores del régimen. Los excesos del presente, la vida gloriosa ilimitada en recursos, que viaja en jet y cena en los restaurantes de París, que disfruta de largas estancias en Madrid, se puede convertir en un infierno de un día para otro, de la forma más inesperada.

Miguel Rodríguez Torres, el mayor general del ejército especializado en infantería, fue uno de los jefes más queridos por los trabajadores del Sebin, el órgano de inteligencia militar que aplica la justicia bajo mandato directo de Maduro o sus más cercanos colaboradores. Mientras diseñaba sofisticadas cárceles para torturar psicológicamente y batir a los enemigos del régimen, mejoraba las condiciones laborales de los carceleros, torturadores y funcionarios del régimen en sus prisiones.

Su decisión en participar en el golpe de Estado fallido del 4 de febrero de 1992, comandado por Hugo Chávez, y su disposición para capturar al expresidente Carlos Andrés Pérez en la acción militar, supuso su mayor aval para alcanzar las cuotas más altas de poder en la era de Chávez. Fue director de la agencia de inteligencia en tres periodos.

Durante su gestión, que comenzó en 2009, la prisión donde se practican las torturas blancas en Venezuela, la Tumba, comenzó a recibir a los presos políticos más peligrosos para el régimen. Rodríguez Torres era el máximo responsable de custodiar a los enemigos políticos del chavismo y de pasar informes diarios sobre su comportamiento, sobre lo que comían y las horas que dormían, según explican desde el organismo.

Nueve años después, los mismos funcionarios que dirigió, los hombres formados para perseguir a disidentes, lo detuvieron y le aplicaron la misma receta que él había ejecutado en su cargo como máximo responsable de los organismos de inteligencia venezolano: aislamiento e incomunicación.

Miguel Rodríguez Torres y la fiscal Luisa Ortega Díaz acusaron a Sairam Rivas y sus compañeros de revuelta de terrorismo y legitimación de capitales cuando actuaban como policías y perseguidores. Hoy, ellos son los perseguidos.

La Fiscalía de Ortega Díaz acusó a los líderes opositores hasta ser responsables de asesinatos cometidos en las protestas contra Maduro en 2014, un expediente que fue todo un montaje, según denunció Franklin Nieves, fiscal en el exilio que denunció presiones constantes para "montar" la acusación en contra de López.

Pero en 2017, la fiscal cambió de postura de forma repentina y tuvo que huir de Venezuela tras ser perseguida por sus excompañeros chavistas. Durante una visita a Madrid, ya en su condición de exiliada, Ortega Díaz anunció que llevaría a Nicolás Maduro a la Corte Penal Internacional por la comisión de delitos de lesa humanidad.

Tras su salida del poder, se muestra más cercana. Abandonó su política de confrontación con los medios adversos. Ahora aparece como su aliada. Tras su huida a Bogotá, la televisión chavista mostró su casa de lujo en Caracas y las costosas botellas de vino dedicadas y con su nombre impreso. La perseguidora terminó siendo perseguida, víctima de su pasado y de ella misma, símbolo de un poder judicial que siempre ha estado sometido a la voluntad de un solo hombre.

Tanto Hugo Chávez como Nicolás Maduro promovían en público la idea de que el sistema judicial en Venezuela, al igual que el electoral, funciona de forma autónoma. Lo aseguran en las ruedas de prensa internacionales. Lo repetían frente a mandatarios extranjeros. Pero, al bajar la guardia, se podían perder en sus propios discursos y sentenciaban a sus enemigos.

El 11 de diciembre de 2009, Hugo Chávez dio una orden en una alocución televisada. "Yo exijo dureza contra esa jueza. Habrá que meterle pena máxima. Treinta años de prisión pido yo en nombre de la dignidad de un país", dijo en referencia a la jueza María Lourdes Afiuni, que decidió otorgar libertad provisional al banquero Eligio Cedeño a quien Chávez había señalado como corrupto y a quien había amenazado con cárcel. Una hora después de tomar esa decisión judicial, la propia jueza era detenida.

En un Tribunal Supremo en el que sus integrantes han tenido estrechos lazos de amistad con el expresidente Chávez o con Maduro, las sentencias suelen salir siempre ajustadas a la línea marcada por el ejecutivo. Lo mismo ocurre en la mayor parte de los tribunales del país. Pero en el caso de que alguna sentencia judicial contraríe la voluntad de la cúpula gobernante, no tendrá ningún efecto real.

La decisión de un juez debería ser sagrada para cualquier órgano de gobierno, pero el chavismo quiso violarlas abiertamente, sin ningún tipo de escrúpulos. Con la llegada de González López al Sebin (inteligencia militar), las decisiones de los jueces comenzaron a ser contrariadas.

—Firmábamos órdenes de excarcelación y no eran ejecutadas. Y los reclusos seguían meses, incluso años en prisión, pese a haber sido absueltos por los tribunales. Pero esa no fue la mayor aberración. Comenzaron a cobrar a los familiares para ejecutar la orden de los jueces. Es decir, pedían sobornos para cumplir una sentencia. Es algo nunca visto en la historia del país —explica un juez en ejercicio que ha solicitado mantener su nombre en el anonimato por temor a represalias y que confirma la versión de la fiscal exiliada.

En el montaje de los juicios, el aparato represor tampoco hace demasiados esfuerzos por armar expedientes y juicios creíbles. El primer preso político de Nicolás Maduro, Antonio Rivero, llamó a manifestarse en la calle después de la discutida victoria electoral de Nicolás Maduro el 13 de abril de 2013. Fue apresado de inmediato. El arresto causó revuelo, pero uno de los fiscales que tuvo acceso al expediente descubrió un detalle llamativo: Rivero había sido acusado de "asociación para delinquir" aunque era el único miembro de la supuesta organización criminal. El mecanismo fue utilizado posteriormente y de forma sistemática a casi todos los políticos perseguidos o detenidos del partido Voluntad Popular.

—Para demostrar la asociación para delinquir se necesita, como es lógico, identificar al menos dos personas para considerar acreditada la asociación, pero casi en todos los casos sólo había un asociado —explica otro fiscal en activo que también solicitó el anonimato.

El hostigamiento no sólo está dirigido a los enemigos del régimen sino también a su entorno. Las familias de los perseguidos políticos suelen enfrentarse a dos fantasmas durante su reclusión: el chantaje y la persecución. Y si las penas no pueden ser cumplidas por quienes supuestamente cometieron delitos, sus allegados comienzan a ser perseguidos y heredan, de manera informal, la condena. La familia de Juan De Sousa sufrió las dos condenas.

De Sousa fue acusado de ser un conspirador contra el régimen al ser identificado como un peligroso tuitero, instigador a la rebelión y trabajador en un movimiento para liquidar el gobierno de Maduro. Y, en paralelo con su arresto, comenzaron a perseguir a sus familiares, sin importar la edad.

El hijo menor de De Sousa sufrió en carne propia el terror de la dictadura cuando tenía quince años, junto a su hermana de nueve. Michael, que ahora vive en el exilio en una pequeña localidad de Francia, subió a una camioneticas (especie de minibús) para ir a su casa. Las camioneticas suelen estar llenas de pasajeros en Venezuela y, en esa ocasión, Michael y su hermana tuvieron que viajar de pie, al lado de la puerta.

En el primer semáforo, tres motos se atravesaron en frente del vehículo y un grupo de hombres vestidos de negro, ingresó en el vehículo y haló por el brazo a Michel con la intención de bajarlo. El adolescente, impactado por el momento, sólo tuvo una reacción instintiva: sujetar a su hermana para no separarse de ella. En plena calzada, a los pies del vehículo, un hombre alto, de 1,80 metros de altura, y pelo rapado, alzó al menor del cuello y lo aplastó contra la carrocería de la camioneticas en plena calle.

Bajo el sol ardiente de una tarde caraqueña y entre el ruido de motores y cornetas intermitentes de la avenida, la acción podía ser un robo, un acto de delincuencia común, pero la perspicacia del venezolano y el tufo de la dictadura hizo que los pasajeros comenzaran a increpar a los hombres: "¡chavistas", "¡hijos de puta!", "dejen al muchacho!". Nadie tenía duda de lo que se trataba. Sabían que el operativo no era obra de la delincuencia común, sino de la delincuencia aferrada al poder.

La niña quedó petrificada ante la agresión a su hermano. Los hombres no se llevaron ni la cartera, ni el teléfono, ni ninguna de las pertenencias, pero sí dejaron un mensaje contundente: "Sabemos quién es tu papá". Con esa frase escueta, dejaron constancia de su visita.

Parecía que el régimen estaba interesado en que el padre detenido supiese que la persecución y la inseguridad también había llegado a sus hijos menores de edad en la calle. Pero eso no ocurrió. La familia decidió ocultar el episodio al padre, para evitar que su tormento en la cárcel fuese aún mayor. Y, además de la persecución de los hijos menores, la familia también descubrió la naturaleza de sus perseguidores.

El día de la detención de De Sousa, su hijo Angelo también fue interrogado. Los funcionarios del régimen explicaron al joven que acudiría a las dependencias policiales para ser testigo del proceso que se le seguía a su padre. En principio, preguntaron si el procedimiento policial había contado con todas las garantías y si se habían respetado los derechos humanos de su padre y su familia.

En medio del interrogatorio, una mujer se acercó al detenido. En ese momento, el joven desconocía su identidad, aunque estaba convencido de que se trataba de una fiscal. De Sousa se encontraba en una habitación grande, dividida en varios cubículos. Le hizo una pregunta inquietante.

—Me preguntó si yo trabajaba en Mario Hernández, las tiendas del diseñador de carteras del mismo nombre. Le dije que sí, que trabajaba en una tienda de él —explica Angelo.

El hijo del detenido, que prestaba declaración como testigo, no llegaba a entender el propósito de aquella mujer. ¿Qué tenía que ver su lugar de trabajo con la investigación por conspiración contra su padre? ¿Por qué estaba interesada en la firma del diseñador para el que trabajaba? Entonces, la mujer se acercó al joven, casi al oído.

—Me dijo que todo estaría bien, que no pasaría nada malo ni a mí ni a mi papá si le conseguía una cartera de Mario Hernández —explica el joven en entrevista telefónica desde Francia, donde se exilió con toda su familia.

El muchacho no sabía qué responder. Aquella fiscal lo estaba extorsionando frente a los funcionarios que lo interrogaban sin ningún tipo de pudor. Pensaba en que su padre podía estar torturado, pero desconocía el verdadero poder de esa mujer. Temía dar una respuesta negativa o positiva. Entonces, una frase se deslizó entre sus labios, con pesar, casi sin desearlo. "Está bien".

La mujer mostró cierta insistencia en su gusto por esas carteras, por sus colores y sus formas. Entonces, Angelo pudo ver que llevaba una de esa marca. No sabía de quién se trataba, pero meses después, cuando la fiscal general Luisa Ortega huyó del país tras sus críticas al gobierno de Maduro, descubrió por televisión, su nombre. Era la fiscal Harrington.

—No es que me pareció ni tuve una ligera impresión. Estoy completamente seguro de que era ella. La fiscal Harrington me pidió una cartera Mario Hernández para procurar que a mi padre "no le pasara nada malo".

Prema. Amor.

Capítulo 13

Aceite bendito en los genitales

El amor es el primer paso en el camino que conduce a la gracia divina, pero el hombre se revuelca en el anhelo de la comodidad y el placer físico y es perseguido por la nefasta compañía de la lujuria, también llamada ira. Cuando se frustra la lujuria, la ira lo invade y se vuelve bestial e incluso demoníaco. Cuando la lujuria envuelve al corazón del hombre, la verdad, la justicia, la compasión y la paz se alejan de él. Así, el mundo degenera en un nido de víboras.

Discurso de Sai Baba el 12 de agosto de 1972.

—*Take off your pants.*
"Bájate los pantalones". Alaya Rahm, joven estadounidense, quedó inmóvil. No sabía cómo reaccionar. Se encontraba a solas con el dios de sus padres, el gurú que había adorado su familia durante décadas.

El creador del amor infinito, que promulgaba la paz, la verdad y la rectitud, había dado una orden clara. Quería que el joven atlético, rubio, de ojos azules y 1,90 metros, quedara desnudo ante sus ojos. Su mandato lo tenía confundido. ¿Cuál era el motivo por el cual el gurú de millones de devotos lo invitaba a quitarse la ropa?

Alaya había sido elegido para participar en una entrevista conjunta con otros devotos en el salón contiguo al *mandir*, el altar mayor, pero, para su sorpresa, Sai Baba lo llamó a otra privada en una habitación más pequeña. Allí, el dios tenía el dominio más pleno del escenario. No había espectadores ni testigos. Sólo Sai Baba y el joven, con una luz tenue y en completo silencio, Swami había hecho aparecer un pequeño frasco de aceite, como solía hacer en cualquiera de sus actos públicos.

—Le pregunté por qué tenía que bajarme los pantalones. Me dijo que me pondría aceite sanador en mis genitales para lograr el equilibrio. Yo estaba muy incómodo, pero pensé que me lo estaba pidiendo Dios y que él no podía hacerme nada malo. Él era el creador y yo estaba convencido de que tenía auténticos poderes —explica Alaya Rahm, joven estadounidense exdevoto de Sai Baba, en conversación telefónica desde Arkansas.

La comunicación de Alaya con el dios que le tocaba los genitales nunca fue demasiado fluida. Sai Baba hablaba inglés con dificultad. Sus verbos siempre caminaban sueltos, aparecían de forma atropellada, pero el mensaje quedaba claro. Alaya llegó a sospechar, desde un primer momento, que el dios de sus padres, el hombre con poderes mágicos inexplicables, sentía atracción sexual hacia él.

Estaba forzado a hacer algo que no deseaba. Se encontraba en plena efervescencia juvenil y cada vez sentía más deseo sexual por las chicas de su edad. No podía sentir atracción por un hombre mayor a quienes todos veían como un ser puro, un abuelo incapaz de tener ningún tipo de apetito por nadie. Sai Baba era asexual porque era divino, santo, y no tenía pensamientos impuros. Los pecados de este mundo no le pertenecían. Él estaba en otro plano.

Los encuentros de Alaya con Sai Baba comenzaron a ser cada vez más frecuentes. Siempre que se acercaba al *ashram*, era llamado para una entrevista privada. El joven se había convertido en el centro gravitatorio de las miradas de su equipo de ayudantes. Despertaba envidia y también enojo. Los *sevadales* y los integrantes del círculo íntimo de Sai Baba comenzaron a reconocerlo incluso entre las multitudes. No era una tarea complicada. El joven de cabello rubio ondulado sobresalía entre todos. Y no había día en que Alaya asistiera al *mandir* y no fuese detectado.

Con cada llamada se sentía más incómodo. Después de varias sesiones, agachaba la cabeza para pasar inadvertido. Esquivaba las miradas de los *sevadales* y del propio Sai Baba. Pero al final, los ojos del dios de Puttaparthi siempre lo encontraban y era señalado con su dedo infinito que atravesaba cabezas indias, occidentales, cabellos frondosos, canosos, pieles blancas y de color, para siempre terminar apuntando su rostro y con la misma orden: *"Interview". "Come on, interview"*.

De inmediato, los ayudantes acudían a su lado y lo llevaban hasta el recinto de las entrevistas grupales. Y allí siempre Alaya era elegido para una entrevista adicional a solas, sin testigos.

En la medida en que acudía con más frecuencia a la diminuta habitación con Sai Baba, la concepción que Alaya tenía sobre su dios iba desmoronándose. Ante sus ojos, era cada vez menos divino y más humano. Se trataba de una degradación lenta pero progresiva. Sus poderes iban desapareciendo hasta emerger su lado menos conocido, la intimidad que sólo Alaya contemplaba en la habitación cuando el gurú masajeaba sus genitales con aceite.

Las sesiones entre Sai Baba y Alaya comenzaron a ser cada vez más habituales hasta que en una de esas citas el joven rubio se derrumbó. Una tarde, Swami lo invitó a bajarse de nuevo los pantalones, pero en esa ocasión el gurú también se quitó su túnica. Sai Baba se dirigió hacia la mesa donde tenía el frasco de aceite, que arrojó sobre las palmas de sus manos. Cuando masajeaba sus genitales, pudo ver cómo el santo tenía una erección. Y, de repente, se abalanzó sobre él y comenzó a besarlo.

El joven estaba paralizado. No sabía qué hacer ni qué decir. Al final, vio cómo el gurú tuvo lo que parecía una escasa eyaculación. Alaya miró la puerta y las cuatro paredes. Quería salir corriendo para no regresar más. Afuera estaba esperando el resto del grupo, ansiosos por conocer qué enseñanzas espirituales había adquirido. Y en los alrededores, miles de fieles también deseaban una cita privada con Swami, sin siquiera imaginar lo que podía suceder en *"the small room"*.

El dios notaba la tensión en su discípulo, pero insistía en explicar que nada de lo que sucedía allí tenía connotación sexual. Sai Baba quería equilibrar sus energías y dar sanación a su vida. El joven no llegaba a comprender el motivo de aquellas sesiones, pero Sai Baba, como buen dios, decía que sólo deseaba lo mejor para él.

Los devotos creen que Swami podía leer el pensamiento de cualquiera y aquella tarde, Alaya pensó que era posible. Sai Baba intentó quebrar sus piernas, tal vez con la intención de penetrar al joven. Pero el anciano era muy pequeño y débil frente al cuerpo macizo del muchacho de Arkansas. Al ver la imposibilidad de consumar el acto, el dios, frustrado, lanzó una advertencia que retumbó en la cabeza del devoto durante muchos años.

—Si cuentas algo de esto a alguien, te quedarás sin pene.

El joven no tenía certeza de si se le caería su miembro o si Sai Baba lo mandaría a cortar como venganza en caso de alguna delación, pero estaba claro que el dios de su familia no estaba jugando. A partir de ese momento, el "*American boy*" comenzó a ser más esquivo. No quería asistir al *darsham*, la ceremonia celebrada cada mañana y cada tarde, y sus padres notaron un cambio de comportamiento.

—Fueron unos 20 encuentros sexuales en total. Siempre eran iguales. Presionaba mi cabeza contra su pene. Me obligaba a hacerle sexo oral. Y él también introducía mi pene en su boca. Él lo intentaba disfrazar como un tema energético, pero era evidente que se excitaba conmigo —explica Alaya.

En los encuentros grupales, Sai Baba regalaba al joven anillos de oro con piedras preciosas, billetes de 100 dólares y relojes de la marca Festina. También entregaba abundantes regalos a su familia que todavía conserva en el garaje de su casa como agrio recuerdo de aquellos años.

Guarda en su memoria sus primeras celebraciones litúrgicas en el *ashram* de Sai Baba. A los pocos días de pisar el *mandir*, ya fue el elegido. Él y su grupo de amigos estadounidenses habían sido seleccionados para obtener una entrevista privada con Sai Baba.

Se sentían afortunados, porque los devotos contaban que lo normal era ser llamados después de muchos años de asistencia. La selección entre miles de personas no dejaba de ser una casualidad divina.

La entrevista privada siempre había sido el *summum* de los encuentros con Sai Baba. En las filas de los ansiosos devotos, alguna mujer se ponía de pie y, con sus brazos juntos en señal de súplica, dirigía su petición: "*Interview, interview*". Sai Baba casi nunca seleccionaba a los arrojados y nerviosos. Prefería a los grupos calmados, a aquellos que aparentaban disfrutar en paz de sus sermones.

En las entrevistas privadas celebradas en la recámara detrás de su altar, solía aceptar preguntas. Respondía y daba consejos. Se arriesgaba a hacer diagnósticos de los problemas y predicciones. A veces vagas, otras veces más concretas. "Debes ir al médico a revisarte". "No seas tan impaciente. Aprende a aceptar que lo que tenga que llegar, llegará".

En el habitáculo más grande, organizaba las entrevistas grupales. Las sesiones solían durar entre 10 y 30 minutos pero, en casos excepcionales, alguno de los presentes podía ser llamado por Sai Baba para una entrevista a solas. Swami contigo en una habitación. La divinidad disponible para tu uso y disfrute, en cuatro paredes.

En su primera cita, pudo percibir cómo generaba envidia en el resto del grupo. Mujeres, hombres, jóvenes, mayores, estadounidenses, indios… todos querían pasar unos 15 minutos a solas con dios.

El grupo pudo hacer preguntas a su gurú, que estaba sentado en su silla, rodeado de sus ayudantes de confianza vestidos de blanco. Era una sala modesta y lujosa a la vez. Modesta para un dios, pero excesiva para un país como India. A su lado, siempre tenía un ventilador encendido. Atendía de forma rutinaria a sus visitantes, casi siempre con los mismos consejos y a veces con preguntas genéricas: ¿por qué estás tan preocupado?

En la medida en que aumentaban los encuentros sexuales, Alaya fue perdiendo la devoción y también comenzó a percibir los actos públicos de Sai Baba de forma distinta. La magia también se había esfumado, casi por completo. El halo divino y místico había descubierto a un hombre que jugaba a ser Dios y que guardaba las joyas que hacía aparecer en público en el reposabrazos de su silla. Era el momento mágico que tanto cautivaba a la audiencia: Sai Baba materializaba, hacía aparecer objetos de la nada. Alaya veía cómo Swami sacaba las cadenas de ese lugar secreto que ningún devoto más, en su fe ciega, podía ver.

Entonces, al ganar confianza, el propio dios comenzó a tejer cierta complicidad con su seguidor. Lo miraba antes de aparecer algo y le sonreía con picardía. Era un guiño a la ilusión colectiva, a la farsa que podía hipnotizar a masas enteras ante el movimiento circular de su mano. Con esos gestos, el joven percibía que Sai Baba le estaba enviado un mensaje. "Te estás dando cuenta que todo esto es un *show*. Tal vez tienes razón, pero es divertido".

Sai Baba convenció a millones de seguidores de que era la reencarnación del dios Shiva y del profeta Sai Baba de Shirdi, pero fue incapaz de que el joven Alaya sintiera algún tipo de atracción física ni sexual hacia él. A pesar de ello, el gurú parecía no rendirse.

Swami sospechaba que Alaya se impresionaba por sus demostraciones de poder. Por eso, cada vez que asistía algún alto político de la India, mandaba a llamar al joven para que presenciara cómo la máxima dirigencia de su país estaba rendida ante él. Y, en ocasiones, la rendición era literal. Vio cómo líderes a quien ni siquiera conocía, tocaban y besaban sus pies con gran fervor. No sabía quiénes eran ni cuánto poder tenían, pero podía imaginárselo por el movimiento de gente, los guardaespaldas y el despliegue de automóviles oficiales.

En sus ratos libres en el *ashram*, el joven americano intentaba hacer vida normal y disfrutar con devotos de su país. En el *ashram*, todo está clasificado para que cada feligrés comparta tiempo y espacio con sus congéneres.

Las familias, las parejas y los devotos que acuden solos al *ashram* son clasificados en función de su nacionalidad. Indios con indios, occidentales con occidentales. Mujeres solas en una instalación separada. Hombres occidentales separados de los hombres indios. Y Alaya, al final del *ashram*, en las enormes habitaciones al final del recinto.

Allí compartía con jóvenes entusiasmados con el mensaje de Sai Baba y con otros como él que parecían tener otras inquietudes: conocer gente, culturas, disfrutar de una experiencia muy diferente a la que imaginarían en sus países de origen.

Alaya caminaba con la imagen de Swami desnudo, forzándolo a tener una intimidad que no deseaba, por los pasillos polvorientos del recinto. Iba a las comidas de la cantina con el temor de que esa tarde podía ser elegido de nuevo y debía complacer sexualmente al dios que todos adoraban. Era una escena que le perturbaba y que lo había convertido en un chico más callado, arisco, muy distinto del que había llegado.

Una tarde en la que compartía con sus amigos estadounidenses en un paseo por el *ashram*, Alaya quiso exteriorizar esos pensamientos que lo atormentaban en los días calurosos y en las noches agobiantes. Y decidió contar a uno de sus amigos su inquietante experiencia.

—Swami me restregó un aceite en mis pelotas.

De inmediato, su compañero, atónito, miró a los lados. Quedó estupefacto con lo que había escuchado. Alaya pensó que podía estar ofendiendo la fe de un devoto alarmado al escuchar semejante historia en la voz de otro fiel. Pero su respuesta lo sorprendió aún más.

—No digas eso en alto. Esas cosas no se deben hablar aquí.

Alaya comenzó a repetir el mismo comentario de forma insistente entre otros fieles, jóvenes y occidentales como él. Para su sorpresa, aquellos episodios rigurosamente secretos, parecían de dominio público entre el grupo de apuestos jóvenes estadounidenses. Ninguno se sorprendía con las historias. Todo lo contrario. Le aconsejaban guardar silencio y no mencionar el tema frente al resto de devotos.

Las preferencias sexuales de Sai Baba siempre han sido un tema intocable dentro del recinto sagrado, construido bajo las órdenes y caprichos del último gurú mediático de la India. Y, dentro de aquel espacio, había una norma tácita de no mencionar aquel secreto a voces entre los estadounidenses.

El "American boy", el joven preferido de Sai Baba, se había hecho tan conocido en el *ashram* que el máximo jerarca de la organización, un ciudadano estadounidense, Michael Goldstein, tenía contacto permanente con la familia de Alaya. Guardaba el teléfono y la dirección de sus padres, que recibían un trato exquisito por parte del equipo más cercano de Sai Baba y del máximo jerarca de la organización Sathya Sai.

Pero esa información personal, al alcance del gurú, no fue utilizada para acosar al joven. Sai Baba nunca llamó a su casa ni envió mensajes a su móvil. Tampoco preguntó cuándo volvería a la India. Parecía que se conformaba con aquellos encuentros esporádicos y secretos en la habitación. Y, probablemente, tras la desaparición de Alaya, llegaron otros sustitutos.

Cuando Alaya decidió contar lo sucedido a su familia, su madre Marisa no podía dejar de llorar. La embargaba una sensación de culpa por haber arrojado a su hijo a las manos de un depredador sexual. Se sentía ridícula al recordar todas las canciones que compuso y cantó, guitarra en mano, con su marido y amigos en honor a Swami.

Su padre Al, en cambio, restó importancia al hecho en un primer momento. Aseguró que Sai Baba también le había masajeado con aceites sanadores a finales de los años sesenta, cuando decidió conocer el *ashram* como una vía de búsqueda espiritual.

Marisa, la madre de Alaya, conoció a su marido en la California *hippie* de los años sesenta, cuando las consignas de paz, amor y la lucha pacífica contra la guerra de Vietnam movilizaron a la juventud de medio país. En ese momento, la madre de Alaya estaba entregada a la fiesta y a las drogas, pero el padre había decidido transitar otros caminos espirituales: el yoga, la meditación y la espiritualidad.

En esos años, los Beatles habían emprendido un viaje al *ashram* de Maharishi Mahesh Yogi, un gurú en ese momento desconocido y que adquirió una enorme popularidad tras la visita de los músicos. El grupo también pasó por el templo Hare Krishna y continuó su periplo por el país en un viaje en el que George Harrison también acudió al *ashram* de Sai Baba y contribuyó con la configuración del mito.

Con esa publicidad internacional, Sai Baba iba ganando devotos en los cinco continentes. Alaya, ya hecho hombre, sigue viviendo en la misma casa en la que sus padres fundaron la iglesia de Sai Baba en Arkansas.

Aunque las actividades y la sede espiritual de la organización se ubican en Puttaparthi, el epicentro de su actividad empresarial reside en Estados Unidos. Y Goldstein es el encargado de supervisar toda la actividad internacional.

A sus oídos también llegaron los abusos sexuales —nunca probados en ningún juzgado ni tribunal— que Sai Baba presuntamente cometió contra sus fieles seguidores varones. El máximo jerarca del movimiento entró en cólera cuando una periodista de la BBC preguntó sobre estas denuncias. Michael Goldstein perdió los nervios, gritó y expulsó al equipo periodístico enviado a Estados Unidos.

La organización siempre ha sostenido que las denuncias de abuso sexual que afrontó Sai Baba en vida no son más que meras invenciones de los exdevotos que buscaban extorsionar a Swami. Sólo querían sacar provecho y dinero a costa de un falso testimonio. Después de muerto, Alaya sigue sosteniendo su versión, y con detalles, de los hechos denunciados. Veinte años después de aquellos episodios, confiesa las verdaderas consecuencias de sus encuentros sexuales en "the small room". "Caí en las drogas".

En el *ashram*, los devotos de a pie, los fieles comunes y anónimos tienen otra versión. Emiliano, mi guía en el recinto de la paz suprema, explica que cuando apenas contaba con 15 años, tenía un amigo que había llegado al recinto espiritual con las hormonas revolucionadas. Era una mala edad. El chico sólo miraba las piernas, el trasero y los senos de las devotas jóvenes como él. Entonces, en una reunión privada, Sai Baba tocó sus genitales.

—Si yo no conociese a Sai Baba, diría que quiso abusar de mi amigo, pero no fue así. Sólo le tocó sus partes para calmarlo y para que pudiese estar concentrado en el trabajo espiritual que venía a hacer —explica Emiliano.

En esa misma época, en la que Emiliano y Alaya compartían, sin conocerse, espacio en el *ashram*, la familia del joven estadounidense ganaba influencia dentro de la organización. Alaya creció en un entorno poco habitual en una región dominada por blancos protestantes y su familia se había convertido en la gran evangelizadora de Sai Baba en Estados Unidos.

—Una de las cosas que me diferenciaba del resto de niños normales de mi época era que yo pertenecía a una familia que estaba convencida de que vivíamos en un planeta en el que Dios estaba viviendo en forma humana entre nosotros —explica Alaya.

Su padre, que viajó de adolescente a California, escuchó las historias de un dios viviente que desde la India predicaba el bien. Luego comenzó a leer libros sobre su mensaje y fue cautivado por el verbo y la acción.

Con los años, fue contagiando su devoción a su esposa y a su pequeño hijo Alaya, que se unió a los viajes a la India como unas vacaciones más. De pensamiento abierto, asegura que su mente nunca se ha cerrado a comprender las complejidades y divinidades del universo. Y Sai Baba era una de ellas. De adolescente disfrutaba del *ashram*, de las comidas en las cantinas, del cantar de los pájaros en las mañanas, el madrugar del grupo para hacer la cola e ingresar al recinto sagrado.

En su primer viaje, acudió a Puttaparthi con la familia de un amigo. Era un grupo de unas diez personas, todos estadounidenses. En esa época, el recinto sagrado del gurú poco tenía que ver con las dimensiones que adquirió años más tarde. El turismo espiritual de occidentales apenas comenzaba. Se veían grupos de argentinos o de estadounidenses y, en menor proporción, venezolanos. Pero todavía no había comenzado la avalancha masiva de turistas espirituales que transformó por completo la fisionomía de Puttaparthi.

Alaya Rahm responde el teléfono de forma pausada. Su tono de voz transmite tranquilidad, placidez. Se toma su tiempo para contestar cada pregunta. Ya no es el chico joven que asistía con entusiasmo a las materializaciones divinas de Sai Baba. Ahora duda de todo. Creció con todas las comodidades de una familia de clase media en la América interior. Era un joven lleno de ilusión por conocer nuevas formas de ver la vida. Sus palabras transmiten un aire de melancolía, de los tiempos pasados mejores, de las ilusiones perdidas.

Alaya ha sido uno de los pocos devotos que se ha atrevido a denunciar los supuestos abusos cometidos por el fundador de la religión *saibabista*. Pero no ha sido el único. Los episodios de tocamientos, que se extendieron como una amplia sombra sobre el recinto sagrado de Sai Baba, no son los que han causado mayor conmoción.

El cadáver de una mujer colgada en una sala del centro de enseñanza de Sai Baba, en Puttaparthi, perturbó el amanecer en La Morada de la Paz Suprema. Sai Prava de Delhi tenía treinta años y trabajaba como profesora en el centro de estudios Sai Vidya Vahini, donde acuden los estudiantes de la zona. El recinto es una referencia para la nueva educación que impulsa el gobierno en la India.

Bajo la supervisión de la Organización Sathya Sai Central Trust, el centro de estudios para el "hombre nuevo" se erige como una escuela para la devoción a Sai Baba y para la enseñanza de sus valores universales.

Sai Prava había renunciado a su puesto de trabajo apenas un mes antes de su muerte. Sus correos electrónicos mostraban que había tenido graves discrepancias y enfrentamientos con su jefe, según las primeras investigaciones de la policía, que fueron archivadas. Pero, por motivos que nunca se llegaron a conocer, la mujer ingresó de noche en el recinto y se ahorcó en uno de los salones donde había dejado de trabajar un mes antes. Al menos, esa fue la versión oficial que no ha estado exenta de controversias.

La noticia de la muerte se expandió como un eco perturbador por el *ashram* de la quietud, de las oraciones constantes y de la rutina repetida. Ernesto, uno de los seguidores argentinos que me guiaron durante mis primeros días en la India, parece esquivar los conflictos terrenales. Todas las batallas entre hombres se quedan pequeñas ante sus inquietudes más trascendentales. Sus mañanas están dedicadas a sumergirse en los libros de la biblioteca del *ashram*, donde no se encuentran obras de los autores reconocidos. La tinta impresa en esos libros es palabra divina. Nada puede cuestionar todo lo que allí ha quedado marcado por la voluntad de los dioses. Cualquier razonamiento es inútil ante la idea de los creadores del universo. Sai Baba lo dijo cientos de veces. "No traten de entender mi divinidad. Nunca podrán hacerlo por lo limitado de sus mentes".

Y las mentes limitadas parecían aceptar con resignación que nunca podrían alcanzar a entender su capacidad para sanar enfermos de cáncer o su don para fabricar con el movimiento de sus dedos las cenizas sagradas que calman la ansiedad, aplacan los odios y atraen la paz.

Ernesto conoce a los presidentes de la India, sus políticas y sus conexiones con el *ashram*. También está al tanto de las intrigas del poder que recorren la institución y tiene noticias de la muerte en extrañas circunstancias de la extrabajadora de Sai Baba.

Me cito con Ernesto en el lobby del hotel donde decidí instalar mi lugar de trabajo en Puttaparthi. El dueño del establecimiento es uno de los empresarios más prósperos del pueblo. La entrada del hotel es todo un lujo en la India de los vendedores ambulantes con la fruta en el suelo, donde basura y comida comparten espacio en pocos metros y donde los niños corretean detrás de los turistas en busca de alguna moneda.

Los pasillos y estancias muestran fotos de gran tamaño de Sai Baba, en color o en blanco y negro. Hay plantas bien cuidadas y el suelo no está lleno de mugre. Incluso parece que es limpiado a diario. El dueño del hotel fue fotógrafo personal de Sai Baba y se muestra como fiel seguidor.

En uno de los sillones del pasillo principal, espero a Ernesto, que todavía no oculta sus cautelas con un desconocido que hace demasiadas preguntas. Delgado, algo encorvado y con lentes de alta graduación, es también conocido como "El Che". Podría ser un intelectual, pero sus intereses no están en la filosofía, ni en las letras, ni en la política, sino en la literatura acerca de Sai Baba, esa que narra sus hazañas como episodios bíblicos.

Ernesto no defiende a capa y espada a la organización Sathya Sai. Reconoce que se trata de un entramado de intereses, de afán de dinero y poder. Es la miseria humana que rodea hasta al mismo dios.

El Che *saibabista* tiene una curiosa manera de justificar las intrigas, las confrontaciones e incluso los extraños suicidios ocurridos en el *mandir*. Explica que no son más que juegos de Sai Baba, que se divierte manipulándonos a todos nosotros a su santo capricho. Incluso en el caso de que haya ocurrido un asesinato que no ha visto la luz, todo forma parte de una dulce travesura. Son los "lilas". Así se llama a los juegos de los dioses en la India. Las pequeñeces y los divertimentos fatuos de un ser cuya voluntad está por encima de todas las voluntades del planeta juntas.

Ernesto ha tenido noticias del extraño suicidio de la mujer. Inmediatamente, al ser preguntado por la cuestión, asiente. Es un asunto conocido, a pesar de la censura oficial de la organización. También está convencido de que es un capítulo extraño. Nadie acude de noche al *ashram* a escondidas, burlando todos los mecanismos de seguridad, para suicidarse.

El episodio fue enterrado rápidamente por los responsables del *ashram*. Pero no todos han dado carpetazo. Un seguidor de Sai Baba residente en Singapur alertó a la policía local de que, más que un suicidio, las circunstancias de la muerte de la mujer guardan semejanzas con un asesinato. "He seguido el tema simplemente por el *dharma*. Quiero que salga a la luz la verdad", explica el señor identificado como Ganti a través de una conversación por mensajería instantánea sin querer profundizar en mayores detalles por miedo a represalias.

Ganti ha alertado sobre las incongruencias del caso y también ha investigado los cabos sueltos del asesinato en la morada de Sai Baba. Tiene sospechas de que no se trata de un suicidio. Alguien asesinó a la extrabajadora, como también fueron asesinados en el recinto sagrado los estudiantes y ayudantes de Sai Baba en 1993.

Ernesto también está enterado del caso de los cuatro jóvenes que fueron acribillados en los aposentos de Sai Baba, en el episodio más turbio de la congregación. La versión oficial sostiene que los devotos entraron la noche del 6 de junio de 1993 por sorpresa, armados con cuchillos para asesinar a su dios.

Los jóvenes burlaron los férreos círculos de seguridad, pasaron inadvertidos ante el circuito de cámaras de vigilancia y lograron llegar armados hasta su casa, ubicada en la parte posterior al templo. Las alarmas saltaron. Sai Baba escapó de sus aposentos aterrorizado. No voló ni se desmaterializó, como podría haber hecho, dados sus poderes, sino que salió corriendo como cualquier hijo de vecino, temeroso de que un cuchillo acabase con su vida.

La perturbadora jornada terminó con los devotos acribillados en las adyacencias de la habitación de su dios. Los policías acudieron al recinto y dispararon contra los jóvenes que murieron en el acto y dejaron las paredes sagradas llenas de sangre.

Las familias denunciaron que el caso era un montaje de la todopoderosa organización y de la policía. Los jóvenes no querían asesinar a Sai Baba, aseguraban. Hubo detenciones ante algunas dudas en la investigación. Los cadáveres fueron encontrados en la planta inferior, abatidos por los disparos de la policía, aunque la versión oficial apunta a que llegaron a las puertas del dormitorio de Sai Baba, en la planta superior y, por tanto, los agentes se vieron obligados a disparar.

La versión de un posible asesinato premeditado se expandió entre los detractores y el hecho ha quedado en la hemeroteca como uno de los más sombríos en la historia de la organización.

Robert Priddy, uno de los exdevotos que ha denunciado durante los últimos años casos de agresión sexual, falsas curaciones y milagros y otros oscuros episodios ocurridos dentro de la organización, está convencido de que los cuatro hombres fueron ejecutados de forma planificada. Y la razón, nunca comprobada pero que se extendió como una verdad absoluta entre los adversarios: los jóvenes habían sufrido abusos sexuales en el *ashram*. Y estaban dispuestos a contarlo todo.

Capítulo 14

De la matraca al exterminio

Wilmer ha perdido la cuenta de los asesinatos por encargo que ha ejecutado. Pueden ser más de 100, pero también más de 200 o de 300. Es una cuenta que no tiene clara. Cuando estaba en libertad, mataba de noche, siempre por encargo de sus jefes de la Guardia Nacional, la fuerza policial más plegada a los designios de Nicolás Maduro.

Llevaba un papel con el nombre y la dirección del sentenciado. La operación era rápida: entraba con el rostro cubierto con una capucha negra en la casa del sentenciado. Un disparo en la cabeza o en el pecho y la operación se daba por terminada. Luego del asesinato, sus compañeros, otros 14 agentes de la Guardia Nacional, limpiaban la escena del crimen. Retiraban los casquillos y casi siempre obligaban al muerto a disparar. Era necesario que en los dedos del asesinado hubiese restos de pólvora porque, de esa manera, constaría en los registros forenses como un fallecido en un ajuste de cuentas entre delincuentes.

Las armas que accionan los muertos son las "armas sucias". Han sido robadas, generalmente se encuentran sin identificar y se utilizan para modificar las escenas del crimen. Si los sentenciados vivían con sus familiares, eran encerrados en otra habitación. Poco importaba si alguno de ellos había sido testigo de la irregularidad. Los asesinos siempre iban con el rostro cubierto. Era imposible su identificación.

Pero desde que está en la cárcel, Wilmer tiene que salir a matar de forma diferente. Los encargos no son tan frecuentes como antes. Hay más voluntarios para ejecutar un trabajo al que pocos se atreven. Sus jefes de la Guardia Nacional recurren a él para cometer los crímenes en los que no puede haber errores. Sus trabajos siempre resultan infalibles. ¿Quién puede sospechar que un delincuente sea asesinado en su casa por alguien que está recluido en una cárcel? ¿Puede haber algo más inverosímil que un recluso que sale de la prisión para asesinar por encargo y regresar sin levantar sospechas?

La figura del sicario preso garantiza una impunidad al crimen cometido. Un recluso debería ser inimputable por los delitos que se hayan cometido fuera de su recinto penitenciario.

Wilmer usa un nombre ficticio para esta entrevista. Es un asesino a sueldo, pero a diferencia de los sicarios del país, hace su trabajo gratis. Los contactos que un expreso político dejó en la cárcel me permitieron contactarlo. Ya no cobra por disparar y matar. Esa ha dejado de ser su forma de vida. Ahora lo hace para obtener beneficios en la cárcel donde cumple condena por, precisamente, asesinato. Es un sicario *low cost*, el asesino perfecto. No tiene poder para exigir grandes pagos.

Cada muerto de Wilmer tiene como premio varios días de libertad. Calcula que puede estar unos 15 días fuera de la cárcel, donde intenta hacer una vida normal, pero secreta, sin dejar rastro. Su única preocupación es que no sea descubierto fuera de la prisión, de donde se supone que no debe salir mientras espera su condena.

Cuando pertenecía oficialmente al grupo de exterminio, cobraba por bala. Los autores intelectuales querían asegurarse de que no hubiese errores. Un solo disparo podía suponer la salvación del condenado. Así que los jefes del grupo de exterminio comenzaron a ofrecer dinero por cada bala que quedaba alojada en el organismo del occiso. Por eso, el inicio de los crímenes por encargo en los llanos venezolanos sorprendió incluso a los forenses.

La violencia indigesta e insoportable comenzó a generar un clima de humor negro y corrosivo en las morgues entre los responsables de dictaminar las causas del fallecimiento. Los asesinados con una batería interminable de balas eran conocidos, informalmente, como los muertos a causa de "intoxicación por plomo". En su afán por cobrar la mayor cantidad de dinero posible, los sicarios descargan sus armas automáticas y deforman los cuerpos. Era imposible determinar la cantidad de balas. Y se complicaba la contabilidad y los pagos por esos asesinatos.

Wilmer no se considera un asesino. Su trabajo es limpiar las calles de delincuentes, secuestradores y violadores, un colectivo que no ha dejado de crecer en los últimos años en un país que avanza en su proceso de descomposición. Fue formado para proteger a los ciudadanos y está convencido de que sigue cumpliendo su trabajo cada vez que sale de la cárcel a ejecutar algún encargo de sus compañeros. Lo que no cuenta —o no quiere contar— es que algunos de sus asesinatos pueden ser ordenados por otras razones. Incluso pasionales o políticas. La versión es conocida por el resto de sus compañeros de la cárcel y Wilmer se limita a decir que sólo ejecuta los encargos. No hace preguntas.

Cuando entró en la Guardia Nacional, uno de los cuerpos de seguridad más corrompidos durante el chavismo, tuvo que sufrir los maltratos propios de un agente nuevo. Los mayores le obligaban a comer la comida y la bebida mezcladas. Todo junto. Pan, carne o pescado, arroz, jugo o refresco. La mezcla convertía la comida en una sustancia pastosa, semilíquida y nauseabunda. Tenía que soportar los maltratos sin sentido y evitar la ira contra sus compañeros. Pensaba que no aguantaría. Quería salir corriendo de aquel recinto de maltrato y presión psicológica. Pero sabía que debía permanecer en la institución. Quería contar con un trabajo fijo, una profesión por la que sentía vocación de servicio.

Con el tiempo, le obligaron a entender que todas esas torturas blandas, que esa presión psicológica formaba parte del entrenamiento como policía. Deseaban que desarrollase la paciencia, la sangre fría, que mantuviese siempre la calma ante situaciones tensas.

En la calle, probablemente sufriría momentos de máximo peligro con delincuentes, pero también se debía enfrentar a la ira ciudadana por algún servicio policial o por alguna acción en contra de manifestantes. Así, terminaría desarrollando la paciencia que necesita tener un funcionario de los servicios de seguridad del régimen. Cabeza fría para ejecutar la orden de los superiores. Sin perder el control, sin perder la razón, que siempre debe ser la razón del jefe.

Desde sus primeros operativos se dio cuenta de que, más que servir a la ciudadanía, garantizar la seguridad en las calles o perseguir delincuentes, la principal tarea de un policía debe ser "buscar plata". Los sueldos no alcanzan ni para la canasta alimentaria básica. Hay que conseguir dinero con operativos, con controles de papeles o mediante cualquier vía. Las alcabalas para pedir la documentación de los vehículos y conductores era la más fácil y la menos arriesgada.

En Venezuela, con la complicación para obtener cualquier documento o terminar un trámite burocrático, lo habitual es que los conductores tengan la licencia, el permiso de circulación o el seguro médico vencidos. Cuando eso sucede, el policía tiene la oportunidad de arreglar el día y llevar algo de dinero fresco a casa.

En ese momento, pueden pedir ayuda al ciudadano, que viene a ser una limosna para llegar a final de mes o para comprar "un café" o "un refresco". El "deme algo para los refrescos" es una frase extendida, ampliamente conocida entre los venezolanos para referirse a la corrupción de poca monta, a la extorsión en su versión más precaria e inofensiva.

Así enseñaron a Wilmer. A trabajar para los refrescos. La prioridad es el rebusque, el sobresueldo. Fue lo que aprendió en sus primeros meses en la policía, pero la corrupción que todo lo devora se extendió por el cuerpo hasta motivar cada paso del agente y hasta convertirse en la forma de vida de la organización.

Cuando comenzó a participar en los allanamientos de las casas de presuntos delincuentes, descubrió el procedimiento rutinario. Los funcionarios no buscan pruebas de delitos sino objetos de valor: prendas de oro, teléfonos o armas ilegales. El funcionario policial, en lugar de denunciar su hallazgo y ponerlo a la orden de las autoridades, desliza discretamente los objetos en un bolsillo. A veces terminaba en alguna bolsa que en teoría será llevada a juicio. Pero nunca llega a su destino. Los agentes se reparten el botín antes de llegar a comisaría.

Los saqueos en casa de los delincuentes buscados no son vistos como otro delito, como una acción más de una sociedad que se descose con cada extorsión para un refresco. En el país donde el ladrón y el policía pueden ser enemigos y también cómplices, la plata se impone sobre la ley. Entonces el robo al malandro también se transforma en un acto de justicia.

En sus años de libertad, Wilmer no trabajaba con remordimientos. Actuaba como ladrón que roba a ladrón, con su siglo de indulto respectivo. El negocio más importante —y peligroso— eran las detenciones de delincuentes, secuestradores y asesinos. Se trataba de las tareas más arriesgadas y procuraban ejecutarlas con éxito. Pero no para poner a los delincuentes en manos de la justicia con las pruebas para un juicio. La captura está supeditada a su primer objetivo en el cuerpo: conseguir financiación constante.

Liberar a un delincuente capturado tiene su precio que fluctúa en función del delito cometido. Un peligroso azote de barrio no se cotiza igual que uno de los llamados desechables, que deambulan como muertos en vida en busca de droga y cuya muerte sale casi gratis, porque nadie nunca preguntará por ellos. Ningún familiar los echará de menos ni acudirá a la policía o a la Fiscalía para denunciar su desaparición.

Cuando el equipo policial detenía a un grupo de delincuentes habituales, había hecho el día, tal vez la semana. En función de los delitos cometidos, los funcionarios pedían una cantidad para repartir entre todos y también para llevar su parte al comandante, que siempre estaba atento a las operaciones porque debía estar preparado para desmentir cualquier denuncia o testigo.

Los policías también debían hacer notar, aunque fuese tímidamente, que trabajaban y de vez en cuando debían capturar delincuentes para llevarlos a la comisaría.

Casi siempre, los encarcelados son quienes no tienen dinero para pagar los sobornos impuestos por la policía, sean delincuentes o no. Encarcelar a inocentes tampoco es una práctica tan extraña. La "siembra" de drogas o armas es una práctica ampliamente conocida por cualquier venezolano. Consiste en que los agentes, durante una inspección a un vehículo o a una casa, esconden droga o armas para imputar falsos delitos. Y como la palabra de la autoridad tiene mayor peso ante la ley, las víctimas se convierten, de forma automática, en criminales.

Wilmer se adaptó fácilmente a la vida de la Guardia Nacional: una alcabala de seguridad para sacar dinero para los refrescos, una redada nocturna para hacerse con drogas o armamento de algún grupo criminal. Cuando ya estaba perfectamente acoplado al cuerpo recibió una llamada de su comandante.

El gobierno del Estado comenzaba a trabajar en un plan secreto. La inseguridad se había disparado y deterioraba el apoyo al gobierno entre las clases populares, azotadas por la delincuencia común. La base electoral del chavismo comenzaba a sentirse gravemente perjudicada por los grupos de malhechores que crecían por la permisividad y complicidad de los cuerpos policiales. Pocos eran apresados, porque casi todos tenían dinero suficiente para pagar los sobornos.

Y su jefe comunicó el plan a Wilmer. Había sido seleccionado para formar parte de un grupo de élite. El objetivo era controlar los robos, secuestros y asesinatos en la región llanera. Los jefes policiales debían mantener la operación en absoluto secreto. El chavismo había ideado un plan para asesinar a los azotes de barrio, a los delincuentes más despreciados en sus vecindarios.

La orden era montar las operaciones para asesinar a delincuentes y hacer parecer esos asesinatos como enfrentamientos entre bandas rivales. Este tipo de batallas casi nunca son investigadas en medio del colapso judicial, desbordado en un país con unos 25.000 asesinatos al año, el índice más alto en el continente, según el Observatorio Venezolano de Violencia, una organización sin ánimo de lucro.

Los policías con menos reparos y escrúpulos fueron llamados a formar parte del plan. Ningún funcionario que exhiba algún apego a la ley o haya formulado críticas contra la corrupción dentro del cuerpo —algo bastante infrecuente— es incluido en estos operativos. El comandante sabía perfectamente a quienes debía llamar. Y no se equivocó.

Cuando fue informado de sus funciones en el grupo de exterminio, Wilmer fue advertido de que no podía comentar las operaciones con nadie. Ni siquiera su esposa, padres o hermanos podían tener la mínima sospecha. Se trataba de un grupo de exterminio oficial de alta prioridad para el gobierno.

Cuando iba a participar en algún asesinato encargado por la Guardia Nacional, Wilmer debía reunirse con sus compañeros en la sede de la comandancia de su estado. Cuenta que, además del comandante, también solían participar dos o tres fiscales del Estado que estaban informados del plan. Los fiscales no participaban activamente, sino que escuchaban cómo se organizaría la emboscada para acribillar a los presuntos delincuentes. Tenían que conocer los detalles para evitar que, en el caso de algún error en la actuación, los funcionarios policiales fuesen acusados de asesinato.

—El plan venía del Alto Mando Militar, en Caracas. No sólo había grupos de exterminio en mi estado, sino en muchos estados del país. Nunca sabíamos los motivos por los que esas personas iban a ser asesinadas. Suponíamos que eran malandros, pero no se podía preguntar. No nos importaba si eran secuestradores, asesinos o si habían tenido algún problema con alguien que los mandó a matar. A nosotros sólo nos llegaban los nombres y la hora y la dirección donde debíamos ir para hacer nuestro trabajo —explica Wilmer, en conversación telefónica desde la cárcel.

Entrevisté en dos ocasiones por teléfono al funcionario que fue exterminador, que asesinó, por orden policial, durante una década. En los últimos años, ha logrado tener cierto control en la cárcel donde espera por su condena. Constantemente es interrumpido por compañeros reclusos que le informan sobre movimientos en la prisión. La llegada de visitas, cambios de relevos o la presencia de la madre de un recluso fugado y que se encontraba en paradero desconocido. En su edificio, alejado del terreno controlado por los pranes, Wilmer maneja información valiosa de lo que sucede en la prisión.

Los grupos de exterminio no son una creación del gobierno de Nicolás Maduro. Su origen, recuerda Wilmer, se remonta a los primeros años de la presidencia de Hugo Chávez. La prensa local de varios estados del país comenzó a publicar noticias sobre presuntos asesinatos cometidos por grupos de exterminio desde 2001, dos años después de que Hugo Chávez asumiese la Presidencia de la República.

Uno de los primeros altos políticos en ser acusado por impulsar estos grupos fue el exgobernador chavista del estado Guárico, Eduardo Manuitt. Un informe del parlamento venezolano de junio de 2005 lo señalaba por estar detrás de los grupos de exterminio de su estado. La investigación fue apoyada por parlamentarios de la oposición, y también por chavistas. El caso, finalmente, se cerró sin ninguna conclusión durante el período en el que Nicolás Maduro ejerció como presidente de la Asamblea Nacional.

—Al principio, podían ser casos aislados en algunas gobernaciones o alcaldías, pero con el tiempo, estas acciones se han convertido en política de Estado a nivel nacional del régimen de Nicolás Maduro —explica la exdefensora del Pueblo, Gabriela

Ramírez, cuya carrera política fue auspiciada de forma directa por el expresidente Chávez, y que muestra videos de ejecuciones policiales al aire libre en el estado Aragua.

La fiscal general en el exilio, Luisa Ortega Díaz, explica que el gobierno de Maduro ha utilizado a los grupos de exterminio como una política de Estado. Comenzaron como un plan para aniquilar a los delincuentes, pero terminaron persiguiendo a cualquier ciudadano que organizara protestas o causase desórdenes públicos.

—Crearon planes espantosos como la Operación Rondón, para aniquilar a personas inocentes en una cruzada para, supuestamente, combatir la delincuencia. El responsable fue el ministro de la Defensa Padrino López. Él me negaba el caso, pero yo, aprovechando que había confrontación entre él y Nelson Reverol (entonces comandante general de la Guardia Nacional), pedí ayuda a Reverol. Y pudimos localizar los cadáveres ajusticiados en fosas comunes —explica la fiscal en el exilio en conversación telefónica desde Bogotá.

Luisa Ortega Díaz atribuye al gobierno la responsabilidad de unas 8.700 ejecuciones policiales entre 2015 y 2018, en una denuncia ante el Tribunal Internacional de La Haya. La fiscal, que apoyó sin fisuras la gestión de Chávez, asegura que los grupos de exterminio han comenzado a ser utilizados para robar, amedrentar y asesinar a cualquiera que pueda suponer una amenaza para el régimen.

—El funcionario que denunció casos de corrupción en Mérida, Alcedo Mora, fue mandado a matar. Yo tengo la investigación completa del caso. El cuerpo, junto con otros amigos, no ha aparecido todavía. Hay altos cargos del gobierno, como Freddy Bernal, Miguel Domínguez y Tareck El Aissami, vinculados con estos grupos de exterminio —añade la fiscal, que a su vez fue denunciada por El Aissami por haber dirigido un grupo de extorsión desde la Fiscalía.

Los diversos grupos de exterminio, creados en los primeros años del chavismo, han ido mutando y, durante los últimos años, las denuncias recayeron sobre el FAES, el grupo de operaciones especiales conocido por como los "escuadrones de la muerte" que opera al margen de la ley. Uno de sus propósitos es contener con sangre y fuego la expansión de la delincuencia desbordada en Venezuela, pero también perseguir y atacar a grupos de la oposición y a manifestantes contrarios a Maduro.

Cada vez que era llamado para ejecutar un asesinato ordenado por sus jefes, Wilmer se reunía con el resto de sus compañeros en un lugar cercano.

—Nos encontrábamos para organizarnos y para dejar todos los teléfonos celulares. Nadie podía ir con teléfono, porque después de un crimen se triangulan las llamadas. A través de las celdas, se puede saber quién estaba en ese lugar en el momento del asesinato. Siempre íbamos con la cara tapada para no ser reconocidos, pero a veces había errores —explica el exintegrante de los grupos de exterminio.

En sus primeros años, los grupos de exterminio comenzaron a contar, incluso, con apoyo popular. El miedo hacía que los venezolanos exigiesen mano dura y muerte inmediata a los delincuentes que azotaban los barrios y las urbanizaciones de Caracas. Entonces surgió otra contradicción del chavismo con la delincuencia. En público reivindicaban el derecho a robar "para alimentar a sus hijos", pero en secreto se ordenaba el asesinato de los delincuentes en cada estado.

En un principio, los asesinatos eran ejecutados de forma torpe y chapucera. Los agentes comenzaron a perseguir delincuentes en vehículos oficiales de la Guardia Nacional. Iban con el rostro descubierto. Los vecinos y testigos los reconocían con facilidad. Y comenzó a conocerse en los pueblos y caseríos que funcionarios de gobierno estaban liquidando a los delincuentes.

Los integrantes del comando no conocían a ciencia cierta si eran delincuentes. Nunca fueron a juicio. Simplemente fueron colocados en una lista, no se sabe por quién ni con qué motivos.

Todos en el comando de exterminio daban por hecho de que se trataba de violadores, ladrones de casas, secuestradores y asesinos. Pero no pedían pruebas, ni querían pedirlas. El papel con el nombre, la descripción del delincuente y el lugar y la hora eran la sentencia de muerte. Detrás de esa información había un trabajo de selección y de inteligencia que desconocían. No sabían quién obtuvo la información de los sitios donde sus víctimas salían de fiesta o las casas donde dormían.

Lo de ellos era el trabajo sucio. Llevar la pistola, disparar. Pero cuando comenzaron a multiplicarse los rumores de la existencia de grupos de exterminio, dirigidos desde el alto mando militar, los integrantes tuvieron que tomar más precauciones. Cambiaron los vehículos oficiales por otros particulares y comenzaron a usar capuchas desde el momento en que salían a asesinar.

El grupo no había sido formado en ningún organismo de inteligencia. Su experiencia se limitaba a matraquear en los peajes. En sus ratos libres jugaban lotería, hacían apuestas y escuchaban música llanera y vallenatos. Lo suyo no era la planificación, sino la improvisación. No había preparación rigurosa ni planes de contingencia en caso de algún fallo. Cualquier inconveniente era resuelto sobre la marcha.

A Wilmer le cuesta dar detalles concretos de sus asesinatos. Como si su memoria prefiriese no recrearse en el momento en que ciega la vida de otras personas. Sus actos dejan viudas y huérfanos. Pero, por encima de todas las reflexiones y cuestionamientos, quiere dar una justificación simple a su proceder: no tenía otra opción. Era parte de su trabajo. Pudo negarse, pero sentía que en ese grupo tendría más beneficios, más tiempo libre. No debía cumplir con un horario laboral. Podía dedicarse a otras cosas: a la reventa, a rebuscarse el sueldo en trabajos por horas. Asesinar era sólo un peaje desagradable y arriesgado para no tener que trabajar tanto. Eso lo justificaba. No tiene nada más que reflexionar.

Pero Wilmer sí recuerda el día en que fue enviado a asesinar a un grupo de delincuentes y, en medio del enfrentamiento, los exterminadores se quedaron sin balas. Las pistolas con las que mataban eran un armamento sucio, ilegal. En medio del enfrentamiento, se vieron obligados a sacar sus armas de trabajo, lo que ellos llaman "el armamento orgánico". Tuvieron que asesinar con sus pistolas reglamentarias y, de inmediato, "arreglar" la escena del crimen. Al matar a todo el grupo, buscaron una pistola ilegal y la descargaron sobre un chaleco antibalas. Así se fingía un enfrentamiento. La munición fue guardada en una bolsa y se la entregó al funcionario del Cuerpo de Investigaciones Científicas, Penales y Criminalísticas (CICPC), el órgano encargado de investigar las muertes violentas en el país y que no da abasto con la creciente violencia.

Los inspectores del CICPC también conocían el procedimiento y ayudaban a "acomodar" las escenas del crimen para no implicar a los agentes. La solución era siempre la misma: el funcionario que levantaba el cadáver garantizaba que no quedase ningún rastro que pudiese incriminar a los miembros del grupo de exterminio.

La policía científica que llegaría al lugar estaría informada. Jueces y fiscales también formaban parte del plan. Así comenzó su profesión de sicario profesional. Un policía destinado a liquidar a delincuentes, sin aplicar la ley ni la presunción de inocencia.

Wilmer se ríe cuando escucha esos términos. Le parecen lejanos e ingenuos para su realidad diaria. En la Venezuela de Wilmer, el país de la delincuencia sin control, la oficial y la extraoficial, la común y la organizada, la del gobierno y la del anti-gobierno, la ley o el Estado de derecho quedan opacados por un principio que está por encima de todos los demás: la plata.

Después de decenas de asesinatos, tal vez centenares, Wilmer confiesa que su rutina no le generó angustia. Todas las noches durmió bien. Ningún muerto le quitó el sueño, ni siquiera el primero.

En las cárceles venezolanas, más de un asesino confiesa que alguien les persigue, les perturba la paz y la tranquilidad: su primer muerto. Por lo general no logran quitarse ese disparo de la cabeza, el rostro de sorpresa o de dolor, la sangre disparada o chorreando es una escena que resulta difícil de digerir a los catorce o a los dieciséis años, cuando deberían estar enganchados al videojuego de moda o pensando en la fiesta del próximo fin de semana. El primer muerto suele acompañarlos.

Pero Wilmer, que ya tenía varios muertos a sus espaldas como policía, no ve razones por las cuales debe sentir remordimiento. Matar forma parte de su trabajo: en enfrentamientos o para evitar algún robo. Los últimos muertos simplemente eran un encargo de sus jefes. Con su justificación no intenta convencer a nadie, ni siquiera a él mismo, que está plenamente seguro de que hace el bien. Los escuadrones de la muerte incluso justifican los muertos que no estaban en la lista, pero a quienes tuvieron que disparar por ser testigos.

—Una noche fuimos a matar a uno y con las prisas tuvimos que salir del carro sin la capucha. Vimos que también estaban otros tres, que eran primos de él. Tuvimos que matarlos también. No podemos dejar ningún testigo. Y eso sí es un tema más delicado, porque ya no estamos hablando de un asesinato sino de una masacre —explica el asesino a sueldo.

Los asesinatos casi siempre son organizados de noche para evitar el riesgo de testigos y optimizar la huida, sin tráfico ni obstáculos. La madrugada siempre es una buena hora para sorprender al delincuente en casa de la novia o de la madre. Allí, Wilmer usa una táctica simple. Se acerca a una ventana, a las tres o cuatro de la madrugada, con voz de campesino inocente, con tono agudo, de buena gente.

—Buenas, buenaaaaas.

En ese momento, su arma esperaba por la ventana a que se asomase alguna cabeza. Era el inicio del asalto. Casi siempre le funcionaba porque, explica el sicario, "la gente es muy chismosa y muy salida".

El mercado del sicariato

Pero lo que comenzó como grupos de exterminio de delincuentes dirigidos por al Alto Mando Militar, desde Caracas, y los gobernadores del chavismo, fue mutando rápidamente y tomando una forma más macabra, si cabe. En los pueblos de su estado, los vecinos comenzaron a conocer sus vehículos. "Por ahí viene la burbuja gris. Esos son los grupos de exterminio".

Cada vez que se movía la caravana de tres vehículos civiles, los vecinos sabían que pronto tendrían noticias de algún delincuente caído, supuestamente en combate. Su operación se convirtió en *vox populi*, tanto que los habitantes de los pueblos y las ciudades descubrieron la identidad de los integrantes de los grupos.

Y con el destape del comando, comenzaron a llegar propuestas para hacer el mismo trabajo. Comerciantes azotados por delincuentes que pedían vacuna, esa suerte de extorsión que les garantiza protección, o empresarios enfrentados entre sí también necesitaban a los grupos de exterminio del gobierno para liquidar a sus enemigos. Fueron los primeros encargos y, rápidamente, Wilmer y sus compañeros se dieron cuenta de que estaban frente a un mercado enorme y necesitado de sicarios.

—Se comenzó a torcer todo. Y nos llamaban para matar a un vecino con quien había problemas, a un hombre que se metió con la mujer de otro. Cobrábamos y disparábamos. Antes, cuando estaba en la calle, se cobraba en bolívares. Ahora es en dólares. Si tienes que matar a un malandro arrecho (con jerarquía en el mundo delincuencial), pueden ser hasta 15.000 dólares porque tienes que ir con mucha gente. Y tienes que pagar al jefe del CICPC (el organismo de investigación criminal), a tus jefes y al fiscal. Todo eso suma y no se puede cobrar barato —explica.

Los comerciantes más respetados también sumaron encargos. En la cárcel, los sicarios comentan los clientes con los que trabajan.

Algunos de ellos son personalidades admiradas en sus pueblos, rectos y con valores. Pero en su doble vida, fuera del éxito empresarial y en secreto, encargan asesinatos sin dejar huella: a un enemigo de los negocios, a un cliente que no pagó o a algún muchacho que se propasó con su hija en una discoteca. Cualquier motivo, por menor o irrelevante que parezca, puede activar el pedido.

Para contratar los servicios de un sicario, un emisario del interesado envía a un mediador a alguno de los miembros de los grupos de exterminio. Las peticiones casi siempre comienzan de la misma manera: "hay una persona que te quiere ver y que te quiere hacer un encargo".

Normalmente, el verdadero interesado nunca da la cara, siempre utiliza segundas y terceras personas. De forma excepcional, se reúne en secreto y explica el encargo que quiere. Con pago asegurado, con garantías. Y si el sicario es sorprendido y enviado a la cárcel, su cliente habitual, el asesino intelectual, casi siempre le ofrece atenciones a cambio de su silencio. Le envía dinero a la prisión para que tenga una vida más llevadera y pueda sobornar a los vigilantes para recibir comida o visitas en cualquier hora y día de la semana.

De este modo, la sociedad víctima del sicariato también busca provecho del negocio. Calla el vecino por miedo, pero también por dinero. Los amigos y conocidos del sicario reciben buenos tratos y protección.

Los delitos y la ley, los delincuentes y los garantes de las normas, trabajan mano a mano en Venezuela. Acuden a las mismas oficinas, conviven en los mismos barrios y comparten valores y antivalores. En una prisión venezolana azotada por el sol y donde sus patios se parecen a un basurero abandonado, un recluso gana poder sobre el resto en su pabellón. Una rueda, un colchón, una silla de plástico, parecen abandonados pero son objetos de valor en un recinto donde las malas hierbas crecen y nadie las corta.

"El Chivo" no creció en una familia violenta ni tuvo padres maltratadores. Vivió en un hogar humilde, en un rancho en un estado del occidente del país. Su padre era carpintero. No tenía trabajo fijo. Hacía encargos a destajo a los vecinos y conocidos del barrio.

El ingreso era ínfimo. Siempre vivió en una casa con carencias donde nunca tuvo espacio para un capricho. La pobreza lo marcó en la niñez. Sus padres sufrían para tener la comida necesaria, pagar los gastos y llegar a final de mes. Recuerda que quería comprarse zapatos de marca, ropa nueva, un reloj llamativo, pero no podía. Y veía a los niños de las urbanizaciones con sus familias que se movían en carro y vivían en casas con jardines y portones reforzados y electrificados para evitar la entrada de ladrones. Esas puertas y rejas que comenzaría a burlar apenas unos años más tarde, en plena adolescencia.

De niño corría y jugaba por las calles y las esquinas de su barrio, pero con dieciséis años comenzó a transitar otros caminos. Compró un arma por primera vez cuando apenas era un adolescente. Y la usó para robar un carro, pero el propietario se resistió. Tal vez vio en él un niño con un arma falsa, incapaz de dispararle. Se equivocó. El Chivo le disparó en el cuello y lo vio caer antes de salir corriendo sin el carro, que era su objetivo.

Con pocos años dedicado al mundo delictivo, comenzó a dirigir una banda de ladrones de quintas (casas en urbanizaciones de alto *standing*) y automóviles. Eran negocios prósperos con los que obtuvo más dinero del que nunca llegó a imaginar en sus años de penurias. Comenzó a comprar motos, carros, relojes y también se construyó una casa de bloque. Había dejado atrás su pasado en viviendas precarias con techo de zinc.

Desde los inicios sabía que le convenía el anonimato y el bajo perfil. Es el instinto del delincuente audaz, que no vive para exhibir lo robado en redes sociales y presumir de armamento falso sino para preparar, con los menores riesgos posibles, sus próximos asaltos.

Como todo jefe de una banda de atracadores, una de sus prioridades era la captación de armas. Las primeras las compraba a la policía del Estado, la Guardia Nacional, el cuerpo militarizado que, explica el Chivo, requisa armamento a los delincuentes para luego revenderlo a otros grupos.

El negocio consiste en que las armas roten de forma constante. Decomisos y venta. Más decomisos y más reventa. La circulación de armas supone un alto pago que garantiza la fluidez del efectivo en la Guardia Nacional, en cuyo seno sobrevuelan múltiples y sólidas sospechas de participar en el negocio del narcotráfico, nacional e internacional.

Con el robo de casas ganó gran parte del dinero. El robo de prendas, relojes y joyas era la actividad que le reportaba más beneficios. Tenía una venta asegurada con compradores (algunos de ellos joyeros) que siempre aceptaban la mercancía a sabiendas de que tenía una procedencia delictiva.

—La última vez que robé una quinta, nos llevamos un kilo de oro. Nos dieron 38 millones de bolívares que, en esa época, era demasiado dinero. Compré dos carros y le di mucho dinero a mi familia —explica el Chivo desde la prisión donde paga condena.

En su carrera delictiva iba asesinando a todo aquel que opusiera resistencia. Por eso, no sólo envió al cementerio a incontables víctimas que se negaban al robo sino también a los jefes o miembros de bandas rivales con las que se disputaba el territorio. Pronto se convirtió en un conocido de la policía. Sabían la zona en la que operaba con su banda y el tipo de delitos a los que se dedicaba. Constantemente era detenido. Cuando iba en automóvil con sus compañeros, antes o después de un robo o, incluso, con las manos en la masa.

A veces, tenía que dar dinero en el mismo lugar de la detención. En otras ocasiones, cuando era ingresado en un calabozo en el que nunca llegó a pernoctar. Entraba y salía en pocos minutos. Nunca tuvo una celda ni fue procesado por ninguno de sus delitos.

Para él y su banda, la policía sólo suponía un inconveniente, un cuerpo al que tenía que otorgar un impuesto obligado por su actividad. "Es un problema muy grande. Tenemos una policía demasiado corrupta y un gobierno demasiado corrupto", razona, indignado, el hombre procesado por robos y asesinatos.

Desde los dieciséis hasta los veintiún años, el Chivo nunca tuvo serios problemas con la justicia, pero su cúmulo de crímenes multiplicaron sus enemigos conocidos y anónimos. Quisieron emboscarlo. Intentaban matarlo en las fiestas o en cualquier paseo de fin de semana. Por eso, el joven delincuente decidió huir del peligro rumbo a Caracas para reconstruir su vida. Estaba cansado de la delincuencia, de las persecuciones, de la amenaza constante en cada esquina. Tras instalarse en la capital, decidió presentarse a las pruebas para ser policía del estado Miranda. Y, sin mayores problemas ni comprobaciones, obtuvo el puesto.

El Chivo, que acumuló decenas de detenciones, era un delincuente conocido por todas las fuerzas de seguridad. La falta de controles hizo que accediera al puesto de policía. Conocimiento no le faltaba. Llevaba más de 15 años de ladrón de casas y carros. Nadie mejor que él sabía los procedimientos. En el estado Miranda, en la policía del entonces gobernador Enrique Capriles Radonski, persiguió y se enfrentó a malandros como él, pero también terminó con graves conflictos con otros cuerpos de seguridad como el cuerpo de investigaciones científicas y criminalísticas CICPC y el Sebin, la inteligencia militar.

El exdelincuente y exfuncionario policial no tiene inconveniente en detallar sus fechorías, relatar con detalle los asesinatos cometidos, pero se niega a comentar el tipo de enfrentamiento con los otros cuerpos de seguridad. Es un secreto que debe ser guardado.

En la recta final de su carrera delictiva también trabajó como colectivo, los grupos afectos al gobierno acusados de amedrentar y asesinar a opositores al chavismo durante las marchas contra el régimen. Los colectivos, grupos irregulares armados que el gobierno utiliza para contener en las protestas de sus adversarios, pueden ser las auténticas máquinas del terror.

Además de contar con las fuerzas policiales, los gobiernos de Chávez y Maduro se han servido de grupos de agitación violentos que disparan contra los estudiantes que exigen la renuncia de Maduro o que se dirigen a la frontera con Colombia para evitar el ingreso de los camiones con la ayuda humanitaria internacional. Si la Guardia Nacional funciona como la fuerza oficial, los colectivos (grupos armados afectos al régimen) son la fuerza irregular.

Durante su temporada como policía del estado Miranda, el Chivo también aceptó el encargo de formar parte de los colectivos que entonces estaban bajo el mando del sindicato del Metro de Caracas, según relata. Su trabajo no distaba mucho de lo que han denunciado los medios de comunicación adversos al régimen: amedrentamiento a los manifestantes contra el gobierno y erradicar a la disidencia de las calles.

—En una marcha contra el gobierno, teníamos que inventar cualquier cosa: un enfrentamiento o un tiroteo para que la gente se asustara y se fuera para su casa. Ahí pagaban poco, pero lo que mejor se pagaba era cuando teníamos que hacernos pasar por opositores. Ir con armas a las marchas con franelas de la oposición. Nos sacaban fotos y después el gobierno decía que éramos terroristas de la oposición. A mí me llegaron a pagar diez millones por allá por el 2010, que era mucho dinero —explica.

El trabajo de disfraz, de asumir el rol de opositores violentos, era conocido como "hacer un simulacro". Los simulacros eran necesarios para crear matrices de opinión, sobre todo, para los adeptos al chavismo. Con las fotografías de supuestos adversarios del gobierno disparando, se reforzaba la idea de que la oposición violenta desestabilizaba Venezuela y, de esa forma, podían achacar los males del país a la oposición.

Hace casi una década, cuando comenzó sus trabajos para los colectivos chavistas, el Chivo trabajaba para las órdenes de un sindicalista que servía de enlace con el gobierno. Él llevaba el dinero. Y pagaba en efectivo en plena marcha. Billete sobre billete. No había promesas ni créditos. Trabajo hecho, trabajo pagado. A diferencia de otros compañeros, nunca recibió órdenes para disparar contra manifestantes.

—A mí nunca me mandaron a matar a nadie. Había escuchado que otros sí lo hacían, pero no me consta. Lo nuestro era asustar o hacernos pasar por opositores con armas. Al menos así fue mientras yo estuve allí. No sé qué pasó después —explica.

Pero el Chivo recuerda cómo otros compañeros colectivos del Metro de Caracas se dedicaban, por su cuenta, al sicariato. Trabajaban a sueldo para el gobierno y también buscaban dinero extra cometiendo asesinatos por encargo, un negocio nada inusual en la Caracas que lidera casi todas las listas internacionales por muertes violentas.

Desde la prisión donde cumple condena por homicidio, el Chivo recuerda que la membresía a los colectivos garantizaba entonces una inmunidad contra cualquier acusación o proceso judicial.

—Había colectivos que hacían de todo. Secuestraban o mataban. Pero nunca caían presos porque siempre el gobierno los protegía y los ayudaba.

Los colectivos han sido uno de los actores políticos más oscuros del chavismo. El gobierno ha defendido que se trata de grupos de trabajo social, de organización política de base, que realizan actividades para la comunidad y obras benéficas. La prensa venezolana ha publicado imágenes de grupos no uniformados que disparan contra manifestantes en las marchas y destrozan vehículos y disparan contra las viviendas de las zonas que organizan protestas.

Hasta ahora han sido grupos fieles al gobierno que ejecutan sus encargos, pero algo empieza a cambiar en estos. En Caracas, algunos colectivos han comenzado a resquebrajarse. El cemento que los unía, el dinero fresco y rápido del gobierno, no llega como antes. En un barrio populoso de Caracas, un dirigente de un colectivo hasta ahora adepto al gobierno acepta hablar. Sin nombres, sin fotos, sin rostro. También exige completo anonimato.

Para los efectos de este trabajo, el líder del colectivo ha acordado llevar el nombre de "El Negro". Desde su escondite envía fotografías armado hasta los dientes, con su rostro tapado y un pasamontaña. El periodista venezolano Jesús Medina, que conoce en profundidad los grupos policiales y parapoliciales en Venezuela, confirma la autenticidad del personaje, el más reservado y discreto de todos los entrevistados para este trabajo.

El Negro llegó a manejar decenas de motocicletas y armas en un conocido barrio de bajos recursos de Caracas. No quiere dar la más mínima pista para evitar su detección. Por eso pide mantener en secreto el nombre de su barrio, su calle y de su colectivo. En el momento dorado del movimiento, recibía apoyo económico y logístico por parte del gobierno, pero ahora, la situación ha cambiado de forma radical.

Los colectivos críticos, los que se quejan de la falta de dinero y del colapso económico, también son enemigos del gobierno y han comenzado a ser perseguidos.

El Negro llegó a tener más de 30 motocicletas activas para "controlar" el barrio. En las zonas populares, estos grupos han sustituido oficialmente la labor de la policía. A pesar de la etapa de colaboración con el gobierno, se declara abiertamente antichavista y prepara, como buena parte de la población, su salida del país.

Ahora sus motos están paradas o desmanteladas. No tiene dinero para repararlas y, aunque lo tuviera, tampoco hay repuestos en el mercado. Venezuela es una constante escasez, una búsqueda permanente para obtener cualquier producto básico que se consigue fácilmente en cualquier mercado de Paraguay o Bolivia, de Guinea Ecuatorial o Senegal.

Trabajó para defender el gobierno de Hugo Chávez y está convencido de que el mayor error del fallecido presidente fue elegir a su sucesor. El Negro es uno más en el chavismo arrepentido, entre los seguidores volteados, que cree que la culpa de todo lo que sufre Venezuela se debe a la mala gestión de Maduro. Ha perdido la fe en el dictador, pero seguirá defendiendo "el legado" de Chávez, el hombre que ideó los colectivos, que le dio forma, dinero y armas.

El Negro asiste al desmoronamiento tanto de su colectivo como del gobierno al que apoyaba. Sin dinero fresco, la ideología se derrumba. Ya no cree en el discurso de la amenaza imperialista ni de la conspiración de la oposición oligarca. No dudaría en usar las armas dadas por el gobierno de Nicolás Maduro para derrumbarlo y aniquilar cualquier vestigio del madurismo.

Pero, del lado de los defensores, el gobierno siempre consigue nuevos reclutas. Wilmer, el sicario a sueldo, el funcionario policial que participó en los grupos de exterminio y que fue detenido por asesinato, se fugó de la prisión para siempre. Salió a matar y no volvió. Nadie sabe dónde se encuentra, pero en la cárcel, una certeza corre entre sus excompañeros: "Ha salido a defender al gobierno".

Capítulo 15

El régimen te vigila

Pocos días antes de ser asesinada, Liana Hergueta, una activista de la resistencia venezolana, se reunió en un restaurante de sushi con un grupo íntimo de amigas para informarles del enorme problema que la agobiaba. Uno de los dirigentes de las marchas opositoras y de los actos de protesta contra el gobierno de Nicolás Maduro le había estafado 5.000 dólares.

En un país en el que está prohibida la compra y venta de moneda extranjera sin autorización del gobierno, estas transacciones generalmente se hacen entre particulares. Liana, una mujer de 53 años, había comenzado una campaña en redes sociales contra su estafador, Carlos Trejo, a quien había conocido en las primeras protestas que pusieron en jaque al gobierno de Nicolás Maduro a partir de febrero de 2014.

La mujer, determinada y tenaz, comenzó a hacer campaña en contra el joven de veintiocho años para recuperar su dinero. Liana difundió que Trejo la había embaucado y que no le respondía las llamadas. La estafa le había hecho incurrir en una deuda que no podía pagar. Entonces, la mujer, consiguió el teléfono de la madre de su estafador.

Sus amigas, reunidas en la cena, escucharon atentas a Liana, preocupada por el dinero perdido, por cómo podría recuperar esa enorme cantidad con una moneda en franco proceso de devaluación. Había discutido con la madre de su estafador y le advirtió que perseguiría a su hijo hasta el final. Del otro lado del teléfono, la madre de Carlos Trejo parecía incómoda, sin salida ante la embestida de la activista opositora estafada. En medio de la discusión telefónica, la mujer advirtió a Liana que estaba yendo demasiado lejos con el acoso a su hijo.

—¿Tú quieres ver a mi hijo muerto? —preguntó la madre.

—No, pero la verdad es que me gustaría que le cortaran los brazos y las piernas por todo lo que me ha hecho —respondió Liana.

La escena, relatada por la propia afectada, atragantó la cena a algunas asistentes. Su hermana y sus amigas íntimas consideraban que Liana estaba perdiendo el control tras la estafa.

—Nosotras ya la conocíamos y sabíamos que Liana era una mujer dura, pero era incapaz de hacer daño a nadie. Estaba muy molesta y sólo quería su dinero de vuelta. Pero esa noche la regañamos y le dijimos que, por muy ladrón que sea ese hombre, no debió arremeter contra la señora de esa forma —explica, tres años después, Andrea González, amiga de Liana Hergueta, a quien conoció en una fundación de ayuda a niños sin hogar.

Andrea González estuvo presa durante dos años y cuatro meses de cárcel en El Helicoide, la prisión política por excelencia en Caracas. Fue acusada de pertenecer a un grupo denominado "Operación Soberanía" para detectar a los militares cubanos infiltrados dentro de las Fuerzas Armadas. La joven reconoce su implicación en actividades de calle, acciones de protesta contra el gobierno, pero jamás imaginó que su entrada en prisión llegaría por el dedo acusador de los dos hombres implicados en el asesinato de su amiga Liana.

El grupo de amigas, mujeres activistas opositoras de entre treinta y cincuenta y cinco años, algunas de ellas solteras, separadas o divorciadas se habían convertido en víctimas fáciles de los infiltrados del régimen. Estaban siendo seguidas, sin saberlo. Entre sus cenas, en los restaurantes de las zonas más tranquilas de Caracas, y sus actividades de donaciones, sacaban tiempo de donde fuese para organizar actividades contra el gobierno, protestas desestabilizadoras, manifestaciones contundentes para hacer temblar al régimen de Nicolás Maduro.

Eran los días en que los adversarios de la dictadura estaban convencidos de que era posible liquidar al chavismo con manifestaciones y presión callejera. Con marchas y bombas molotov, con acampadas en los parques y cierre de carreteras. Creían que la movilización popular acabaría con un régimen cada vez más represivo.

Lo que no sabía aquel grupo de mujeres profesionales y trabajadoras es que aquella cena supondría un antes y un después en sus vidas. Sería la última vez que verían a Liana con vida. Tras aquella llamada telefónica a la madre del estafador, Liana fue asesinada. Y sería sólo el inicio de una ola de tragedias.

Pocos días después de la cena del sushi, el grupo de amigas recibía la nefasta noticia. Su amiga Liana, la batalladora, la asistente de niños sin hogar, la abanderada en las protestas contra el gobierno, había aparecido descuartizada en un vehículo abandonado.

Desde el primer momento, no tuvieron dudas. Trejo, el joven que había estado en las marchas, que había agitado las manifestaciones contra al gobierno de Maduro, el que se mostraba más radical contra las injusticias del régimen, había ordenado su asesinato.

No necesitaban pruebas periciales, ni muestras de sangre ni de ADN. Estaban convencidas de que él estaba implicado en el espantoso crimen y sabían por qué. Pero el hallazgo más aterrador aún estaría por llegar.

Carlos Trejo parecía, a simple vista, un opositor recalcitrante. Era un valiente manifestante, un aguerrido adversario del gobierno en la calle. Se mostraba guerrero contra la autoridad, pero, tras el asesinato de Liana Hergueta, las alarmas comenzaron a dispararse entre los manifestantes que se comunicaban por chats y grupos anónimos de WhatsApp: ¿había una red de infiltrados chavistas dentro de la oposición? ¿Funcionaban los espías del chavismo como mercenarios para cometer asesinatos selectivos y causar el pánico en la resistencia?

El terror se apoderó de varios núcleos de protesta, especialmente entre las mujeres. Al menos, once habían aparecido descuartizadas en los últimos meses. Andrea González explica que la fiscal Liduzka Aguilera y el exfuncionario del Sebin, Alejandro Viera, aportaron la información contrastada sobre el grupo que quería asesinar a mujeres opositoras y que contaba con una lista. El primer nombre era el de su amiga Liana Hergueta. El siguiente era el de ella, el de la propia Andrea.

La persecución política podía estar en cualquier parte. Cualquier opositor fiel, entregado a la causa contra Maduro, podía ser, en realidad, un espía, un miembro de algún grupo de exterminio. La infiltración de falsos opositores es un temor creciente entre los políticos venezolanos. Cualquier intento por un alzamiento militar, termina en delación y decenas de presos en las cárceles. Cualquier movimiento callejero, también es delatado.

Los infiltrados para señalar a opositores peligrosos o adversarios del gobierno que pueden suponer un riesgo para el régimen de Maduro tienen nombre y apellido: patriotas cooperantes. Se trata de hombres anónimos, desconocidos, que operan al margen de la ley y que resultan testigos clave en los procesos judiciales que se siguen contra dirigentes políticos de la oposición y líderes estudiantiles.

—La situación es tan surrealista que se celebran juicios con patriotas cooperantes que acuden a los tribunales con pasamontañas y con identidad anónima. Ni el juez ni el tribunal saben quiénes son esas personas —explica un magistrado del Tribunal Supremo de Justicia en activo.

La oposición venezolana ha alertado sobre los actos de los patriotas cooperantes que filtran información sobre los pasos de sus dirigentes a Diosdado Cabello, hombre que controla el brazo militar del régimen. En los juicios contra los dirigentes opositores, los patriotas cooperantes sólo son identificados con un número. Sin nombre ni apellido. La palabra de un anónimo basta para encarcelar a supuestos enemigos del régimen.

Sus acciones también han trascendido las fronteras. Un grupo de espías siguió en Perú a Freddy Guevara, dirigente del partido de

Leopoldo López, Voluntad Popular, durante su etapa como vicepresidente del parlamento venezolano. En su programa de televisión, Diosdado Cabello mencionó sus movimientos con detalle: la marca del vehículo por el que se movía en Lima, las direcciones que visitó, sus horas de llegadas y salidas a sus citas. El gobierno peruano emitió una nota de protesta a las autoridades venezolanas por las evidentes actividades de espionaje dentro de su territorio.

A diferencia de los agentes de los espionaje y contraespionaje, los patriotas cooperantes no funcionan como un cuerpo secreto. Todo lo contrario. Pretenden ser evidentes, generar el terror del perseguido y del vigilado. De hecho, una "asociación de patriotas cooperantes" emite comunicados públicos que son difundidos por el programa de televisión de Cabello para denunciar a opositores. Pero esta es sólo su faceta más amable. La más terrible llega a manos de asesinos, como el caso de los implicados en el asesinato de Liana Hergueta.

Alberto Yajure, periodista venezolano que en esa época trabajaba para el portal www.runrun.es, había descubierto a uno de los implicados en el asesinato de la mujer antes de que cometiese el crimen. Yajure comenzó a investigar a los grupos de infiltrados que el chavismo utilizaba para mantener el control de la oposición meses antes del asesinato de Hergueta. Había formado parte de un equipo de investigación con un grupo de periodistas sólidos que ha destapado parte de los grandes escándalos de corrupción de los últimos años en Venezuela.

Durante su investigación, que le ocupó más de tres meses, dormía muy poco. Pasaba las madrugadas escuchando entrevistas, cruzando datos, repasando los apuntes y haciendo, como artesano de la información, un mapa sobre el entramado de dos patriotas cooperantes. En él, figuraba Carlos Trejo, el hombre que estafó a

Liana Hergueta y otro supuesto líder opositor que centró la investigación del periodista: José Pérez Venta.

En su etapa en la que se mostraba como fiero líder opositor y agitador callejero, Pérez Venta utilizaba las marchas contra el gobierno para un doble propósito: ampliar su red de amigos y conocidos entre los líderes opositores y establecer relaciones más allá de la mera amistad con los grupos de resistencia. Solía conocer mujeres en los círculos opositores y, entonces, afloraba sus tácticas de seducción.

Pérez Venta es un joven de escasa estatura: 1,70 metros con pelo lacio, frente amplia y despejada que avisa de una posible calvicie futura, nariz ancha y labios gruesos. Se solía fotografiar con las franelas de los partidos políticos de la oposición. Intentaba siempre entrar a las agrupaciones políticas donde entablaba relaciones de amistad o afectivas con las mujeres del grupo.

Con su táctica habitual, Pérez Venta se acercó a una de las líderes de las protestas de 2014: Araminta González. La joven con estudios en química accedió a prestar su casa al hombre que aseguraba no contar con ningún lugar donde dormir en Caracas. Pérez Venta se tomaba selfis con los principales líderes de la oposición. No hay ninguno de los dirigentes de esa época que no tenga una foto con el personaje que siempre se colaba entre los círculos de seguridad de los políticos conocidos de la oposición.

En sus madrugadas de insomnio, el periodista Yajure descubrió que, una década antes de las protestas opositoras en las que participaba, Pérez Venta pedía encarecidamente a Hugo Chávez una vivienda para él y sus hijos. Los mensajes no eran esporádicos, sino casi un *spam*. "Mi comandante, por favor necesito su ayuda. Estoy solo, en un *ciber* no tengo a donde ir con mis bebés. Por favor responda rápido".

El periodista habló con su círculo cercano y con los partidos políticos de oposición con los que trabajó. Y su descubrimiento fue inquietante: cada vez que Pérez Venta se acercaba a algún partido político, sus máximos dirigentes terminaban en prisión.

—En Voluntad Popular sedujo a una mujer que trabajaba con el dirigente Carlos Vecchio. Y fue acusado de haber lanzado un ataque contra el Ministerio Público con bombas, un hecho nunca probado. Después, se acercó al Partido Alianza Bravo Pueblo (ABP), de Antonio Ledezma. Comenzó una relación sentimental con una de las asistentes. Y, poco tiempo después, Ledezma fue detenido —explica Yajure en conversación telefónica desde Santiago de Chile.

Un hecho no pasa desapercibido en la dirigencia opositora y dispara todas las alarmas. Pérez Venta había sido visto cuando trabajaba como vigilante de seguridad en la urbanización del alcalde David Smolansky, de Voluntad Popular, perseguido por el chavismo. El supuesto simpatizante opositor estaba ubicado en un puesto clave para la vigilancia del alcalde, que terminó siendo perseguido y que tuvo que huir de Venezuela.

El joven periodista no tenía dudas. Pérez Venta era un infiltrado del chavismo, un agente secreto, un patriota cooperante. Pocos días antes del asesinato de Liana Hergueta, Yajure citó a Pérez Venta para contrastar toda la información que había obtenido sobre él. Tomó precauciones de entrevistarlo en un lugar público. Parecía nervioso y ofrecía algunas versiones contradictorias, explica el periodista. Su mirada, a veces perdida, a veces desafiante, también daba respuestas. El infiltrado había sido acorralado por una investigación que sería publicada pocos días después.

Nicolás Maduro también se presentaría frente a las cámaras de televisión para utilizar el asesinato contra la oposición. Maduro emitió el testimonio del descuartizador, Pérez Venta, con fines políticos.

El ataque preventivo es una de las estrategias más utilizadas por el chavismo. Y el mandatario necesitaba utilizar al patriota cooperante para descargar contra la oposición.

En vivo y directo, en cadena nacional, Maduro emitió el video con la declaración del descuartizador. El presidente no pretendía que el asesino confeso diera detalle sobre el crimen, sino que recurrió a su testimonio para atacar a los líderes opositores: María Corina Machado, Antonio Ledezma y Leopoldo López.

Y Maduro tampoco podía desaprovechar el testimonio del descuartizador para acusar también al expresidente colombiano, Álvaro Uribe, y al senador estadounidense Marco Rubio, por estar detrás del plan para descuartizar a la mujer. Así, de un momento a otro, el patriota cooperante, el hombre que suplicaba ayuda para su familia a Chávez por Twitter, se había convertido en un furibundo opositor y descuartizador. Y allí estaba la confesión del asesino y las fotos de los líderes políticos para demostrarlo. ¿Hacían falta más pruebas? ¿Acaso era necesario un juicio, un fiscal, un proceso judicial con garantías para demostrarle al mundo que sus enemigos políticos mandaban a descuartizar a venezolanas indefensas?

—Los criminales eran un núcleo paramilitar de la ultraderecha, dos militantes que han servido de escoltas a los principales líderes de la oposición venezolana, entrenados en los artes de asesinar y descuartizar gente —dijo Maduro.[13]

Además de servir para hacer campaña contra la oposición, las confesiones del asesino llevaron a la cárcel a varios líderes estudiantiles de ese año, entre ellas Andrea González, Betty Grossi, Danny Abreu y Araminta González. Fueron acusados de financiar el terrorismo, de trabajar para cometer atentados y difundir el pánico en el país.

Araminta González fue una de las primeras víctimas de la red de patriotas cooperantes, de los espías que el chavismo comenzaba a infiltrar en las entrañas del movimiento desestabilizador. La joven,

---

[13] Programa de televisión *En contacto con Maduro*, transmitido el miércoles 19 de agosto de 2015.

técnico superior en Química, había trabajado para laboratorios farmacéuticos y tenía conocimientos en reactivos.

En los días en los que el gobierno de Nicolás Maduro resquebrajaba por el estallido que se extendía en las calles, el movimiento de resistencia comenzaba a organizarse con métodos hasta ahora desconocidos. Por redes sociales creaban grupos anónimos. Los colaboradores en planes de desestabilización y proyectos subversivos se coordinaban de forma estrecha, pero nunca se habían visto las caras. Eran, sin saberlo, blanco perfecto para la infiltración.

González ayudaba a los grupos de estudiantes que se desplazaban desde el interior del país hasta Caracas para reavivar las protestas.

Un par de jóvenes, entre los cientos que habían tomado la lucha callejera como método para salir del gobierno, tocaron a la puerta de Araminta González. Se trataba de Carlos Trejo y José Pérez Venta. Los jóvenes aseguraron que le habían prometido un techo, pero a última hora, quien se ofreció a darles cobijo, no podía recibirlos. Necesitaban ayuda urgente para no dormir en la calle, con el peligro que supone en la Caracas violenta, la de las morgues colapsadas por muertes violentas los fines de semana.

La joven químico accedió a dar techo a los dos compañeros. Se comportaban como fuertes activistas contra el gobierno y tanto en público como en privado se mostraban favorables a acciones más radicales. A prender fuego a los policías, a explotar artefactos para generar conmoción. Araminta González ya había recibido propuestas de este tipo, pero la disidente se negaba a dar cualquier paso que implicase una acción violenta que pudiese causar un solo herido.

Comenzó a mantener contacto con grupos de distintos estados del país en comunicaciones a ciegas. La conspiración ocupaba buena parte de sus días en conversaciones telefónicas y charlas por Skype. Pero, mientras hablaba hasta altas horas de la madrugada con otros líderes de la resistencia, la pareja de jóvenes a quienes dio cobijo tenía otros planes.

Trejo y Pérez Venta ofrecieron a Araminta contactar con personajes públicos venezolanos en el exterior que estaban dispuestos a financiar la fabricación de artefactos explosivos para avivar la guerra callejera contra el gobierno, según cuenta la activista opositora. Uno de ellos era María Conchita Alonso, actriz y cantante venezolana radicada en Los Ángeles, Estados Unidos, y que mantiene una campaña intensa contra el gobierno venezolano a través de las redes sociales.

La joven dio cobijo y comida a los dos amigos, pero después de 15 días en su casa, Carlos Trejo le pidió ayuda para regresar al interior del país. Decía desconocer Caracas y tenía que encontrarse con su novia para, posteriormente, ir juntos a la terminal de autobuses, en el centro de Caracas. Ese día, Araminta González necesitaba hacer algunas gestiones. Trejo lo sabía y pidió a la joven que lo llevara hasta la estación de autobuses.

González accedió y lo llevó en su automóvil a un punto de encuentro con la novia. Y de allí, los tres partieron hacia la terminal. Pero justo antes de llegar, Trejo sufrió un sobresalto. Le había surgido un imprevisto. Explicó que había dejado su cédula de identidad, el documento imprescindible en Venezuela para realizar cualquier gestión pública o privada. Sin cédula, no podría no viajar. Por eso, pidió a Araminta González las llaves de su casa.

La joven no podía regresar a casa y volver al terminal, un trayecto que puede suponer varias horas de tráfico en Caracas. Entonces Trejo propuso a su casera que le entregase las llaves. Araminta accedió. Mientras tanto fue a "realizar diligencias", es decir, a hacer gestiones, papeleos y trámites pendientes.

Al terminar sus gestiones, Araminta llamó a Trejo, pero no contestaba. Le mandó mensajes y tampoco obtuvo respuesta. La joven también intentó contactar con su otro alojado, Pérez Venta con el mismo resultado. Ni sus llamadas ni sus mensajes eran atendidos. En ese momento, Araminta comprendió que podía estar en problemas.

Después de varias horas de intentos fallidos para contactar con los dos jóvenes a quien había acogido en su casa, comenzó a sospechar lo peor. Y llamó a amigos en común, a compañeros de la causa, a miembros activos de las guarimbas con el mismo mensaje desesperado: "Creo que estos muchachos han hecho algo muy malo".

González se trasladó hasta su casa en Guatire. Recorrió las autopistas bordeadas de ranchos precarios de ladrillo y techos de latón que brotan de las montañas verdes. Sobresalen como costras que nunca cicatrizan en una sociedad enferma.

Sorteaba el tráfico, a los motorizados que serpentean entre vehículos y camiones y que siembran el terror entre los conductores. Las calles quedan vacías cuando desaparecen los últimos rayos de luz. La noche es una guarida de violencia y peatones y conductores regresan a sus casas con la tensión de saber que en cualquier esquina puede sobrevenir una tragedia, un secuestro, un disparo sin remordimiento.

Araminta sabía que al llegar a su casa se iba a encontrar con una realidad terrible. Y así sucedió. No podía entrar. No tenía llaves y los hombres a los que dio cobijo tenían los teléfonos apagados. Intentó forzar la puerta y entrar por una ventana, pero los esfuerzos eran inútiles. Tenía que esperar al día siguiente para llamar a un cerrajero e ingresar por la fuerza a su propia casa.

Afuera sólo estaba ella y su incertidumbre. Se sabía víctima de algo terrible. Era consciente de que los jóvenes a quienes dio cobijo y comida, ayuda y consejos, la habían traicionado. Adentro, estaban sus cosas, su ropa su comida y hasta su acetona y el ácido sulfúrico con los que experimentaba. Y también la aguardaba una escena que confirmaría el peor de sus presagios.

Al día siguiente, un cerrajero reventó la puerta de la casa de Araminta González y la joven se tropezó con su ropa sobre las camas y el suelo, la comida desperdigada por la cocina y la casa completamente revuelta. Pero lo más importante no estaba en su casa. Su computadora portátil había desaparecido junto con el *router* inalámbrico y su memoria externa color fucsia que siempre envolvía en una pequeña bolsa de cuero negra.

Decidió cambiar la cerradura y poner en alerta a todos los grupos de la resistencia que habían ayudado a los dos hombres. Pero Araminta González, que había participado en reuniones de revuelta callejera, en grupos de guarimbas y en planificación de actos contra el gobierno de Nicolás Maduro, no se encontraba en la mejor posición para denunciar a dos posibles infiltrados.

El chavismo, que había penetrado las estructuras de la organización de las revueltas en la calle, comenzaba a destruir las estructuras opositoras desde adentro. Los jóvenes sospechosos, los señalados de ser infiltrados, siempre se salvaban de las detenciones. Nunca estaban cuando llegaba la policía. Desaparecían cuando había detenciones masivas.

Desde la cárcel, Andrea González, sin pruebas en su contra, pero con el testimonio demoledor del descuartizador, se sabía destinada a la condena. Y se dio cuenta de que toda aquella protesta bonita, que todos aquellos meses de lucha en los que puso en riesgo su propia vida, también era una ilusión. No estaba rodeada de ángeles libertadores, sino que era vigilada por demonios y delatores, por infiltrados del gobierno que combatía.

La primera vez que entrevisté a Araminta González en Madrid parecía una mujer autómata. De piel morena y cabello recogido hacia atrás, casi nunca se apartaba de la protección de sus lentes de sol, como si además de protegerla de los rayos ultravioleta también lo hicieran de amenazas exteriores. A simple vista se notaba su temor, su sufrimiento. No contestaba con facilidad a las preguntas y tenía dificultades para beber o comer algún bocado. Cada recuerdo le descomponía el estómago. Cada pregunta la volvía a golpear.

Fuera del peligro de Venezuela admite que, tras las continuas torturas, su cerebro ideó, de forma espontánea, un mecanismo de defensa para olvidar nombres, fechas, lugares y datos relacionados con aquellas protestas callejeras en las que había participado. Era un mecanismo de defensa propio y ajeno: para protegerse ella y también con quien había tenido algún tipo de contacto.

La joven fue acusada de fabricación de explosivos y terrorismo. La principal base de su causa judicial habían sido los testimonios de los muchachos que había alojado en su casa y que estaban siendo investigados por los tribunales por el asesinato y el descuartizamiento de Liana Hergueta.

La denuncia de Pérez Venta, el descuartizador, la había arrojado a una sala policial en la que la joven estaba aterrada por los gritos y las amenazas. Al otro lado de la pared estaba su novio. Escuchaba sus llantos, los gritos desesperados.

González terminó en el llamado Inof, un centro correccional para mujeres donde las torturas persistieron. Allí se desplomó en el patio, lloraba en los pasillos y en su celda. La muchacha alegre y risueña, que posaba con su bata de laboratorio en las fotos de trabajo, se había convertido en una mujer introvertida y de pocas palabras.

La joven activista entró en una severa depresión y tenía que ser trasladada de forma constante a hospitales psiquiátricos. Finalmente, el gobierno aceptó su excarcelación por su delicada situación de salud.

Araminta González pasó casi tres años en prisión como una presa más compartiendo comedores, baños y pasillos con delincuentes comunes. No tuvo el tratamiento de "privilegio" con que cuentan algunos presos políticos, alejados de traficantes de armas y drogas, de estafadores, ladrones, extorsionadores y asesinos.

La prisión para la disidencia es uno de los peores castigos que un dirigente estudiantil o político pudo sufrir por parte del régimen. Pero la pena mayor la reciben quienes acuden a una cárcel común. No hay teléfonos móviles ni tardes de charlas en la cocina del penal, ni noches de dominó con otros presos políticos con los que se puede debatir sobre el acontecer de la vida nacional. En las cárceles comunes, los presos viven permanentemente en el límite, con una pesadumbre que les quita el hambre, el sueño y las ganas de charlar con los otros reclusos con los que se convive.

Hasta ir al baño puede convertirse en una pesadilla. Araminta González siempre intentaba contener sus ganas. Se esforzaba por enseñar al cuerpo a acostumbrarse a ir lo menos posible a ese lugar mugriento, donde siempre encontraba una o dos ratas. La pena de las prisiones comunes deja otra huella, una marca imborrable entre quienes han pasado por ella.

Tras su encarcelamiento, los patriotas cooperantes contactaron con otro grupo de mujeres a quienes extorsionaban y amenazaban con enviar a la cárcel como lo hicieron con Araminta González. Su primera víctima también servía como advertencia para el resto de las mujeres a quienes se acercarían para acosarlas, robarlas y violarlas. Los infiltrados habían comenzado su carrera del terror. Ningún organismo investigaba sus crímenes mientras cada estafa, cada extorsión y cada asesinato servía para aportarles más impunidad. Hasta que, de repente, sin saber cómo, sin esperarlo, el monstruo para el que trabajaban también los devoró y fueron apresados por el asesinato de Hergueta.

Carlos Trejo y José Pérez Venta fueron dos patriotas cooperantes que infundieron terror en las filas opositoras durante las primeras marchas y manifestaciones contra Nicolás Maduro en 2014. Pero no han sido, ni mucho menos, los únicos. El régimen siembra espías e informantes en todas partes. Hasta en los círculos más insospechados. Y la táctica de cómo y cuándo infiltrar tiene una escuela poco sorprendente.

El espía que surgió de la psiquiatría

Cuando era diputada de la Asamblea Nacional por la facción del chavismo, Gabriela Ramírez, fue contactada por la embajada cubana para participar en un grupo de amigos de Cuba, fue enviada a la isla para conocer de primera mano su sistema político y social. Ramírez de inmediato fue contactada por intelectuales y jerarcas del régimen castrista que cautivaron a la mujer que había crecido en el seno de una familia comunista pero que había renegado de la corriente política inculcada por sus padres.

Ramírez creció en un entorno humilde, pero pudo estudiar en un colegio privado. Perteneció a un movimiento llamado "Clase media en positivo" que utilizó el chavismo para adherir simpatías en un sector social en el que nunca tuvo apoyos mayoritarios. Con los primeros contactos en Cuba, quedó seducida por el nivel cultural e intelectual de sus interlocutores, muy por encima del que había conocido entre los líderes políticos de Venezuela.

Visitó La Habana en plenas festividades del triunfo de la revolución, se reunió con intelectuales y también fue invitada a Nicaragua. Iniciado el proceso de seducción, la dictadura castrista entregó el primer encargo a Ramírez: hacer campaña para lograr la liberación de los conocidos en Cuba como "los cinco héroes", cinco ciudadanos cubanos encarcelados en Estados Unidos por espionaje.

—Yo acepté el encargo e hice videos en apoyo a los cinco encarcelados, me reuní con las madres y con sus familiares, pero hasta que no me entrevisté con uno de ellos, no me di cuenta de la verdadera dimensión del espionaje —explica Ramírez.

Al salir de prisión, uno de los cinco espías se reunió en privado con Ramírez. La exdefensora se rehúsa a dar su nombre "por respeto". Pero desde el exilio cubano en Miami descubren la identidad de René González, un piloto formado por la revolución que viajó hacia Estados Unidos enarbolando la libertad de Cuba y difundiendo críticas y ataques contra la dictadura castrista.

González pasó trabajo en sus primeros años y tuvo que buscarse la vida como cualquier otro inmigrante cubano. Sus apariciones públicas eran incendiarias y su propia familia, sumergida en el castrismo, le dio la espalda y lo desterró por traidor. Su trabajo más célebre fue el de piloto de Hermanos al Rescate, una organización humanitaria que lanzaba avionetas al mar en los años noventa para salvar a los balseros que huían de la miseria y la dictadura en Cuba.

González se convirtió en un anticastrista radical y nunca levantó sospechas entre los líderes del exilio cubano en Miami hasta que fue detenido en 1998 acusado de actividades de espionaje en Estados Unidos.

—Descubrí entonces el aparato de espionaje cubano. Y al ver casos en Venezuela de falsas denuncias contra Maduro, de expresos políticos con gran relevancia mediática y que están en el exterior y confunden y dividen a la oposición, llego a la conclusión de que Maduro usa exactamente la misma táctica —explica la alta exfuncionaria del chavismo.

Pocos días después de estas declaraciones, dos altos cargos del chavismo desertaron de forma repentina y comenzaron a atacar al gobierno de Maduro: Manuel Cristopher Figuera, cerebro de la inteligencia militar, y el general de división Ramón Rangel, que gestionó una empresa pública cubano-venezolana en La Habana.

Los chavistas que saltan a la oposición están bajo sospecha. Pueden tener intereses ocultos y servir al gobierno como espías en todos los ámbitos. La exdefensora lanzó una lista de nombres de venezolanos en el exterior que podrían estar colaborando con el régimen, al juzgar por todo lo visto y escuchado de sus estancias en Cuba. En la lista hay nombres conocidos y otros exprisioneros mediáticos.

El espionaje silencioso, el falso positivo y la infiltración son tres pilares fundamentales del chavismo. Uno de los líderes opositores que participó en las fallidas negociaciones con el régimen de Maduro en República Dominicana asegura que Jorge Rodríguez, psiquiatra y uno de los cerebros de propaganda y estrategia del régimen, no oculta su obsesión por espiar a los líderes opositores.

Rodríguez mostraba su ánimo de espía incluso en las reuniones privadas en las que intentaba crear ambiente de distensión para pactar unas elecciones en 2018, que finalmente fueron rechazadas por los partidos adversarios al chavismo y por buena parte de la comunidad internacional por considerarlas ventajistas y poco creíbles.

En la intimidad, Rodríguez intentaba tratar a los interlocutores con cercanía y empatía. Se mostraba un hombre amable y ponía sobre la mesa sus conocimientos culinarios, su afición por el buen vino y la gastronomía en los restaurantes más selectos del mundo. Los solía sorprender con su camaradería.

—Se acercaba con su sonrisa inquietante y me decía: "Tranquilo, no te preocupes. Nosotros somos panas (amigos)". Mostraba una amistad que nunca había existido, que era impostada. Muy forzada. Conmigo nunca funcionó, pero sí con otros líderes políticos de la oposición —explica uno de los ocho representantes de la oposición en el diálogo de República Dominicana y que mantuvo constantes y repetidas reuniones con Rodríguez. Al referirse al episodio, el emisario opositor, levanta su mano y muestra su dedo medio sobresaliente sobre el resto.

—¿Panas? Esto es lo panas que somos.

Tras el despliegue de amabilidades, el hombre fuerte del régimen mostraba su otra cara, tal vez más auténtica que la primera. En definitiva, era la que causaba el efecto esperado: el miedo del adversario, el temor a ser castigado y perseguido.

Las primeras reuniones con los líderes de la oposición en Caracas se celebraron en la residencia oficial del embajador de España en Venezuela, Jesús Silva Fernández, pero rápidamente los emisarios de Maduro decidieron cambiar la ubicación al hotel

Meliá Caracas. El gobierno chavista consideraba inadecuado que las reuniones entre el oficialismo y la oposición para pactar unas elecciones reconocidas por ambas partes se celebrasen en una sede diplomática de un tercer país. Alegaban razones de soberanía, de no injerencia.

La presión para mudar las reuniones al hotel Meliá fueron arreciando y, finalmente, los representantes de la oposición no tuvieron la menor duda sobre los verdaderos motivos.

—Nos grababan todo lo que decíamos. Cualquier cosa que dijeras en esa reunión podía ser utilizada en tu contra —explica unos de los negociadores opositores.

El seguimiento y la grabación no eran estrategias secretas. El enviado de Maduro, Jorge Rodríguez, dejaba claro su ánimo persecutorio, según explica el representante de uno de los partidos opositores en las negociaciones. Rodríguez siempre iba acompañado de informes, correos electrónicos y fotos de encuentros en restaurantes o conversaciones telefónicas.

—El día que le hicieron un escrache a su hija, en Australia, llegó muy malhumorado a la reunión. Y comenzó a decir que tenía audios, papeles, pruebas contra muchos de nosotros. Decía que sabía con quién habíamos estado, con quién nos habíamos reunido. Y amenazaba con hacer públicas algunas de esas supuestas pruebas —añade el político opositor.

Hasta las negociaciones con "los panas" pueden terminar en una amenaza. Sean reuniones oficiales o encuentro privados, los dirigentes opositores estarán siendo seguidos, dentro o fuera de Venezuela.

Cuando el gobierno de Maduro dejó de pagar los salarios a los parlamentarios venezolanos, buscaba una consecuencia natural. Los diputados de la oposición, sin financiación, sin recursos, dependen de empresarios, de donantes privados cuyos fondos siempre son opacos y desconocidos.

—Hay empresarios respetados y con trayectoria que nos ayudan, pero con la necesidad, los compañeros diputados han comenzado a recibir dinero de empresarios ligados al chavismo como Raúl Gorrín, cercano a Nicolás Maduro. A través de ellos, buscan influir, retrasar algunas decisiones y, sobretodo, quieren enterarse de nuestros planes diarios. Quieren infiltrarnos por todas partes —explica un diputado opositor en el exilio.

Los hombres invisibles del chavismo pueden estar en cualquier lugar. En un escaño de la bancada opositora, detrás de un asesor o financista poco conocido. Allá donde haya algún movimiento contra el régimen, puede aterrizar un patriota cooperante.

En los últimos años, han comenzado a salir del país por Colombia, llegan a Madrid como refugiados y se internan en los campamentos para perseguidos políticos. Se relacionan con los verdaderos exiliados. Algunos de ellos confiesan su relación con el gobierno.

—Hay exmiembros del Centro de Investigaciones Científicas, Penales y Criminalísticas (CICPC), cuerpos policiales y militares que no niegan que han trabajado para el chavismo. Se acercan a quienes han trabajado para el gobierno. Puede ser casualidad, pero creo que se trata de una estrategia planificada —explica un solicitante de asilo político venezolano que fue asesor de un alto excargo del gobierno de Chávez.

Desde los patriotas cooperantes hasta los más altos jerarcas del chavismo, lo más importante de la persecución es que los vigilados sean conscientes del peligro. Deben saber que el régimen puede conocer cualquiera de sus movimientos. Cualquier llamada, cualquier mensaje puede desencadenar la aparición de cualquier del delito, la firma de una sentencia judicial en su contra. Todos deben saber que el régimen los vigila y los persigue. Porque así tendrán miedo y, probablemente, nunca tendrán la libertad y determinación para actuar de forma decidida contra él.

Ahimsa. No violencia

Capítulo 16

El conductor ensangrentado

Claro que tiré piedras y quemé cauchos hasta que mi papá me descubrió.

Nicolás Maduro

Cuando el conductor Nicolás Maduro salía de su jornada laboral en el Metro de Caracas, miraba a los lados y a sus espaldas. Sus compañeros de trabajo ya conocían el automóvil Opel Monza negro que lo esperaba en la salida de la estación La Paz, al sur de Caracas. Eran los funcionarios de inteligencia del gobierno venezolano que lo conocían de sobra. "Nicolás: móntate atrás".

Así, con rima incluida, los funcionarios de los servicios policiales lo invitaban a subirse al vehículo para que el entonces líder sindical del Metro de Caracas fuese trasladado a las oficinas de El Helicoide. Allí era interrogado por las sospechas de que participaba en planes para la desestabilización de los gobiernos de Carlos Andrés Pérez, Ramón J. Velázquez y Rafael Caldera.

Su compañero sindical, José Villamarín, y el resto de los trabajadores, intentaban crear algo de resistencia en solidaridad con su colega. "¡No se lo lleven, no se lo lleven!", gritaban cuando veían el Monza de siempre o la patrulla policial. Pero Maduro, casi resignado, sabía que era parte de la rutina. Los interrogatorios en El Helicoide, donde ya funcionaba la sede de la inteligencia, comenzaban a ser habituales.

—Yo le decía en broma: "Nicolás: cuando llegues a El Helicoide, dile al resto de detenidos que ese rincón es tuyo. Ya tienes derechos ahí". Yo le preguntaba si lo trataban mal, si lo torturaban. Pero siempre decía que no, que lo trataban bien. Lo que nunca explicaba, porque era reservado con su proyecto político, eran los motivos por los que lo perseguían tanto —explica Villamarín, histórico trabajador y sindicalista del Metro de Caracas que montó un sindicato con Nicolás Maduro en 1996, dos años antes de la llegada del chavismo al poder.

La inteligencia del gobierno lo tenía fichado. En la salida de una reunión para montar su sindicato en el Metro, en el hotel El Conde, en pleno centro de Caracas, la policía también lo estaba esperando.

—Era muy fácil encontrarlo. Es muy alto, mide como dos metros, y era muy delgado, como vara de puyar locos. A lo lejos, ya se distinguía que era él —comenta su excompañero.

A principios de los años noventa, los trabajadores del Metro de Caracas más combativos tenían reivindicaciones importantes que reflejaban un país muy distinto. Luis Chacón, que también fue empleado del Metro y coincidió en la empresa con Nicolás Maduro, abrió un conflicto porque en algunos centros de trabajo no había vasos cónicos de papel que los trabajadores usaban para tomar agua de los bebederos.

En aquella época, los empleados del Metro tenían unas condiciones laborales que le permitían tener acceso fácil a crédito para vivienda, automóvil y un buen nivel de vida. El servicio era puntual, los aires acondicionados funcionaban y se había convertido en ejemplo de transporte público en toda América Latina. Así, la falta de vasos era un problema de primer nivel.

—Cada vez que llegaba diciembre pensábamos en qué íbamos a gastar nuestras pagas extras: si en comprar un carro o en irnos de vacaciones con la familia —explica David Vallenilla, último jefe de Nicolás Maduro antes de que entrase en política activa con el chavismo.

El éxito del Metro llevó a la empresa pública a lanzar el Metrobús, los autobuses de la compañía para el servicio superficial de transporte. Las populares "camioneticas", pequeños autobuses que eran conducidos por trabajadores autónomos, que circulaban esos años por Caracas, ofrecían un servicio precario. Casi siempre atestados de gente, incómodos, con asientos rotos y mucho calor.

En cambio, el Metrobús, un servicio entonces algo más caro, contaba con aire acondicionado en unidades bien mantenidas, cuidadas, limpias. Ser operador de Metro o Metrobús representaba el trabajo de máxima categoría dentro de los chóferes de transporte público en Caracas. Y Maduro estaba en el grupo de conductores que ofrecían un servicio de calidad a los caraqueños, aunque solía faltar a su trabajo por su activismo.

Cuando perdió las elecciones sindicales, montó un sindicato paralelo. En los trámites para crear y registrar una alternativa al electo por los trabajadores, Maduro conoció a una abogada de nombre Cilia Flores, con la que comenzó una relación sentimental.

Cuando acudía a su puesto de trabajo, su jornada empezaba al escuchar la misma instrucción.

—OTS Maduro: inicia recorrido.

Del otro lado de la radiofrecuencia se encontraba David Vallenilla, su supervisor en Metro de Caracas y último jefe antes de su entrada al chavismo.

Maduro fue hasta mediados de los noventa un OTS. Es lo que se conoce en el argot interno del Metro de Caracas como "Operador de Transporte Superficial", un cargo largo y ostentoso para referirse a un conductor de autobús. Vallenilla coordinaba los equipos de choferes para controlar sus horarios de llegada y salida y también hacía seguimiento de la ruta para detectar incidencias con el tráfico. Su puesto era el de STS (Supervisor de Transporte Superficial) y tenía bajo su cargo a decenas de conductores en cada turno que coordinaba desde la sede de Plaza Venezuela, a pocos metros de lo que años más tarde se convertiría en la Tumba. Allí, ofrecía servicio a los vehículos de la zona: Sabana Grande, Las Palmas, Bello Monte y Santa Mónica, urbanizaciones de clase media en la zona central de la capital.

En una de las salidas del metro, en Plaza Venezuela, una oficina a pie de calle era la sede de operaciones del servicio. Allí, detrás de unos cristales oscuros que impedían ver el interior, trabajaban los responsables del servicio. Entraban y salían conductores y trabajadores. Eran las entrañas del servicio de transporte dos décadas antes de que los venezolanos comenzasen a viajar de pie en camiones o camionetas de particulares, las llamadas "perreras", que mueven a los pasajeros, aferrados a los hierros y sostenidos unos a otros como ganado. Al aire libre, de pie, bajo el sol inclemente o bajo la lluvia.

Los conductores solían llevar a sus hijos pequeños a conocer su lugar de trabajo para mostrar, con cierto orgullo, la empresa. Y tres niños solían acudir al puesto de trabajo de sus padres, para pasear en Metrobús o ver la sala de control. David Vallenilla, hijo de David, era uno de los más pequeños.

Los conductores daban paseos a David en los autobuses, equipados con equipos de radiofrecuencia. Allí, el niño David podía escuchar las instrucciones de su padre para controlar las horas de llegadas y salidas: "OTS: ubicación".

Por aquellas salas también pasó Geraldine Chacón, hija de Luis Chacón, que era unos años mayor que David. Había coincidido en alguna fiesta de cumpleaños de los hijos de los sindicalistas. Y otro niño, Nicolás Maduro Guerra, uno de los mayores, mejor conocido como "Nicolasito".

En 1995, cuando nació David Vallenilla hijo, Nicolasito ya tenía cinco años. Los niños crecieron en una Venezuela que arrastraba al menos una década de recesión, crisis y que comenzaba a manifestar los primeros síntomas de descontento social.

El país comenzaba a estornudar por causa de una enfermedad que estallaría con un final inesperado para los tres: Nicolasito alcanzaría la cumbre del poder tras el ascenso de su padre, el conductor sindicalista, a la presidencia de la República 15 años después.

—Cuando no tenía con quien dejar al niño, lo llevaba en su Metrobús. Él trabajaba la ruta de El Valle (zona popular al suroeste de Caracas). Vivía por allí mismo. Lo hacía los fines de semana que le tocaba trabajar. Eso lo hacían muchos trabajadores con los niños. Los paseaban o lo dejaban en una sala viendo televisión si el supervisor lo autorizaba —explica Villamarín.

Los niños crecían en una Venezuela que se transformaría de forma radical gracias a uno de los conductores que los paseaban. David Vallenilla creció con los intereses de cualquier niño de su edad pero, cuando alcanzó los diez años, sorprendió a su padre con una pregunta.

—Papá: ¿Chávez siempre fue presidente de Venezuela o antes de Chávez había otros presidentes?

La inquietud del niño tenía profundidad. En el despertar de su conciencia ciudadana, el pequeño David quería saber si en Venezuela en algún momento había existido una alternabilidad democrática. Tenía la impresión de que el poder en el país se podía ejercer de forma permanente y perpetua, tal como era la voluntad de Hugo Chávez antes de su cáncer terminal.

La presidencia, ejercida entonces sobre la base del voto y la fuerza por un solo hombre, no era cedida ni traspasada, a pesar de haber perdido un referéndum popular en 2007 que lo obligaba a no presentarse a una nueva elección presidencial. Tampoco se cedían las alcaldías o las gobernaciones cuando eran perdidas, tal como había hecho Maduro con el sindicato paralelo tras fracasar en las elecciones sindicales. Si el partido de gobierno era derrotado en las urnas, se creaba una institución paralela, controlada por jerarcas del chavismo, para asumir las competencias de las alcaldías o gobernaciones perdidas, tal como había hecho Nicolás Maduro con el sindicato paralelo tras su fracaso con las elecciones sindicales en el Metro de Caracas. De esta manera, el chavismo siempre controla las instituciones. Gane o pierda las elecciones, lo seguro es que permanecerán siempre en el poder.

Con la ascensión de Maduro a la cúspide presidencial, la peor de las crisis económicas azotó todos los aspectos de la vida cotidiana del país. Los supermercados se vaciaron de comida, las farmacias de medicinas y los salarios que antes llegaban apenas para la comida de 15 días, de repente, no alcanzaba ni para un kilo de carne. Aquellos niños, los amigos de David, comenzaron a salir a las calles. A mediados de 2017, el joven David Vallenilla sufrió una lesión en la pierna cuando los estudiantes de todo el país incendiaban las calles para exigir el fin del gobierno de Nicolás Maduro.

Contó a su familia que se había lesionado de manera fortuita. Estuvo varios días con un yeso, inmovilizado en su casa y de reposo hasta el momento en que las protestas en Caracas alcanzaron su momento álgido. Algunos de sus compañeros habían sido heridos por los policías y militares en las protestas para evitar, a toda costa, el desbordamiento del descontento.

Antes de graduarse de bachiller, se dedicó al voluntariado. Pidió a su padre que le pagara un curso de enfermería y comenzó a trabajar en el dispensario Mamá Pancha. Allí salvaba vidas y asistía a la población sin recursos. Años más tarde, entró en un centro de salud en Altamira, una urbanización de clase media en el este de Caracas, epicentro de las protestas contra Nicolás Maduro en 2014 y 2017.

A pocos metros de su lugar de trabajo, los jóvenes se congregaban para comandar las protestas contra Maduro. Iban equipados con máscaras antigás y unos escudos precarios de lata o de cartón que difícilmente servían para contener las balas o las metras (canicas) disparadas con las escopetas de la policía militar. En su último día en la lucha contra el gobierno, el niño David tenía veintidós años.

En la autopista Francisco Fajardo completamente cortada por las manifestaciones, se acercó a la base militar de La Carlota. Arrojó una piedra encima de la reja que ni siquiera pudo lanzar con demasiada fuerza. Del otro lado, en la base militar, un efectivo se acercó hasta tener al joven a pocos metros de distancia. Levantó su fusil, que asomó a través de la reja para acercarlo hasta casi tocar el cuerpo de David. Y disparó. El joven, que llevaba su mochila hacia adelante, se desplomó. Su táper de comida no pudo repeler el disparo. En el suelo, encogido por el dolor, recibió un segundo impacto. Intentó levantarse pero sus piernas le fallaron, como si además de su cuerpo, llevara sobre sí el peso de un país que tampoco lograba mantenerse en pie.

Uno de los jóvenes se atravesó entre el militar y David para protegerlo. Iba corriendo con un escudo de cartón. Acudía en su defensa con esa inocencia, o tal vez con una valentía inconsciente que se necesita para acabar con una dictadura. David logró levantarse y se alejó, pero volvió a caer. El resto de los manifestantes lo llevaron hasta una moto para trasladarlo al hospital. Allí trabajaba su primo, que lo atendió, pero no pudo hacer nada para salvarlo.

En aquellos días, los policías militares no disparaban balas. Las balas están numeradas y, por su serial, resulta muy sencillo determinar quién es el responsable de un asesinato. La bala entra y sale de un órgano y no siempre ciega la vida de los heridos, pero la metra no deja huellas de ningún tipo. No están numeradas ni controladas. Y, al entrar en el cuerpo, no salen, sino que rebotan y dañan varios órganos. Causan una muerte tan segura como dolorosa. En las pruebas forenses, extrajeron cuatro metras del interior de su cuerpo.

Como Nicolás Maduro en su época de agitador callejero, David nunca quiso decirle a su familia que formaba parte de los jóvenes que batallaban contra la policía en las calles. Y aquel día de junio, el destino volvió a unir al niño y al chofer de Metrobús. Murió el chico que correteaba en la estación donde trabajaba Maduro. Murió después de que el chófer, que ahora conducía los destinos de un país, ordenase reprimir la revuelta callejera. Su determinación era frenar las protestas con mano militar, con balas o con metras. Con bombas lacrimógenas o con chorros de agua a presión.

Fue el propio David Vallenilla padre quien recordaría al presidente Nicolás Maduro que el joven asesinado ese día sobre el asfalto de la autopista, frente a la base militar, era el mismo niño que había conocido cuando era conductor de autobús, veinte años atrás. Ante las cámaras de televisión, se dirigió al presidente.

—Nicolás: ¿te acuerdas de mí? Soy David Vallenilla. Trabajé contigo en el Metrobús. Fuimos compañeros de trabajo. Tú conociste a David, mi hijo, cuando era un niño muy pequeño. Ayer lo asesinaste.

Maduro, como David, había salido a lanzar piedras en su época de incendiario callejero. Uno de sus compañeros de colegio, alias Arquímedes, recuerda aquellos episodios de revueltas. "Nicolás era arrojado y tenía buen brazo para tirar piedras y devolver lacrimógenas a la policía y aunque estaba encapuchado, era muy fácil distinguirlo por el tamaño".[14]

Tras su época de agitador juvenil, comenzó la de agitador sindical que trabajó desde abajo para derrocar gobiernos. En el Metro, Maduro ofreció la infraestructura del subterráneo para conspirar contra el presidente Carlos Andrés Pérez en el golpe de Estado del 27 de noviembre. "Facilitaríamos nuestro conocimiento y control de la red de Metro para movilizar los alzados en la capital. Por la red de túneles, movimos no sólo a tropas sino sobre todo a grupos civiles armados", explicó Maduro.[15]

Los gobiernos contra los que conspiró nunca lo torturaron ni le abrieron juicio. Sólo lo sometían a constantes interrogatorios que no tuvieron consecuencias.

---

14 *De Verde a Maduro: el sucesor de Hugo Chávez* Santodomingo, Roger. Vintage Español. 2013
15 Ídem

Como sindicalista, Maduro faltaba mucho al trabajo con la excusa de ejercer sus actividades de representación de los empleados y obreros, pero sus compañeros nunca vieron en él ningún comportamiento radical ni escucharon ningún discurso comunista de su boca. Más bien, es recordado como hablador, como un trabajador pausado, sin mucho ánimo de ascenso ni mejora.

—Nunca fuimos amigos. Lo trataba como un trabajador común y corriente. Era delegado sindical, pero acataba las órdenes de los jefes sin problemas. No lo recuerdo como un delegado conflictivo ni que confrontaba a la gente. Se podía conversar con él de forma respetuosa. Lo que sí tenía es que faltaba mucho a trabajar. Más de alguna vez le pedí que le suspendieran el sueldo porque no traía el justificativo. Era parte de mi trabajo —añade su exjefe David Vallenilla.

En los tiempos de Maduro en el Metrobús, los conductores habían incorporado en su lenguaje diario los términos utilizados habitualmente en su trabajo. En aquella época, usaban tres tipos de autobuses: los Renault, considerados los mejores, los Pegasso, de una calidad media, y los Leyland, que daban muchos problemas. Algunos compañeros bromeaban que Maduro y su líder político, Hugo Chávez, eran unos "Leyland". Pertenecían al bando de los perdedores, de políticos de la izquierda trasnochada y frustrada que nunca llegarían a nada. Se equivocaron. Aquel chofer ausente, constantemente sancionado por sus inasistencias, incapaz de ganar unas elecciones sindicales, cambiaría el rumbo de todo un país y de sus propias vidas. Con hambre, cárcel y sangre.

Horas después de dirigirse a Nicolás Maduro frente a las cámaras de televisión para responsabilizarlo por la muerte de su hijo, el mensaje de Vallenilla padre corrió como la pólvora en las redes sociales. Había hablado al presidente de tú a tú. Parecía dirigirse a una persona de confianza, pero, tal vez, su tono aún conservaba algún resquicio del pasado, de esa época en la que las comunicaciones se dirigían de jefe a subordinado. Le recordó que conoció en persona al pequeño David. Y exigió justicia dentro de la injusticia.

Entonces, Vallenilla recibió una llamada desde las más altas esferas del poder. Eran momentos de tensión, de papeleos post-mortem, de organización de funeral y entierro. En pleno funeral, un hombre se acercó para informar que el presidente Nicolás Maduro quería hablar personalmente con él. Entonces recibió un teléfono móvil, pero al otro lado del teléfono no estaba Maduro sino el vicepresidente. Tareck El Aissami no se presentó, pero no hacía falta. Vallenilla lo identificó de inmediato por su peculiar forma de hablar.

—Me dijo que Nicolás Maduro quería hablar conmigo y que el gobierno buscaría a los culpables. También se puso a la orden para cualquier cosa que necesitásemos. Pero en ese momento, nuestra única preocupación era poder enterrar a nuestro hijo en paz —explica.

Aquel día, los cortes por las manifestaciones, las revueltas y los operativos de seguridad del gobierno, podían bloquear el paso de las carrozas fúnebres por la autopista hasta el cementerio.

Las jornadas posteriores fueron de preocupaciones para el exjefe de Maduro. Se preguntaba si sus quejas constantes sobre la situación del país y las historias que contaba a su hijo sobre lo grande y próspera que fue Venezuela antes de la era chavista, de alguna manera pudieron despertar en aquel niño el sentimiento rebelde que lo llevó a protestar frente a una base militar donde encontró la muerte.

Vallenilla hizo público su pasado laboral con Nicolás Maduro pero otro lazo aún más fuerte había permanecido oculto. Su padre, convencido militante comunista, apoyó la revolución de Chávez incluso entregando las empresas y su patrimonio. Antes de alcanzar la presidencia Chávez participaba de las fiestas familiares, hasta el punto en que bailó el vals con una de sus hermanas.

—Mi padre dijo a todos sus hijos que no dejaría herencia alguna. Quería que todo lo que tenía fuese destinado a la revolución. Era un hombre muy leído. Nunca estudió, pero se formó a sí mismo. Y también fue un fanático de la causa comunista. Lo que nunca llegaría a pensar es que esa revolución asesinaría a su nieto, años más tarde, por pensar distinto —explica Vallenilla, ahora exiliado en Madrid.

Con la llegada del chavismo al poder, David Vallenilla tuvo discusiones familiares con su padre. Intentaba rebatir las supuestas bondades del comunismo y explicaba que ese sistema era bueno sólo en la teoría, sobre el papel, pero que se diluía cuando se topaba con la realidad. El padre, combativo y de carácter, se lograba imponer en el debate político familiar con la voz alzada.

—Cállate, escuálido de mierda —gritaba a su hijo.

Escuálido, el término ideado por Hugo Chávez para referirse a la oposición cuando intentaba demostrar que estaba formada por grupos minoritarios y escasos, siempre fue usado como arma arrojadiza contra los críticos del régimen, contra aquellos que disentían de las ideas del caudillo ensimismado en las alturas del poder.

Vallenilla nunca tomó a mal las palabras de su padre. En el fondo, también había luchado por sus ideales en tiempos de dictadura, tal como lo hizo su hijo, pero con una diferencia sustancial. El abuelo pagó con cárcel la difusión del ideario comunista que finalmente se impuso en Venezuela cincuenta años más tarde. El nieto luchó contra esos ideales y contra ese proyecto político que había dejado al país sin alimentos ni medicinas, con millones de exiliados, centenares de presos políticos y decenas de asesinatos en las protestas contra el gobierno. Y, finalmente, el nieto, David, pagó la osadía con su vida.

Vallenilla padre nació fruto de una relación extramatrimonial. Su progenitor, oriundo del barrio de El Guarataro, en Caracas, tenía su familia y sus hijos, pero mantenía una relación sentimental con otra mujer desde la adolescencia. David creció feliz en su hogar con su madre soltera sin notar la ausencia de su padre. No tenía motivo para ello. En un principio no fue reconocido como hijo legítimo y es por esa razón que lleva un apellido diferente al del resto de sus hermanos, los Torrealba.

En su casa paterna, que visitaba con asiduidad, mantuvo una excelente relación con la madre de sus hermanos a quien él también consideraba como su segunda madre. La llamaba Mamá Nancy, que sabía que era fruto de una relación extramatrimonial, pero siempre lo trató como un hijo más: recibía los mismos regalos que el resto de sus hermanos.

Su padre, Martín Torrealba, luchó activamente contra un régimen militar de signo muy distinto. En el alzamiento popular que derrotó la última dictadura del siglo pasado, el 23 de enero de 1958, Torrealba salió a liberar los presos políticos de la cárcel.

Años más tarde, en plena democracia, Torrealba comenzó a trabajar para construir la Venezuela comunista que Chávez había imaginado desde los cuarteles. En esos años de conspiración, en los que comunistas y chavistas diseñaban la vía para tomar el poder, su casa paterna también dio cobijo a otro chavista entonces perseguido.

—Freddy Bernal tuvo una enfermedad grave mientras era perseguido. Lo que se comenta en casa es que "lo estaban buscando para matarlo". Bernal fue al funeral de mi padre y estuvo arrodillado junto a Mamá Nancy —explica Vallenilla.

Bernal, expolicía y exalcalde de Caracas, fue uno de los máximos responsables de diseñar la política de los grupos de civiles armados para defender la revolución chavista. Después de perder la gobernación del Táchira, estado fronterizo con Colombia, se convirtió en el gobernador paralelo, designado oficialmente por el chavismo para gobernar, con recursos y competencias efectivas, el estado.

El caso de David Vallenilla sobresalió sobre muchos otros de los 150 asesinados por el gobierno y sus grupos armados por la crudeza del video que registró el trágico momento. El joven cayó con su mochila frente al fusil de un militar que dispara con munición ilegal. La imagen comenzó a convertirse en un problema para el gobierno cuando daba la vuelta al mundo. Y el entonces defensor del Pueblo, Tareck William Saab, llamó a David Vallenilla para transmitirle que estaba de su lado, que comprendía su dolor y que la Fiscalía había llevado a cabo unas investigaciones, que se encontraban en fase avanzada, para encontrar al asesino de su hijo.

Saab se había reunido con Vallenilla para transmitir una aparente solidaridad. Se mostraba conmovido y del lado de la familia del asesinado, pero con el tiempo, Vallenilla comprobó que sólo se trataba de una treta del gobierno. Delcy Rodríguez, la mujer más poderosa del régimen después de la primera dama, Cilia Flores, quería reunirse con el padre frente a las cámaras para "dar la imagen de un gobierno preocupado y afligido por los jóvenes que estaban muriendo en las calles".

Pero Vallenilla se negó a acudir a un encuentro televisado y a participar en un lavado de imagen del régimen. Sí aceptó, en cambio, una reunión privada que no tuvo mayor trascendencia.

El Defensor del Pueblo identificó al asesino que fue presentado ante los tribunales. El acusado no elaboró una defensa sólida. Simplemente manifestó su inocencia, sin mayores argumentos, sin ninguna coartada. En el juicio, Vallenilla se encaró contra él. Y le preguntó si realmente ese joven de veintidós años suponía una amenaza real, ¿por qué no fue reducido con un tiro en una pierna? ¿Por qué disparó a matar?

Armas largas contra piedras. Militares contra estudiantes. En la confrontación frente a la base militar, David se desplomó fuera de la multitud que sí logró derribar una reja del aeropuerto militar. Un artista plástico regaló a Vallenilla una obra tras conocer el asesinato de su hijo. En ella, se ve a una mano abierta con una piedra. Y su título es inequívoco. "Era sólo una piedra".

Vallenilla está convencido de que los soldados siguen la orden clara de asesinar para generar miedo, para ablandar la calle, para desactivar la protesta. Cree que Maduro ordena asesinar y los militares obedecen. Pero, a diferencia de otras familias víctimas de las fuerzas de seguridad, Vallenilla, nunca ha recibido descalificaciones ni insultos por parte de ningún alto cargo del gobierno. Sólo silencio. En su caso, parece mediar cierta condescendencia, tal vez respeto hacia quien fue el último jefe de Maduro, antes de entrar en la política.

Desde la llegada al poder del chavismo y de aquel líder sindicalista, nada fue igual en la vida de los niños que recorrían en Metrobús las rutas que sus padres repetían cada día. Ni en el Metro, ni en el país. En aquellos años de lucha sindical, las empresas de limpieza subcontratadas del Metro de Caracas eran sancionadas si había chicles en el suelo. Hoy, faltan los bombillos en los pasillos y algunos usuarios orinan en las paredes oscuras, sin vigilancia. El sueldo de los conductores, que alcanzaba para comprar una vivienda a crédito, ahora alcanza para un cartón de huevos al mes. Y los niños que disfrutaban de los planes sociales del Metro emigraron en masa a buscar trabajos a cualquier otro país.

Geraldine Chacón, la niña que acudía a las fiestas y cumpleaños de los hijos de los empleados, que iba a las excursiones y a los planes vacacionales con los hijos de los empleados, terminó apresada en El Helicoide, la misma prisión donde llevaban a Maduro en su época de conspirador para ser interrogado.

Geraldine forma parte de Amnistía Internacional, la organización que lucha por los derechos humanos en todo el mundo. Pero se atrevió a alzar la voz contra la dictadura que ya se gestaba en el Metro de Caracas en un minúsculo grupo de dirigentes sindicales.

Al ser detenida, su padre, Luis Chacón, buscó a sus amigos policías, fiscales y también al mejor amigo sindicalista de Nicolás Maduro en el Metro: William Amaro. Estaba seguro de que, si llegaba a él, obtendría una respuesta solidaria de su parte. Al fin y al cabo, ellos, sus compañeros de trabajo, sus colegas sindicalistas, intentaban defender a Maduro cuando la policía se lo llevaba para interrogarlo. Pero la respuesta del hombre que custodia y acompaña al mandatario fue contundente. "Si está allí, es porque es opositora".

De aquellos tres niños que iban a ver trabajar a sus padres, el destino más fulgurante estaba reservado para Nicolasito Maduro, que está involucrado en la explotación irregular de las minas de oro clandestinas del sur de Venezuela, según las versiones del exdirector de la inteligencia venezolana, Sebin, Cristopher Figuera, último jefe de El Helicoide, que se desmarcó del chavismo de un día para otro y que ahora critica al régimen desde el exilio.

Y el destino más fatídico lo sufrió el pequeño David. Su padre no se doblega. Ahora cursa una denuncia ante la Corte Penal Internacional por el asesinato de forma sistemática de manifestantes. En su boca, Maduro no es presidente y nunca lo ha sido. Le sigue llamando OTS.

—Es un OTS asesino.

Capítulo 17

En busca del arsenal secreto

Una célula secreta de la resistencia venezolana busca derribar los siete monumentos más emblemáticos del chavismo. Los autodenominados guerreros, los autoproclamados libertarios, han llegado a la conclusión de que, para destruir la dictadura, es necesario hacer añicos sus esculturas. Las obras más estrafalarias levantadas por alcaldes, gobernadores y por órdenes de Hugo Chávez —aseguran— deben ser destruidas.

El objetivo es acabar con los monumentos y las esculturas que encierran poderes especiales, según las creencias de los dirigentes chavistas. Los altos cargos del régimen, los dirigentes más supersticiosos, confían en los poderes que guardan esos monumentos donde se han realizado actos de brujería para retener el poder.

La operación fue diseñada después de que el grupo subversivo conformado por profesionales, políticos, abogados, militares, estudiantes y miembros de la resistencia callejera, jóvenes que han participado en las revueltas contra el régimen, confirmaran una información por parte de altos exjerarcas del chavismo, ahora en la disidencia: el gobierno había erigido esos monumentos para celebrar rituales de santería y brujería.

Una pirámide con cristales rosados en la entrada de Caracas. Unas gotas gigantes, plateadas, inclinadas al borde de la autopista. Una escultura en forma de rosa en la parte posterior del mausoleo que Hugo Chávez ordenó levantar para el Libertador Simón Bolívar. Una réplica de la estatua de María Lionza, la diosa indígena venezolana cuya escultura original fue sustituida por el chavismo. Un enorme elefante dorado inaugurado por el exalcalde de Caracas Jorge Rodríguez.

El chavismo creaba espacios, monumentos y esculturas extravagantes, con colores llamativos y formas poco convencionales. Y las dudas sobre el crecimiento de espacios simbólicos abrió el debate. ¿Eran obras de gusto y estética discutidos o respondían a otros propósitos?

Una de las conspiradoras activas del grupo, hoy en el exilio, accede a hablar sobre el plan. Algunos de sus compañeros fueron apresados en cárceles venezolanas, acusados de terrorismo y traición a la patria. Otros lograron huir del país y un número reducido se encuentra en paradero desconocido.

Al menos tres integrantes del grupo han admitido la existencia del plan. Pero la mayoría ha decidido callar. No ocultan el pánico que les produce incluso recordar aquellos días en los que preparaban la conspiración para ejecutar una acción contundente contra el gobierno de Nicolás Maduro, un golpe en su fibra más sensible.

Los más radicales eran partidarios de ejecutar acciones contundentes que ocasionasen el colapso del tráfico y un gran caos en la ciudad. Otros optaban simplemente por organizar una acción limpia y rápida, en la que se repartieran panfletos con mensajes subversivos.

—Formé parte de un grupo que tenía como finalidad destruir todos los monumentos, estatuas y estructuras donde supuestamente el chavismo había realizado trabajos y actos de brujería para mantenerse en el poder. La información sobre los lugares donde se han realizado estos rituales la habíamos obtenido de ex altos cargos del chavismo que conocían de lo que estaban hablando —explica alias Dora, integrante del comando.

La operación consistía en hacer saltar por los aires los monumentos y lugares emblemáticos donde —según esa versión surgida desde las entrañas del chavismo— funcionaban los conjuros, la hechicería y la santería cubana impregnada en el país. Se trataba de un comando military paramilitar, con alta capacitación, preparado para destruir monumentos con cuencos de velones, huesos, ramas y conjuros.

—Yo soy un hombre de ciencia. Y no creo en nada de eso. Pero me parecía una excelente idea, porque sabía que gran parte los altos chavistas creen profundamente en esas cosas. Si gastaron tanto tiempo y dinero en eso, sería un duro golpe psicológico —explica otro conspirador oriundo del estado Táchira.

Los integrantes de la célula habían comenzado a visitar los lugares sagrados para el chavismo. Uno de los primeros fue el Mausoleo del Libertador, que Chávez mandó a construir en honor al prócer de la Independencia por quien el líder de la revolución sentía un fervor religioso.

El edificio se erige como legado arquitectónico del chavismo. Detrás del Panteón Nacional donde reposaban los restos del Libertador, el expresidente ordenó construir un mausoleo blanco inmaculado que se levanta como una prolongación del suelo y que sube hasta apuntar al cielo, como si fuese la pista de despegue y aterrizaje del alma de Simón Bolívar.

El mausoleo es conocido como "la pista de patineta" y, visto de frente, es una obra casi escondida detrás del panteón. Pero en su parte posterior, la edificación adquiere otra dimensión. En un costado, una escultura pasa casi inadvertida. Se trata de una estructura metálica que representa el espíritu de Manuelita Sáenz, la amante de Bolívar más conocida y con la que libró batallas y conspiraciones.

La obra, de unos 12 metros de alto y de color ocre oscuro, fue diseñada por Doménico Solvestro, premio nacional de arquitectura. La escultura brota como una rosa gigante y su sombra se proyecta sobre una de las paredes del mausoleo del Libertador. Representa también un diálogo entre amantes y batalladores del pasado, pero que siguen despertando nostalgia entre los batalladores del presente, entre los soñadores de las causas perdidas, de las revoluciones trágicas.

En el suelo, junto a la escultura, dos placas muestran un diálogo con casi dos siglos de diferencia entre Manuelita Sáenz y Hugo Chávez.

"Difícil me sería significar el por qué me jugué la vida unas diez veces. ¿Por la patria libre? ¿Por Simón? ¿Por la gloria? ¿Por mí misma? Por todo y por darle al Libertador más valor del que yo misma tenía. Él vivía en otro siglo fuera del suyo. Sí, él no era del diez y nueve. Sí, él no hizo otra cosa que dar; vivía en otro mundo muy fuera del suyo. No hizo nada, nada para él".
Manuelita Sáez. Diario de Paita.

"Diríamos hoy con Manuela, tiene razón Manuela. Rosa roja insepulta te llamó Pablo Neruda. Tienes razón Generala, aquel hombre, tu hombre, no era del siglo XIX. Era del XX y es sobre todo del siglo XXI porque este es el siglo de Bolívar, y es el siglo de Manuela, y es el siglo de Martí, es el siglo de nosotros."
Hugo Chávez. 18 de junio de 2010.

Un grupo de militares y conspiradores, de opositores, estudiantes y rebeldes, vio otras razones ocultas por las que el chavismo erigió el monumento junto al cuerpo del Libertador. Las opiniones iban corriendo en reuniones, en charlas de amigos y en fiestas hasta la madrugada. Todos se fueron convenciendo de que bajo la obra descansaba un trabajo de brujería encargado por el chavismo en los días en que ordenó la construcción.

El equipo acudía a la estructura para tomar medidas, determinar con qué materiales había sido construida y verificar sus puntos de apoyo. Había que calcular la mejor forma para derribarla. También era necesario observar los movimientos en la zona, los puntos de llegada y salida para evitar ser sorprendidos por la policía o las fuerzas militares.

—Necesitaba tomar todas las medidas para calcular la cantidad de explosivos mínimos para destruirla —explica otro integrante del grupo que terminó desmantelado tras la huida de sus miembros en las revueltas contra Maduro.

Pero la rosa insepulta en el mausoleo del Libertador era sólo el inicio. En el plan de derribo se había incluido una pirámide rosada que el alcalde de Caracas, el chavista Juan Barreto, levantó en 2008. La pirámide se ubica al borde de la autopista Valle-Coche, es decir, en la principal entrada a Caracas desde el interior del país. Fue concebida como la sede de un museo vial, pero su actual estado muestra un uso muy distinto.

El recinto ahora pertenece al ministerio de Transporte. "Ministerio del Poder Popular para el Transporte". Todos los ministerios chavistas llevan el nombre del "Poder Popular". Es un sello distintivo para reforzar la idea de que las clases populares, y no las élites, son quienes gobiernan al país. Pero la sede, que debió haber sido museo, no es más que un cementerio de motos vehículos y camiones.

Acudimos a la pirámide, símbolo de brujería chavista, y su entrada no huele a brujería sino a gasolina, aceite y a *croche* quemado. No hay rastros de velas, pero varias esculturas de los indios homenajeados han sido robadas. La base de la pirámide, pintada de gris, se desconcha, y la maleza crece entre las figuras de los líderes indígenas.

En la entrada del recinto está ubicada la placa de "Sorocaima". El cacique Sorocaima se ha convertido en un símbolo de la resistencia indígena en los años de conquista española, pero también es un referente constante para los rituales espiritistas de los altares populares venezolanos. Las paredes de la base también muestran a otros caciques indígenas que ofrecieron resistencia a los conquistadores españoles: Guaicaipuro, Caricú, Terepaimas, Catia, Chacao, Chicuramay, Guaicamacuto.

Las placas, con forma de relieve, muestran sus rostros bravíos, ariscos, con rasgos agresivos. Los líderes de la resistencia indígena siempre son reproducidos por el chavismo en su máxima condición guerrera, con sus cejas elevadas en sus extremos con una expresión de confrontación. Al menos dos placas faltan. Fueron trasladadas o robadas. Nadie tiene certeza, porque hasta cualquier objeto sin valor aparente en Venezuela puede tener una utilidad insospechada.

Los espacios comienzan a ser invadidos por la maleza del lugar. Unas mujeres trabajadoras barren el suelo sin demasiada prisa. Otros señores de mediana edad visten las franelas del programa "Chamba juvenil", un plan del gobierno para dar empleo a jóvenes principalmente como barrenderos de calles y plazas.

Una pared blanca de muy baja altura acota un espacio de Envial, la empresa nacional de mantenimiento vial. Del otro lado, tras una reja amarilla móvil, permanece una veintena de camiones, todos inservibles, estacionados y amontados, casi unos sobre otros. Muchos de ellos parecen nuevos o semi nuevos pero la falta de repuestos en un país con alta escasez en casi todos los rubros e insumos los convierte en chatarra inservible apenas surge otra falla que exige el cambio de alguna pieza.

La pared también divide dos peculiares estructuras con escaleras grises. La construcción intenta imitar los escalones de las pirámides, tal vez egipcias, tal vez precolombinas. Su dudoso estilo arquitectónico hace difícil tener una conclusión clara.

La pirámide fue inaugurada en 2008, y una década después es una estructura abandonada. Sobre la base gris se alzan los cristales de rosado intenso. A su lado discurre la autopista y a pocos metros se alza un enorme edificio residencial con la vaya publicitaria de Daka, la tienda de electrodomésticos que Nicolás Maduro invitó a saquear antes de las elecciones de 2016.

En los alrededores del recinto, el ruido de la autopista es intenso y constante. Los vehículos pasan a toda velocidad muy cerca, a escasísimos metros de la enigmática estructura. El tránsito forma la cortina sonora del recinto, pero el ruido va disminuyendo en el interior, para fundirse casi en un silencio absoluto justo en el punto central de la estructura.

Afuera, en la calle, crece la convicción de que el lugar es uno de los epicentros de la brujería chavista. A simple vista, parece otra cosa muy distinta. Los vestigios de lo que quiso ser un monumento a los antepasados, un edificio místico y misterioso y que terminó convirtiéndose en un depósito de escombros del transporte chavista.

La entrada a la pirámide no es lúcida ni monumental. Una especie de portón negro, como si fuese una salida trasera o una puerta de emergencia, es el único acceso. Debía contar con dos candados para garantizar la seguridad, pero sólo tiene uno. El otro se lo robaron.

En las escaleras que conducen al interior, es necesario sortear un caucho de camión que ha sido abandonado. En el recinto, hay dos pisos que han quedado como depósitos de motos. Un total de 18 motos, apiñadas, mal colocadas, son usadas para proveer de repuestos a otras estropeadas.

Junto a las motos también hay material usado por los paramédicos. Antes, en 2010, funcionaba como centro de adiestramiento del personal que organizaba cursos y talleres. Ahora no hay recursos ni espacio. Todo es un almacén, un depósito maloliente, una chatarrería bajo la estructura de una pirámide abandonada.

En la planta superior no hay ventilación. El calor sofoca y se intensifica con los rayos del sol que inciden directamente sobre el recinto.

El almacén de material médico contiene camillas, cajas, colchones sucios, ventiladores —o lo que queda de ellos— y colchonetas, y también guarda todo tipo de repuestos de vehículos y hasta cauchos viejos. Huele a polvo y a grasa. No es, sin duda, un lugar de trabajo digno de un servicio de paramédicos que salva vidas en las autopistas del país.

El jefe de los paramédicos no tiene inconveniente en mostrar todos los espacios. Lleva su juego de llaves y enseña los pasillos, las estancias donde descansa el personal. Contrario a lo que pudiese esperarse de un funcionario dependiente del régimen de Maduro, está interesado en que se conozca el recinto.

Su preocupación es el peligro al que está sometido el almacén. Es consciente de que el inmueble es el objetivo de varios grupos de resistencia. Recibe amenazas por redes sociales. Personalidades públicas han hecho invitaciones a destruirla y liquidar lo que representa: el poder del chavismo, el ocultismo de la dictadura.

Quien habla es un trabajador del Estado, pero en sus respuestas no hay signos de adoctrinamiento chavista, ni frases prefabricadas por el gobierno que son repetidas como mantras por los trabajadores públicos. Los equipos paramédicos parecen resignados a lo que le ha tocado vivir: trabajan con recursos limitados, sin insumos, y hacen lo que pueden.

En 2017 recibieron un ataque. Cuando el país se encendía por los cuatro costados por la conformación de la Asamblea Nacional Constituyente, el órgano parlamentario ideado a última hora por el chavismo para anular al parlamento venezolano controlado por la oposición, una piedra rompió uno de los cristales de la pirámide. También hubo un intento de incendiar la estructura que sufrió daños leves.

—Aquí yo nunca he visto a nadie hacer brujería, ni trayendo flores ni velones. Este recinto sólo es un depósito. Hemos recibido amenazas en las redes sociales y hemos intentado aclarar que es sólo eso: un depósito —explica el jefe de los paramédicos.

La única irregularidad que recuerda en la pirámide fue el robo de maquinaria para asfaltar. Nada relacionado con brujería chavista ni con conspiraciones para liquidar los monumentos del régimen. Se trataba de algo más sencillo: un robo vulgar, de los muchos que suceden en Venezuela.

Los grupos de la resistencia vinculados con Óscar Pérez también estaban convencidos de que se trata de un inmueble ideado por algún asesor espiritual cubano, uno de los *babalawos* (sacerdotes de la santería) que han asesorado a ministros, gobernadores, alcaldes y presidentes de empresas públicas durante los últimos años. Y su convicción fue difundida a través de sus cuentas en redes sociales a finales de 2017.

Tres años antes, otro grupo de disidentes ya había incluido la pirámide en sus planes desestabilizadores. Pero durante la ejecución del plan, comenzaron a surgir los imprevistos. Las discusiones internas por las fechas en las que se debían ejecutar, las delaciones y el robo de dinero.

—He participado en varios grupos de la resistencia. Y en casi todos hubo robo de recursos. La corrupción no es sólo un problema del chavismo. Existe en todos los ámbitos: en la enfermera que roba insumos en el hospital para revenderlos, el policía que pide dinero a los delincuentes por no detenerlos y también lo hemos sufrido dentro de la propia resistencia. Es algo que pasa en cualquier grupo. Siempre aparece alguien que termina robando el dinero destinado para la compra de equipos, de alimentos o de logística —explica uno de los organizadores de la conspiración secreta.

El secreto de la María Lionza chavista

El plan contra los monumentos chavistas contemplaba un escenario de caos para la ciudad de Caracas. Además de la pirámide rosada y la escultura en la parte posterior del Panteón Nacional, también se encontraban las "gotas de lluvia para Caracas", de seis metros de altura, plateadas, diseñadas por el artista Carlos Medina y que fueron instaladas en la autopista frente al centro comercial Ciudad Tamanaco, mejor conocido como CCCT.

El monumento de María Lionza frente a la Universidad Central de Venezuela fue otra de las obras señaladas. La escultura, ubicada en la autopista Francisco Fajardo, frente a la universidad más importante del país es, probablemente, la que mayor carga simbólica encierra. El propio Hugo Chávez solía acudir a la montaña de Sorte donde, según la tradición espiritista venezolana, vive María Lionza, mujer indígena que protege los ríos y la selva y la naturaleza. El relato de los brujos de la zona, unido al de los familiares de Cristina Marksman, su primera bruja, descubrieron la afición del expresidente por el culto a la diosa indígena, una figura con una amplia veneración en todo el país.[16]

El 6 de junio de 2004, cuando el chavismo afianzaba su estructura del poder en Venezuela tras el golpe de Estado en su contra el 11 de abril de 2002 y los paros petroleros y boicots del 2003, la estatua de María Lionza, sobre la que los devotos trepaban para dejar ramos y coronas de flores, se desplomó sobre su cintura. La diosa popular, la divinidad a la que los venezolanos piden milagros, curaciones y una vida más próspera, cayó hacia atrás y quedó con la mirada clavada en el cielo.

Los devotos alertaron sobre el significado de la estatua que había quedado partida en dos: el país se resquebrajaba y los bandos políticos en un país dividido habían quebrado por la mitad a la deidad. Era un pésimo augurio para los espiritistas venezolanos y seguidores de la religión autóctona.

Pero los restauradores de la Universidad Central de Venezuela dieron un diagnóstico distinto: la estatua había sufrido un colapso estructural y debía ser restaurada. Los primeros indicios apuntaron a un fallo de calado del autor de la obra, el escultor venezolano Alejandro Colina, que dio forma a la diosa montada sobre su danta, con sus pechos firmes y la marcada musculatura de sus brazos alzados hacia el cielo con los que sostiene una pelvis femenina.

La estatua fue trasladada a la Universidad Central de Venezuela para su restauración, pero el chavismo había decidido colocar una

---

16 *Los brujos de Chávez*. Placer, David. Sarrapia Editorial. 2015

réplica en el pedestal que quedó vacío. Cuando finalizaron las obras de mantenimiento y la estatua original de María Lionza estaba lista para regresar a su ubicación original, el entonces alcalde de Caracas, el oficialista Freddy Bernal, se negó de forma rotunda.

El chavismo ha negado toda posibilidad de que la estatua original vuelva a su emplazamiento. La alcaldía decidió que la réplica, construida por el artista Silvestre Chacón, permaneciese en el lugar de la obra original.

La negativa sistemática a devolver la estatua auténtica a su emplazamiento tomó por sorpresa a las autoridades universitarias y a los grupos de protección del patrimonio. ¿Cuál era el motivo por el que el gobierno se niega de forma tan tajante a retirar una réplica para volver a exhibir la obra original?

La escultura original de María Lionza, creada por el escultor Alejandro Colina, parece una pieza única, pero al visitar el lugar donde ha sido restaurada, en los talleres de conversación de la Universidad Central de Venezuela, se descubre que, en realidad, es una obra compuesta por piezas que fueron unidas entre sí. El busto, la cabeza y los brazos forman una unidad, el torso, otra; y la danta sobre la que monta María Lionza conforma la base. El equipo que ahora cuida la emblemática obra comenta que el artista Silvestre Chacón elaboró las réplicas con los moldes originales pero, cuando se los llevó a su estudio con el propósito de hacer una copia, su taller comenzó a llenarse de moscas.

Las teorías más variopintas corrían entre grupos opositores, disidentes e incluso, conspiradores activos y radicales. Pero el convencimiento era unánime: dentro de la réplica de María Lionza hay un trabajo de brujería. Y por eso, la deidad auténtica, la diosa con más de medio siglo de vida, está condenada a permanecer oculta en un galpón bajo un techo de zinc en una zona escondida en la Universidad Central de Venezuela.

María Lionza llegó gravemente afectada. Tenía una fractura en el torso, los senos destruidos, probablemente con un cincel y la nariz dañada. Nunca se supo quiénes agredieron a la diosa indígena, cuidadora y protectora de la naturaleza, símbolo de la magia y el espiritismo venezolano.

La estatua resistió hasta la envestida de un camión en un accidente de tráfico que afectó la trompa de la danta. Ahora, sus morros son más pequeños.

La obra también fue sometida a reparaciones para atenuar los cortes en las patas del animal. Eran las escaleras improvisadas que los devotos utilizaban para trepar sobre ella y dejar ofrendas. Se trata de un acto suicida. En medio de una autopista altamente transitada, los devotos atraviesan el asfalto hasta llegar a la mediana que separa ambos sentidos de la vía. Allí, trepan la estatua con casi seis metros de altura.

La danta tenía varios agujeros elaborados con cincel que eran usados por los devotos para colocar ofrendas que quedaban completamente resguardadas en el interior de la escultura: cruces de flores, uña de danta (la planta), pañuelos rojos y flores.

La escultura histórica se encuentra resguardada, oculta en un galpón de la antigua hacienda Ibarra, un reducto dentro de la Universidad Central de Venezuela donde aún permanecen parte de los vestigios de su pasado colonial.

El galpón de puertas negras, guarda bloques, transformadores de luz y algunos escombros junto a la entrada principal. En el vestíbulo, a mano derecha, tras una doble puerta azul, está guardada la escultura original de María Lionza. El techo de zinc tuvo que ser elevado para albergar allí a la diosa con sus brazos alzados. Huele a polvo y huele a escombros. María Lionza tenía telarañas y también pequeños avisperos. Cuando se inició nuestra visita, los operarios comenzaron a limpiar la superficie para retirar los hogares de arañas y avispas.

Sus cuidadores creen que María Lionza permanecerá en ese lugar mientras el chavismo se mantenga en el poder. No hay ninguna voluntad del régimen, ni de la alcaldía, para devolver la estatua a su lugar original.

Los grupos de la resistencia tenían la convicción de que era necesaria derrumbar la copia de la estatua de María Lionza levantada por el chavismo para dañar el ánimo de sus jerarcas. El propio régimen de Nicolás Maduro alimentó la creencia al dejar claro que la réplica de la estatua de María Lionza no es un asunto menor.

—El presidente no lo dijo, pero yo sí lo voy a decir: le iban a poner una bomba en la embajada de Cuba. Y también iban a poner una bomba el 31 de diciembre a la estatua de María Lionza por el simbolismo. Fíjense cómo estaba planificado. Iba a amanecer la estatua de María Lionza en el suelo y eso iba a simbolizar la caída del régimen —explicó Diosdado Cabello, hombre fuerte del chavismo, en su programa de televisión *Con el mazo dando*, transmitido el 17 de enero de 2018, después del asesinato del exfuncionario policial insurrecto Óscar Pérez y sus colaboradores.

El primer grupo que intentó derribar a María Lionza, también pretendía destruir otros seis lugares sagrados del chavismo, sitios con alta carga simbólica. Los brujos que asesoraban a los conspiradores (algunos de ellos abogados y políticos) comenzaron a sugerir las fechas y las horas en las que debía organizarse la acción.

Pero el operativo no era un simple golpe simbólico como había anunciado Diosdado Cabello en su programa de televisión. La operación de distracción era sólo una excusa para ejecutar una acción más relevante: un efectivo golpe militar.

—Queríamos causar una gran conmoción con la destrucción de los monumentos. Pero se trataba de una maniobra de distracción para lograr el verdadero objetivo: robar las armas que el chavismo mantenía escondidas cerca de lugares religiosos o de culto y que necesitábamos para formar una verdadera insurrección armada —explica Dora, la conspiradora.

Los templos y las armas

Desde hace años, grupos de resistencia contra Maduro buscan arsenal armamentístico. Para sublevarse contra el gobierno, el grupo de hombres y mujeres se organizaba para descubrir el lugar en el que el régimen de Nicolás Maduro oculta las armas que utilizarán los colectivos en caso de su derrocamiento.

La célula subversiva asegura tener información fiable y contrastada: las milicias del chavismo guardan armas automáticas, granadas y pistolas en las adyacencias de iglesias y lugares religiosos. Muy cerca del Palacio Presidencial de Miraflores, en el centro del poder de Venezuela, permanece escondido uno de los mayores parques armamentísticos, de acuerdo con las informaciones del grupo.

El arsenal estaría custodiado por los colectivos, los grupos civiles afectos al chavismo, generalmente formados en los barrios pobres de Caracas, que reciben financiación y armamento por parte del gobierno. Son las verdaderas milicias, esas que son de absoluta confianza para los jerarcas del chavismo.

Según esa información, en las calles donde se concentran los ministerios más importantes, el Banco Central de Venezuela y el propio Palacio Presidencial de Miraflores, se resguarda un arsenal suficiente para enfrentarse a las fuerzas del gobierno en una posible insurrección para acabar con el régimen de Nicolás Maduro.

Un antiguo jefe militar del chavismo ahora en la disidencia dio la información a la célula conspiradora: en los alrededores de las iglesias del centro de Caracas se esconden las armas. A pocos metros de los altares, a escasos pasos de las sacristías permanecen ocultas granadas, bombas y armas automáticas (FAL).

Las células subversivas se habían activado en una operación para obtenerlas. Y, en paralelo, el grupo tenía otra tarea encomendada para el mismo día una operación múltiple: hacer estallar siete monumentos y espacios emblemáticos del chavismo. Se trataba de dos acciones: una de distracción y la otra de acción.

La determinación del grupo a ejecutar el plan parecía partir de datos e informaciones verídicas. ¿Pero es creíble la versión según la cual el chavismo esconde importantes arsenales militares en lugares religiosos o cerca de ellos? Acudo, por segunda vez, a entrevistar a Janeth Méndez, extrabajadora del Palacio de Miraflores que sirvió de enlace entre un importante cargo de la Iglesia venezolana y los colectivos armados que defienden el chavismo.

Méndez trabajó en el despacho presidencial durante los mandatos de Hugo Chávez y Nicolás Maduro. Tuvo que lidiar con dos gallinas en pleno Palacio Presidencial. Se las habían regalado y el presidente fallecido ordenó buen cuidado para ellas. Tenían veterinario para que las revisase y cuidase que permaneciesen en buen estado de salud.

También presenció, nerviosa, cómo los trabajadores del Palacio entraron en pánico cuando la guacamaya de Hugo Chávez, que permanecía en la suite japonesa, escapó de su jaula. Alguien había dejado mal cerrada la reja. Y si la guacamaya no aparecía, rodaría más de una cabeza. Su huida desataría la ira del mandatario. Los trabajadores de mantenimiento buscaban por el suelo, revisaban las esquinas y los huecos y miraban hacia los techos para comprobar si la guacamaya presidencial se había escondido en algún rincón del Palacio. "Al final, la dichosa guacamaya apareció, pero a los dos meses murió", explica Méndez.

Vivió los años en los que el famoso Salón del Perú, con su decoración de oro puro, permaneció cerrado porque el equipo de la presidencia no era capaz de encontrar profesionales para restaurarlo con garantías. También descubrió las dinámicas internas: una flota con más de 250 vehículos a disposición del presidente y su círculo, una estación de gasolina propia en el interior del Palacio para que los vehículos no sufran la escasez que puede afectar a cualquier gasolinera de la capital, y un taller donde se reparan los vehículos presidenciales por motivos de seguridad. Janeth Méndez conoce bien el Palacio por dentro y por fuera: su operativa diaria, su burocracia, sus intrigas y sus conexiones con el exterior.

Su estrecha amistad con el capellán militar José Hernán Sánchez Porras, que tenía una buena relación personal con Hugo Chávez, la llevó de la gobernación del estado Mérida al Palacio Presidencial.

Sánchez Porras fue hasta su muerte, en 2014, un obispo militar de excelentes relaciones con el chavismo y casi todos los ministros de Defensa y gobernadores afectos al gobierno. En pocas ocasiones se pronunciaba sobre política, pero sus lazos con el gobierno no sólo incluían a la alta jerarquía sino también a las bases y a los temidos colectivos, grupos civiles armados por el gobierno para su propia defensa.

Un día, monseñor pidió a su fiel ayudante, Janeth Méndez, llevar unos libros a un grupo afecto al gobierno. Méndez no hacía demasiadas preguntas. Como fiel y discreta trabajadora, su tarea era entregar los libros a la persona indicada. No debía desplazarse demasiado. El lugar se encontraba muy cerca del Palacio Presidencial de Miraflores. Recibió las instrucciones para llegar y recorrió la avenida Fuerzas Armadas donde se encuentra buena parte de los edificios del poder en Venezuela. Desde la Cancillería y el Banco Central hasta Miraflores.

La plaza Andrés Eloy Blanco, que rendía honor al célebre poeta venezolano, ahora lleva el nombre oficioso de plaza "Lina Ron", una líder popular que aseguraba trabajar por los pobres y desvalidos pero que apostó por el amedrentamiento en contra de la oposición al gobierno de Hugo Chávez. Las paredes de la plaza están llenas de grafitis al estilo chavista. Grandes rostros de líderes del proceso con mensajes heroicos, inspiradores.

El espacio está ubicado cuatro metros por debajo del nivel de las calles adyacentes. Es una especie de hueco, un pozo entre los edificios que la rodean. En la entrada suele haber grupos de policías.

Un grupo de mujeres conversa en un puesto de venta de café y cigarrillos y los hombres juegan dominó al aire libre. Las piezas conforman el sonido de ambiente que tiene de fondo a unos niños con los juegos infantiles de parque. A unos cincuenta metros, se encuentra la segunda entrada a la plaza. Allí están los baños y una misteriosa puerta verde, que siempre permanece cerrada. Junto a ella, otra puerta, negra y abierta da acceso a un espacio reservado a los colectivos chavistas. En ocasiones, la puerta parece vigilada. Asistimos al lugar donde un hombre, con pantalones comando y cabeza rapada, vigila. Mientras lee y escribe en una libreta, está pendiente de todo lo que ocurre alrededor.

Afuera, un joven corta el pelo en una barbería improvisada. El peluquero habla con los hombres que llegan y salen del recinto. Parece familiarizado con la plaza y conoce su dinámica. Al final de la tarde, un joven de unos veinticinco años cierra la única puerta abierta y comienza a jugar truco con otros hombres. Parecen los colectivos que resguardan la zona.

La imagen de la líder Lina Ron, revolucionaria de piel tostada y de una cabellera rubia intensa, que murió por enfermedad a principios de la década, está ambientada en una manifestación con varias pancartas: "Primero vivir en una libertad peligrosa que vivir en una esclavitud tranquila". "Un revolucionario debe ser puro en las palabras, limpio en toda acción, amante con el débil, valiente frente al mal, amigo de lo bueno y siempre servicial".

La batalla por la lucha ideológica en las paredes también deja espacio para los rostros de Chávez y Maduro y una frase que se ha convertido en un mantra para los funcionarios chavistas adeptos al régimen. "Aquí no se habla mal de Chávez. Tampoco de Maduro".

Es una de las máximas consignas del régimen. Enterrar la crítica. Emitir sólo los elogios.

Unos años antes, Janeth caminó hacia ese lugar, un búnker del chavismo. Era un escondite, uno de los secretos del régimen y sus brazos armados.

En los días en los que surge la primera gran convulsión contra el chavismo, monseñor Sánchez Porras entró en contacto con Iris Varela, una de las dirigentes más radicales y encendidas del chavismo, y con Lina Ron, activista de los barrios pobres de Caracas que organizaba revueltas y concentraciones de intimidación contra los medios de comunicación opositores. En esa época, Ron trabajaba en la formación de su propio partido político.

Sánchez Porras tuvo buena conexión con Varela y con Ron, dos furibundas defensoras de Hugo Chávez. Y, como consecuencia de la fructífera amistad, Janeth Méndez fue enviada a aquel búnker con libros religiosos. En ese momento no lo sabía, pero antes de aquel encargo, había comenzado a ser investigada.

Méndez acudió con los libros al lugar indicado: una puerta metálica forrada con la cara de Chávez que podía ser un depósito de algún servicio público, un acceso a alguna instalación relacionada con la luz, el agua o la telefonía. Las puertas estaban prácticamente forradas con fotos de Hugo Chávez. La trabajadora del despacho presidencial llamó a la puerta, según las directrices que había recibido.

—¿Quién eres tú?

—Janeth, la ahijada de Monseñor. Vine a entregar unos libros.

—Pasa

Había llegado a un túnel con una sola entrada y salida. La trabajadora de Miraflores tuvo que atravesar el búnker con bombillos que colgaban del techo y un armario metálico en el fondo.

—Fui con mucho miedo porque todos ellos eran malandros. El lugar era muy tétrico y no tenía salida. Había que salir por la misma puerta por la que entraste. Me invitaron a sentarme en una silla al final del recinto. Y creo que abrieron un armario, a propósito, para que me diera cuenta del lugar en el que estaba. Allí vi todas las armas que te puedas imaginar: cortas, largas, granadas, armamento de guerra como el que puede tener el ministerio de la Defensa —explica la extrabajadora del Palacio Presidencial.

Los libros, de temática religiosa, incluían unos sobres en su interior. Monseñor había entregado dinero en efectivo a los grupos. Méndez asegura que la formación de Lina Ron había solicitado ayuda económica a la Iglesia para la campaña electoral de cara a las elecciones parlamentarias. El lugar, explica Méndez, se había convertido en el centro neurálgico para los colectivos mejor armados del chavismo.

El armamento de guerra siempre ocasiona disputas incluso dentro del propio gobierno. Varios grupos del Centro de Investigaciones Científicas Penales y Criminalísticas, CICPC, visitaron el lugar. Desde entonces, Méndez también tuvo designado a un guardaespaldas no oficial en sus desplazamientos al centro. "Se llamaba Óscar. Era un malandro, pero fue asesinado tiempo después", recuerda. "Me han comentado que el túnel sigue vigente, almacena armas pero está bajo el control de otros colectivos". En cambio, los colectivos de Lina Ron niegan su carácter violento, desmienten que almacenen armas y aseguran que sólo son grupos de obra social.

Los centros de almacenamiento de armas, fuera del control del ministerio de la Defensa, al margen de la custodia militar, se han convertido en un objetivo para los grupos de la resistencia.

El grupo que conspiró para derribar los siete monumentos chavistas y hacerse con el control de las armas irregulares en manos de los colectivos fue infiltrado por agentes secretos del gobierno y desmantelado. Los asesores espirituales del grupo decidieron posponer día y hora para hacerlo coincidir con el solsticio de verano, una fecha conveniente, según las creencias de la revuelta de los conspiradores más supersticiosos. Pero las dilaciones y la astucia de los infiltrados del régimen impidieron la ejecución del plan.

Ahora, los integrantes de la célula están en la clandestinidad o exiliados. Pero otros grupos de la resistencia continúan haciendo planes para lograr propósitos similares: el control de armamento y la demolición de los monumentos y las esculturas del chavismo.

Quieren acabar con la réplica chavista de María Lionza del exalcalde Freddy Bernal, el elefante dorado del exalcalde Jorge Rodríguez y la pirámide del exalcalde Juan Barreto. Algunos están convencidos de que el derribo de estas esculturas y monumentos es fundamental para derrotar al chavismo en otro de los campos de batallas: el espiritual. Otros, pragmáticos, incrédulos y ateos, también creen que es necesario destruirlos. Si el chavismo los necesita, hay que derribarlos para que se sientan tan vulnerables como cualquiera.

Capítulo 18

El anillo de la paz

Muchos dudan de que las cosas mejorarán, de que la vida para todos será feliz y llena de alegría, de que la era dorada volverá. Yo les aseguro que no he venido en vano y que triunfaré para superar la crisis.

Sai Baba.

El 30 de diciembre de 2005, el dios venerado por el dictador venezolano, chocaba los nudillos de sus dos manos a las que le quedaban pocas fuerzas. Sentado en su sillón de cuero rojo y rodeado de la comitiva de devotos venezolanos, el gurú que había construido un emporio espiritual, daba su diagnóstico sobre lo que sucedería con Nicolás Maduro y Venezuela.

Ocho años más tarde, el 30 de diciembre de 2013, Nicolás Maduro comenzaría sus primeras batallas para alcanzar el poder absoluto en Venezuela. Esa tarde, a Hugo Chávez le quedaba un hilo de vida. La muerte había tocado a las puertas del hospital de La Habana donde intentaba vencer el cáncer.

Nicolás Maduro había acudido a escuchar los pronósticos de su gurú y brujo, de su maestro espiritual y su dios. Pero, sobre todo, había acudido allí para recibir los regalos mágicos. Quería ser testigo de "la materialización".

Sai Baba hacía aparecer de la nada, con sus dotes mágicas, el *vibhuti*, las cenizas sagradas, en la India, de gran valor espiritual. Cuando metía su mano en un recipiente, el *vibhuti* caía durante un largo tiempo, como lluvia milagrosa ante los ojos de los devotos.

Pero su milagro más elogiado, el momento más esperado, era la materialización de los billetes de alta denominación en rupias y en dólares y los anillos y relojes fuera del alcance de la inmensa mayoría de sus humildes peregrinos.

Los creaba con su mano, moviéndola en círculos, y soltando poco a poco las prendas de oro, como si entre las yemas de sus dedos llevase escondida una diminuta fábrica de materiales preciosos. Casi nunca materializaba objetos de escaso valor. Lo de Swami eran los relojes de lujo, el dinero, los anillos de oro y las piedras preciosas que impresionaban a sus fieles por su capacidad de crear riqueza fácil con sólo mover sus dedos.

A veces, en sus actos públicos, sufría espasmos y movimientos bruscos que parecían preceder el vómito. Entonces llevaba su mano a la boca y expulsaba, de un solo impulso, un huevo de oro. Eran los famosos *lingam*. El público aplaudía, las mujeres lloraban y los ancianos, arrodillados, llevaban la frente al suelo en señal de veneración.

Pero cuando Maduro acudió a conocerlo, el dios parecía haber perdido facultades. Su caminar se hacía lento y necesitaba más asistentes para desplazarse o para complacer sus exigencias: un pañuelo blanco, una servilleta, un ventilador más potente. Sufría achaques y comenzaba a ser hospitalizado por afecciones respiratorias.

Algunas fotografías comenzaban a mostrar al dios de Maduro con las cadenas y los objetos de oro antes de materializarlos. Parecía llevar las prendas guardadas o escondidas entre sus manos antes de la creación. Pero los campesinos de todas partes de la India o los ingenieros y doctores occidentales continuaban viendo esplendor y magia en sus milagros. El dinero seguía brotando y, en el reino *saibabista* y en el chavismo, la riqueza fácil era sinónimo de paz.

Maduro también quería presenciar cómo el gurú fabricaba de la nada relojes y esclavas, tal como lo había hecho con su embajador Walter Márquez. Su magia también cautivó al coronel que activó la salida del dictador Noriega en Panamá. "Es un momento mágico, muy bonito".

Con esa fe ciega en el oro que brotaba de las manos de Swami, con esa superstición inquebrantable, Nicolás Maduro escucharía, años más tarde, los consejos del economista español Alfredo Serrano Mancilla, uno de sus asesores económicos que lo intenta convencer de que su gestión económica no es desastrosa, sino que Venezuela vive asfixiada por una guerra económica diseñada desde el exterior.

Si estaba convencido de que Sai Baba era el Dios de todo el universo, el creador de todo lo visible y lo invisible, ¿cómo no iba a confiar en los consejos de un economista bautizado como el Jesucristo moderno por el chavismo? Si creía que Swami fabricaba billetes con sus manos ¿cómo iba a dudar de que Venezuela se enfrenta a una guerra económica creada por la oposición y Estados Unidos? Si no cuestionaba que Sai Baba desvió ríos y salvó a pueblos enteros de la destrucción ¿cómo iba a dudar de los consejos de gobierno dictados desde La Habana para mantenerse, a toda costa en el poder?

Nicolás Maduro permaneció arrodillado junto a su mujer, Cilia Flores y los sobrinos en actitud de recogimiento, expectantes ante un acontecimiento irrepetible. El chavismo y el saibabismo se habían unido, desde ese momento, espiritual y físicamente. Dos movimientos llamados a transformar sus países. Dos acciones políticas. Dos fenómenos religiosos. Dos sectas en las que ningún devoto o seguidor tiene la capacidad de cuestionar la palabra sagrada del líder supremo.

Pero ni el chavismo ni el saibabismo sospechaban que, pocos años después de aquel evento crucial, sufrirían guerras intestinas tras la muerte de sus respectivos líderes. Sai Baba no pudo ver el ascenso al poder de su devoto sudamericano. El santón murió en 2011, dos años antes de que Maduro fuese nombrado el sucesor de

Chávez. Y, desde ese momento, comenzó la lucha por la sucesión en Puttaparthi y en Caracas.

Pocos meses después de la muerte de Sai Baba, la multinacional espiritual había decidido que era hora de resucitarlo. Los fieles comenzaban a abandonar las visitas en el *ashram*, que había perdido su principal atractivo. Ya no había un dios caminando y dando entrevistas privadas. Ya no ocurrían milagros en los momentos de oración. La devoción a una divinidad viva había perdido el hechizo.

Desde ese momento, la agrupación espiritual tan solo contaba con un dios muerto y fotografiado en cada esquina y sus historias comenzaban a quedar obsoletas. Los fanáticos ya no podían entregarle sus cartas personalmente ni tocar su túnica naranja con las yemas de sus dedos.

Su trono permanece ahora vacío y ya no hay colas para las entrevistas. La iglesia *saibabista* de sus seguidores, la secta fanática de sus detractores, también ha comenzado a morir. Y los candidatos a heredar el trono de Puttaparthi, el liderazgo del movimiento con millones de seguidores, luchan por el control de la cúpula religiosa y de los devotos esparcidos por medio mundo.

Madhusudan Naidu, un discreto servidor de Sai Baba, alcanzó un puesto especial en la corte durante los últimos años del reinado espiritual de Swami. De pelo engominado y gelatinoso, Naidu se convirtió en uno de los estudiantes aventajados del movimiento espiritual. Sai Baba confiaba su rutina y la intimidad de su agenda diaria a aquel joven con actitud devocional, siempre arrodillado o con las manos juntas, pidiendo permiso y mostrando completa sumisión.

Seis meses después de los funerales de Sai Baba, el ayudante agitó la vida del *ashram* al asegurar que Sai Baba había aparecido de nuevo. El gurú, el líder del movimiento religioso, regresó de la muerte para entregarle un mensaje de máxima importancia: sus devotos, los millones de seguidores de Sai Baba, debían continuar su peregrinación, sus vidas de recogimiento espiritual y sus ayudas económicas con la organización.

Naidu dice escuchar la voz clara y viva de Sai Baba cuando nadie la escucha. Sólo él cuenta con ese privilegio. Pero la organización oficial, Sathya Sai, encabezada por el sobrino del líder espiritual fallecido, R.J. Ratnakar, decidió confrontarlo y no dudó en acusarlo de farsante e intentar aprovecharse económicamente del movimiento.

El sobrino del dios tuvo que dar explicaciones públicas en 2011, tras la muerte de su tío, por los casi 100 kilos de oro y más de 300 kilos de plata que fueron hallados en la habitación de Swami. La policía de la India lo detuvo con el oro, la plata y unos 50.000 dólares en efectivo que pretendía sacar de la sede espiritual. El sobrino alegó que no se trataba de dinero secreto, sino de bienes que ya habían sido declarados. El principal partido de oposición del estado, el Telugu Desam Party, solicitó investigación y el arresto de los familiares de Sai Baba implicados.

Del otro bando en disputa por la herencia, Madhusudan Naidu, asegura tener un aval incuestionable para ubicarse al frente de la organización: Sai Baba le habla al oído y le dice que debe ser él quien tome las riendas del saibabismo.

El dios fallecido se había aparecido al heredero, pero no de manera fugaz ni en forma de parajito, sino que regresó para quedarse a su lado para siempre, según explica su discípulo. El gurú le habla constantemente, lo sigue, duerme con él y da discursos junto a él. Ahora Naidu es su traductor y su cuerpo se ha convertido en una extensión de Sai Baba en la Tierra.

La aparición del nuevo Sai Baba, medio muerto y medio vivo a la vez, ha resquebrajado en dos el movimiento supersticioso. La cúpula de la organización Sathya Sai ha comenzado una ofensiva en contra del hombre que se ha convertido a sí mismo en un Sai Baba viviente.

La organización ha iniciado juicios en medio mundo en contra de la nueva corriente y ha registrado la marca comercial de Sai Baba en todos los países para evitar que el nuevo gurú les robe parte del mercado. Califican a Naidu de farsante e impostor, las mismas acusaciones que la propia organización ha arrastrado de por vida ante los racionalistas de la India que recorrieron el país para rebatir los supuestos milagros de Swami.

La batalla por el control del movimiento y sus recursos también ha llegado a las bases. Bajo la aparente calma de los devotos, detrás de la permanente quietud del *ashram* de Sai Baba, se libra una auténtica cruzada. Las autoridades de la organización han activado un plan para detectar la presencia de colaboradores o trabajadores del nuevo movimiento surgido de la escisión.

Se trata de un asunto en plena efervescencia, pero que ningún devoto quiere comentar en el *ashram* de Sai Baba donde está enterrado el santón. Muddenahalli, el lugar donde se asienta el hombre que oye y ve a Sai Baba, se ha convertido en una palabra prohibida en el recinto. Su mera pronunciación ha sido ascendida a la categoría de pecado y cualquier miembro de la organización original tiene la certeza de que será expulsado si es visto en la nueva iglesia y con los nuevos discípulos.

La agrupación Sathya Sai elabora su listado de traidores y no duda en expulsar a trabajadores con décadas de servicio que se entreguen al nuevo discípulo.

Acudo a una segunda cita con Ernesto, el "Che" de Puttaparthi. Cada vez lo veo cargado de libros y cada día que pasa parece más encorvado. El Che es consciente de que hasta las más bajas miserias humanas tienen cabida en el hogar de Sai Baba. Sus conversaciones siempre comienzan con cautela, como si nunca me hubiese ganado su confianza. Pero, tras media hora de charlas sobre la iglesia de Sai Baba, inclina su cuerpo hacia mi cabeza para hacerme una confesión, algo que no puede ser escuchado por nadie. Estamos en el lobby de un hotel frente a la morada de Sai Baba, rodeados de indios y de turistas noruegos. Nadie entiende ni una palabra de español, pero el Che quiere ser precavido ante una confesión de semejante calado.

—Yo también voy a Muddenahalli. Yo creo que es verdad que Sai Baba se está apareciendo allí.

El Che ha formado su grupo de devotos que acude de forma secreta al recinto prohibido por la organización. Explica que la persecución ha llegado a extremos inimaginables.

—La cocinera de la cantina occidental, que hacía muy buena comida y que era muy querida por todos, fue despedida. No les importó nada. Ni sus años de servicio ni su devoción. La despidieron de forma terrible, porque la vieron un día en Muddenahalli —explica.

El devoto argentino se adentra en la cúpula de la organización y menciona a un hombre clave: John Mener y su esposa Rosita, procedente de Centroamérica. Mener dirige la ofensiva contra la escisión del saibabismo en América Latina y solicitó los servicios del amigo argentino común, Emiliano, para tejer una estrategia contra la nueva facción.

El Che explica que Sai Baba preparó durante muchos años a su estudiante predilecto para que lo escuchase tras su muerte. Pero su versión más sorprendente llega cuando habla de los críticos y los escépticos, de todos los que dudan de la existencia de Sai Baba, esos que creen que simplemente era un farsante, un charlatán que triunfó en la tierra de los gurús y los dioses.

—Los que no reconocen a Sai Baba como dios son unos ignorantes y sectarios. No pueden entender que algo exista más allá de su raciocinio limitado. Sai Baba lo dejó muy claro: sigue a tu corazón y no a tu cabeza —explica.

He escuchado el mensaje en repetidas ocasiones en los sermones y en las charlas a los devotos. "Borra tu cabeza". "No hagas caso a tu raciocinio". Es la primera instrucción para escuchar los designios de Sai Baba, para entrar en el grupo. El devoto argentino asegura que tuvo cinco entrevistas personales con Swami en vida, pero que ninguna se compara con la experiencia sensorial que experimenta en sus apariciones después de muerto.

—Yo no tengo duda de que es real. A mí no me engañan fácilmente. Yo siento a Swami de verdad y sé distinguir si sus discursos son reales o falsos —explica.

El discípulo ha levantado una fastuosa iglesia en Muddenahalli, uno de los centros de estudios fundados por Sai Baba. Allí, en un entorno mucho más espacioso, hay más comodidades y más lujo. Para seguir la pista del heredero espiritual de Sai Baba, acudo al nuevo reino del santón, al dios de Nicolás Maduro y Cilia Flores, ahora resucitado e instalado en un recinto ubicado al norte de Bangalore, a 45 minutos en automóvil del aeropuerto.

El *ashram* de Puttaparthi, el recinto donde vivió y predicó Sai Baba, fue construido bajo un palmeral en un espacio lleno de arena. Pero Muddenahalli guarda pocas similitudes con la casa original de Sai Baba. Alejada de los grandes pueblos de la zona, se parece más a un recinto vacacional que a un lugar de peregrinación. Sus calles parecen un resort de esparcimiento y sus edificaciones no disimulan el lujo de una auténtica industria de la fe.

El Che me acompaña al viaje y me guía gentilmente por todo el recinto antes de la ceremonia. Los devotos hacen picnic en los jardines mucho mejor cuidados que los de Puttaparthi. Pasamos junto a una familia que lleva toda la comida preparada en varios recipientes y dispone las salsas, los vegetales, las lentejas y el pan. Un mono baja de un árbol e intenta robar la fruta, pero el perro de la familia se enfrenta al intruso que trepa rápidamente por donde vino.

Visitamos el recinto y sus edificios que están vacíos. Hay poca actividad el domingo en la tarde. Una cantina abierta, donde venden dulces y helados, acoge a los devotos procedentes de varios países latinoamericanos y de España. Al fondo, una mansión blanca, con enormes puertas y jardines, se alza imponente sobre la colina. Es el lugar donde reside el nuevo Sai Baba, el único hombre sobre la faz de la Tierra que puede verlo y escucharlo.

Accedemos al templo principal, una estructura blanca inmaculada con pocos años de construcción. La seguridad es máxima: detector de metales, cacheos manuales y prohibición de ingresar cámaras y teléfonos. Los ayudantes del nuevo gurú dan instrucciones a los niños para que se arrodillen y limpien un pedazo de alfombra con sus propias manos. Nada de cepillos ni aspiradoras. Los coordinadores pasan para verificar que no quede un hilo ni una pelusa por la alfombra roja que pisará la divinidad invisible y su traductor en la Tierra.

Los niños casi nunca miran de frente o hacia arriba. Siempre cabizbajos, mirando la alfombra, inspeccionado hasta las motas de polvo. No quieren enfadar a su dios ni a su traductor. Cuando se acerca el momento del inicio, limpian y baten sus manos más rápido y se ruedan sin despegar las rodillas de la pulcra alfombra roja.

La ceremonia comienza con cantos devocionales, los llamados *barjans*, que ya había escuchado una y otra vez en Puttaparthi. Antes, los ayudantes advierten al público que está prohibido ponerse de pie o intentar abordar al gurú y a su espíritu. El primero que ingresa al recinto es Sri Indulai Sha, en silla de ruedas, declarado por Sai Baba como el máximo devoto.

Minutos después, hace su entrada triunfal al escenario Madhusudan Naidu, el nuevo gurú a quien todos esperan. Se supone que detrás, o a su lado, se encuentra Sai Baba. Así que donde esté él, está dios y viceversa.

La música suena de fondo. La expectación es máxima. Es posible confundir al traductor de Sai Baba con alguna estrella de rock. Bajo la bóveda blanca y la luz que entran por los grandes y vistosos ventanales, los fieles aplauden, se arrodillan y tocan el suelo con sus cabezas. Sobre el mármol que refresca el caluroso ambiente, esperan con devoción. En el altar, Naidu habla y mira la silla acolchonada de Sai Baba, con sus cojines verdes y su respaldar dorado, brillante, como siempre le gustó en vida.

Los ayudantes se acercan y colocan los micrófonos para que comience el discurso. Naidu lanza sus primeras palabras y hace pausas. Guarda silencio y continúa. Los silencios tienen sentido. Al detenerse, escucha a Sai Baba y transmite su mensaje. En esa ocasión, el sermón iba sobre la obra social de la secta emergente y el gurú aprovecha para hacer propaganda de las escuelas y los hospitales a los que ayuda. Sai Baba y su ente material, el espíritu y la materia, también se comportan como en una campaña electoral. Buscan aplausos, vítores y cantos devocionales. Y lo consiguen.

Al final del discurso, Madhusudan Naidu baja del escenario y camina descalzo entre los devotos. Un niño avanza apoyado sobre sus rodillas, en señal de máxima devoción, para entregar una carta. Un grupo de mujeres le sigue con la mirada, extasiadas, rogando que la divinidad se compadezca de ellas y les envíe un mensaje.

Naidu es sólo un traductor, un secretario de los cielos, pero en su paseo entre los devotos se comporta como el auténtico dios. Ante el fervor de sus fieles, sólo tiene monosílabos. No profundiza en ninguna conversación. Dios no tiene demasiado tiempo para perder con los devotos. De modo que recoge decenas de cartas, saluda, firma libros y avanza con su sequito de secretarios y ayudantes que se mueven siempre detrás de él.

Comentan los fieles que Sai Baba y su traductor sólo se detienen frente a los devotos realmente puros y preparados. El traductor pasa junto a mí, me mira a los ojos, pero no se detiene. Rápidamente gira su cara hacia otro lado, con cierto desdén. Parece que no soy puro, ni elegido.

Si un líder tocado por la gracia divina decide descender desde los cielos, sus devotos no tienen otro remedio que eternizarlo. En el otro extremo del planeta, a más de 15.000 kilómetros, en el Palacio Presidencial de Miraflores, en Caracas, también han surgido herederos traductores de los líderes fallecidos.

El exmilitar Miguel Rodríguez Torres, que ejerció como máximo vigilante de la inteligencia militar en el chavismo, veía con inquietud cómo, después de la muerte de Chávez, tenía que esperar en las adyacencias de Miraflores para saber si sus propuestas eran aceptadas.

La esposa de Nicolás Maduro, Cilia Flores, haría más consultas que nunca. Los planes, las campañas electorales y las decisiones transcendentes tenían que ser comunicadas al espíritu de Chávez, en el más allá.

—Cuando me contó ese episodio por primera vez, pensé que estaba exagerando porque tenía alguna confrontación con ellos. Pero cuando me volvió a contar el suceso, de manera idéntica, entendí que sucedió realmente, que Cilia Flores mandaba a sus ministros a esperar por la decisión que Chávez le comunicaría desde el más allá —explica Gabriela Ramírez, exdefensora del Pueblo.

Flores y Maduro, *saibabistas*, santeros y espiritistas, también pretendían convertirse en los herederos únicos de la voluntad del máximo líder, de su dios político. Y la mujer del presidente se había convertido en la traductora oficial.

Doce años antes, en la India, Sai Baba tenía otro traductor en el grupo de venezolanos. Se trataba de Óscar Dorta, que acercaba el mensaje de dios a unos atentos Nicolás Maduro y Cilia Flores. Poco años después, con la llegada del *saibabista* al poder, importaría alimentos bajo el aval del gobierno y se convertiría en contratista de la industria petrolera.

Pero entonces sólo era un hombre que tocaba la mano de Sai Baba, ejercía sus tareas de servil ayudante de los parlamentarios venezolanos.

En el templo de Sai Baba en Caracas recuerdan el paso de Óscar Dorta, a quien describen como un hombre de negocios que montó empresas en Panamá y que aprovechó sus contactos con el gobierno para levantar compañías para el negocio de importación y exportación.

En su viaje a la India, Maduro no sólo había acudido a escuchar la palabra de su dios, sino también a hablar con él. El futuro presidente hizo saber a Sai Baba que había llegado a esas tierras para buscar el camino que llevase la paz y el entendimiento a Venezuela.

Maduro mostraba inquietudes por las confrontaciones en su país herido después del intento fallido de la oposición de derrocar a Hugo Chávez tras el golpe de Estado del 11 de abril de 2002. El mensaje fue traducido por Óscar Dorta quien estaba arrodillado a su mano derecha.

Sai Baba miró al futuro presidente, a su esposa y sus familiares antes de comenzar el acto de materialización, el milagro por el cual sería recordado para siempre por parte de sus ilustres visitantes venezolanos. Repartió la mirada en círculo y dirigiéndose directamente a Maduro, lanzó su pregunta.

—*What is your color?* —preguntó Sai Baba.

—Rojo —contestó Maduro

El gurú, asentado en su trono, no recibió con agrado la respuesta. La elección, que parecía inofensiva, algo irrelevante como un juego infantil, generó un rechazo inesperado.

—*Red is temper. Green is better. Green is peace.*

El rojo es temperamento, el verde es paz. Entonces, el gurú comenzó a mover su mano hizo aparecer, con sus movimientos circulares, un anillo para el futuro presidente. Lo mostró a todos los testigos que presenciaron la creación: un anillo de oro con una piedra verde.

El presidente aceptó, gustoso, el regalo de aquel dios de doble vida. El hombre que había encantado a millones de personas, que se presentaba como un santo en la Tierra, que abrazaba presidentes en público, pero tocaba jóvenes rubios en privado. El benefactor de los pobres en cuyo centro de devoción aparecían cadáveres de asesinados. En definitiva, un líder indio con facetas ocultas que se había elevado en aquel pueblo sin esperanza.

Maduro estiró su mano y recogió el anillo que Sai Baba le había materializado con su magia. El futuro dictador intentó introducirlo en su dedo, pero comprobó que le quedaba pequeño. No podía entrar en ninguno. El acto, el momento más esperado de la entrevista con Sai Baba, había quedado completamente arruinado. Sai Baba había fracasado en la materialización de su regalo para el devoto Nicolás Maduro.

Los venezolanos giraban sus cabezas, confundidos, para establecer contacto visual discreto y sereno. El cruce de miradas hablaba por sí sólo. El aire de la reunión había quedado enrarecido. Como si Sai Baba hubiese perdido de repente sus poderes ante los ojos de sus devotos o algo más grave hubiese ocurrido.

El santón pidió entonces el anillo de vuelta con un gesto sutil de su mano. El futuro presidente, resignado, le devolvió la pieza de oro con la piedra verde. Y Swami seguidamente llamó a otro de los presentes. Era un padre de familia venezolano residente en los Estados Unidos. Había acudido al santuario con su mujer y sus cuatro hijos. Se mostraba como un hombre introvertido, pero cordial, de pocas palabras, pero amable.

El hombre hizo el mismo intento que Maduro pero en su dedo, el anillo le quedaba a la perfección. Y, por decisión de Sai Baba, se hizo con el regalo. Al final de la entrevista pública, los asistentes fueron invitados a abandonar el recinto. La futura familia presidencial quería un encuentro cercano con el gurú de la India, un líder absoluto y absolutista, un genio carismático al que millones de personas seguían sin cuestionar su palabra o su camino.

Sin testigos, sin intrusos. De dios a dictador.

A Maduro nunca más se le vio en Puttaparthi ni en el *ashram*, La Morada de la Paz Suprema. Tras su salida del pueblo, una noticia corrió entre los devotos: los sobrinos recibieron relojes materializados por Sai Baba en su entrevista personal.

Pocos días después, los seguidores venezolanos de Sai Baba se reunieron para comentar la inquietante entrevista entre su dios y Nicolás Maduro. El consenso fue generalizado. Después de varios días de reflexión, no había lugar a la duda ni a libres interpretaciones: el destino de Nicolás Maduro parecía marcado.

Aquel devoto que años más tarde asumiría la presidencia, aquel hombre que llegó a Puttaparthi para buscar aprobación espiritual, que llevó la oscuridad donde había luz, estaba destinado a llevar a su país a la confrontación. El anillo de la concordia no le entró. El verde de la paz no le sentó bien. Lo suyo era el rojo: el color del fuego, de la revolución bolivariana, de la sangre. Y de la violencia.

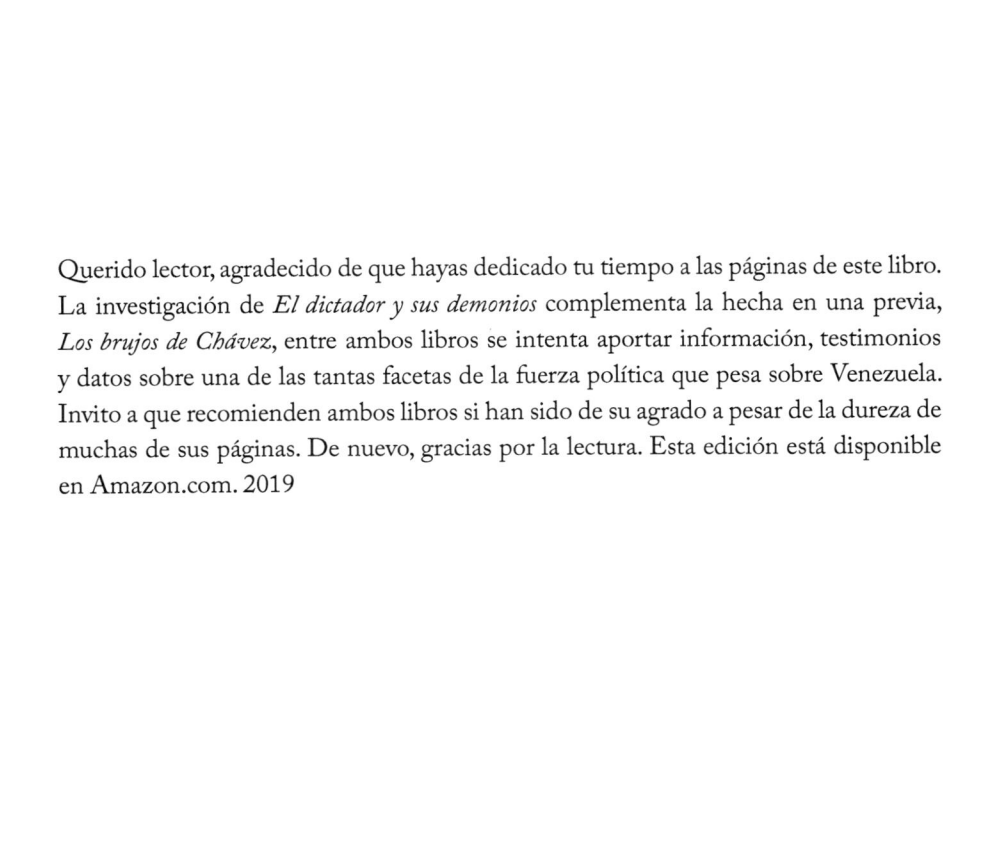

Querido lector, agradecido de que hayas dedicado tu tiempo a las páginas de este libro. La investigación de *El dictador y sus demonios* complementa la hecha en una previa, *Los brujos de Chávez*, entre ambos libros se intenta aportar información, testimonios y datos sobre una de las tantas facetas de la fuerza política que pesa sobre Venezuela. Invito a que recomienden ambos libros si han sido de su agrado a pesar de la dureza de muchas de sus páginas. De nuevo, gracias por la lectura. Esta edición está disponible en Amazon.com. 2019

Printed in Great Britain
by Amazon